U0738026

中等职业教育汽车专业理实一体化系列教材

汽车底盘构造与维修

（配实训任务书）

主　编　谢伟钢　黄　成

副主编　付仁山　彭　军

　　　　赵秉聪　陈翠红

参　编　颜广科　张雨柯　林　强

　　　　刘海艳　王　露

机械工业出版社

本书主要内容包括传动系统、行驶系统、转向系统和制动系统的工作原理与维修，采用项目任务一体化教学模式，并配有"实训任务书"单册，方便教学实用。

为了让学生掌握底盘的结构、原理以及各个总成部件的维修方法，书中对各个任务内容进行了详尽阐述，对拆卸、分解、安装的步骤和方法进行了概括，并对拆装过程中涉及的注意事项进行了重点介绍，重点培训学生学习底盘各个总成的工作原理和维修方法。

本书精心配置了清晰的实物及操作图片，丰富的教学 PPT 课件可以在机械工业出版社教育服务网（www.cmpedu.com）下载。本书可作为中等职业院校及技师学校汽车相关专业的教材，也可供汽修人员自学及企业培训使用。

图书在版编目（CIP）数据

汽车底盘构造与维修：配实训任务书 / 谢伟钢，黄成主编. —北京：机械工业出版社，2022.2（2023.1重印）
中等职业教育汽车专业理实一体化系列教材
ISBN 978-7-111-62184-3

Ⅰ. ①汽… Ⅱ. ①谢… ②黄… Ⅲ. ①汽车–底盘–结构–中等专业学校–教材 ②汽车–底盘–车辆修理–中等专业学校–教材 Ⅳ. ①U463.1 ②U472.41

中国版本图书馆CIP数据核字（2022）第024398号

机械工业出版社（北京市百万庄大街22号　邮政编码100037）
策划编辑：齐福江　　　　　责任编辑：齐福江
责任校对：潘　蕊　张　薇　封面设计：陈　沛
责任印制：张　博
保定市中画美凯印刷有限公司印刷

2023年1月第1版第2次印刷
184mm×260mm·14.25印张·314千字
标准书号：ISBN 978-7-111-62184-3
定价：45.00元

电话服务　　　　　　　　　　网络服务
客服电话：010-88361066　　　机　工　官　网：www.cmpbook.com
　　　　　010-88379833　　　机　工　官　博：weibo.com/cmp1952
　　　　　010-68326294　　　金　书　网：www.golden-book.com
封底无防伪标均为盗版　　机工教育服务网：www.cmpedu.com

FOREWORD
前 言

　　汽车底盘构造与维修是汽车维修类专业的一门重要专业课程，学好此课程对后续汽车故障诊断等相关课程，以及走好汽车维修职业生涯都有重要意义。然而，市面上绝大多数教材主要问题是黑白图看不清，线条图难看明白，内容针对性不强，大大影响了学习者的学习兴趣和学习效果，增大了教学的难度。为此，我们特编写本书。

　　知识的系统性对于学习者非常重要，本书在将内容项目化的同时，保留了汽车底盘知识的系统性，为汽车底盘故障排除夯实基础。为了让初学者掌握底盘的结构和原理，以及各个总成及元部件的维修方法，本书中对各个任务涉及的总成或元件的工作原理和结构，以及各个总成或元件的维修方法，进行了详尽的阐述。由于车辆结构的不同，各个总成或元件的拆卸、分解、安装步骤和方法各异，本书对各系统的拆卸、分解、安装的步骤和方法进行了概括，将涉及拆装过程的注意事项进行了重点介绍，以便学生掌握底盘各个总成的工作原理和维修方法。

　　本书由深圳市龙岗职业技术学校谢伟钢、河源理工学校黄成主编，深圳市龙岗职业技术学校付仁山、贵州电子科技职业学院彭军、广西纺织工业学校赵秉聪、佛山市顺德区均安职业技术学校陈翠红任副主编，参编人员还有深圳市龙岗职业技术学校颜广科、张雨柯、林强、刘海艳、王露。咨询微信15220106694。

　　编写本书时编者参考了大量汽车维修资料，在此对相关资料的作者致以谢意。

编 者

"天工讲堂" 二维码目录

（续）

CONTENTS
目 录

认识汽车底盘

一、底盘的功用和组成

传统汽车都是由发动机、底盘、电气设备和车身组成的。汽车底盘由传动系统、行驶系统、转向系统和制动系统四部分组成。底盘是支承、安装汽车发动机及其他各部件、总成，接受发动机的动力，使汽车产生运动，并且保证汽车能够按照驾驶员的操纵正常行驶的总成（图1-1）。

发动机动力产生后，需经过底盘传动系统的变速器、传动轴、驱动桥等多个机构进行传递。手动变速器车辆还有便于进行换档操纵的离合器，四轮驱动汽车还有分动器，以便将动力分配到前桥和后桥。动力在传递过程中，会被底盘改变转动速度、力矩大小和传动方向，最后才能传到车轮。

图1-1　底盘的组成

二、底盘的总体布置

汽车底盘的总体布置与发动机的位置及汽车的驱动方式有关。按照驱动轮的数量，汽车驱动方式可分为两轮驱动和四轮驱动两大类；按发动机安装位置可分为前置、中置和后置三种；按发动机安装方向可以分为横置和纵置两种。汽车驱动方式对整车使用性能、外形尺寸、自重、制造成本等影响很大。

1. 两轮驱动

常见的两轮驱动方式汽车底盘布置包括：发动机前置前驱、发动机前置后驱和发动机中置后驱等类型。

发动机前置、前轮驱动（FF）的驱动方式在轿车上普遍采用，如图1-2所示。这种驱动方式前车轮既是转向轮，又是驱动轮，后车轮只作为从动轮。这种布置形式一般用在经济型的车型上。由于没有传动轴的原因，可以带来以下几个优点：成本降低；传动效率高；且因为车的重量基本集中在前部，相对来说能耗较低。

发动机前置前驱的布置方式由于前轮同时负责驱动和转向，且重量大部分集中在车体前方，在加速或者上坡时，车身重心往后移，前轮与地面的附着力减少，这就导致了车身转向性能不足。

前置后驱车型（FR）布置形式是将发动机纵向布置在前面，前轮负责转向，后轮负责驱动，如图1-3所示。这种驱动方式操控性好，起步加速性好，舒适度高，但需要一根贯穿前后的传动轴，将动力从前置的发动机传递到后轮，传动距离长，使得传动效率较低，同时也会影响车内空间。

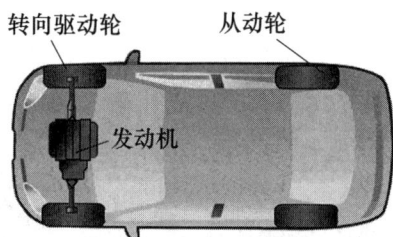

图1-2 发动机前置前驱

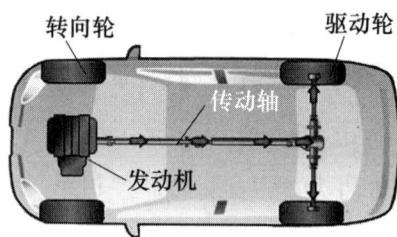

图1-3 发动机前置后驱

发动机中置后驱（MR）的布置方式是将发动机布置在中间，中置的发动机重心落在前后车轴之间，变速器与发动机安装在一起，将动力通过两个半轴传递给后轮，汽车的蓄电池与备胎通常安装在驾驶室前端的行李舱内。这种驱动方式基本上用于赛车和超级跑车，因为MR布局汽车的车体重量分布接近理想平衡，这是使MR布局汽车获得最佳运动性能的最主要保证。

2. 四轮驱动

四轮驱动方式（4WD）汽车的四个车轮都能得到驱动力，它充分利用了所有车轮与地面之间的附着力，以获得尽可能大的牵引力。其通过性和两轮驱动汽车相比具有很大的优势。但四轮驱动的缺点是其结构复杂，如图1-4所示，它需要分配动力的分动器，传递动力的传动轴及前后两个驱动桥，造成其维修和保养成本高，车辆自重较大，行驶时油耗高。

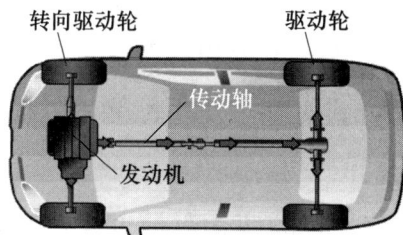

图1-4 四轮驱动

传动系统的工作原理和维修

任务一　掌握离合器的工作原理和维修

一、离合器的工作原理

（一）离合器的功用

传动系统的基本功能是将发动机产生的动力传给驱动车轮，产生驱动力，使汽车能以一定的速度行驶。传动系统包括离合器、变速器、驱动桥、传动轴等，离合器位于发动机和手动变速器之间，如图 2-1 所示，使用自动变速器的车辆没有需要驾驶员操控的离合器。

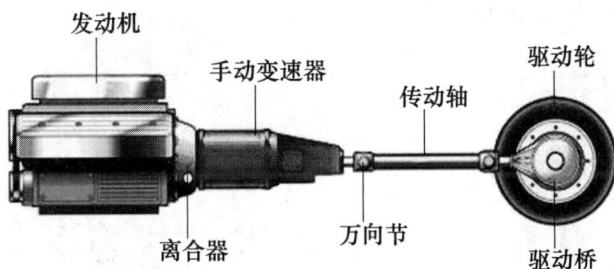

图 2-1　离合器的位置

如图 2-2 所示，离合器主动部分连接发动机，离合器从动部分连接底盘传动系统中的手动变速器。汽车起步时，在变速器挂上档起步之前，应先使离合器分离，切断发动机与变速器的连接。当挂上档后，缓慢放松离合器踏板使离合器逐渐接合，保证汽车平稳起步。

手动变速器换档前应先使离合器分离，暂时切断动力传递，然后再进行换档操作，以保证换档操作过程的顺利进行，减轻或消除换档时的冲击。离合器还能防止传动系统过载。当传动系统承受载荷超过离合器所能传递的最大转矩时，离合器会自动打滑消除这一危险，起到过载保护的作用，从而避免发动机损坏。

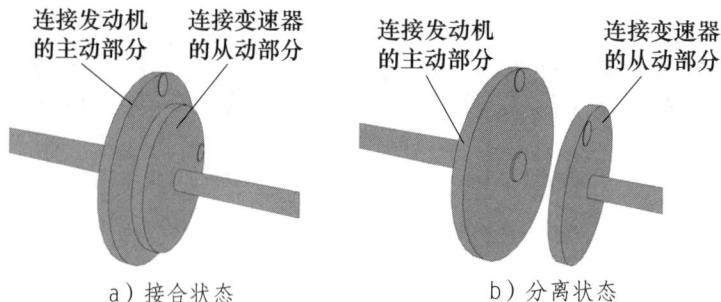

a）接合状态　　　　　　　　b）分离状态

图 2-2　离合器示意图

（二）离合器的类型和组成

按压紧弹簧的种类及布置形式的不同，可以将离合器分为膜片弹簧离合器和周布弹簧离合器。周布弹簧离合器中起压紧作用的螺旋弹簧沿圆周均匀分布，主要应用在大型汽车上，如图 2-3 所示。如图 2-4 所示，周布弹簧离合器结构简单，制造方便，但其弹簧直接与压盘接触，易受热退火。当发动机的转速很高时，弹簧将受离心力的作用而严重鼓出，使压紧力降低，同时造成接触部位严重磨损，甚至造成弹簧断裂。

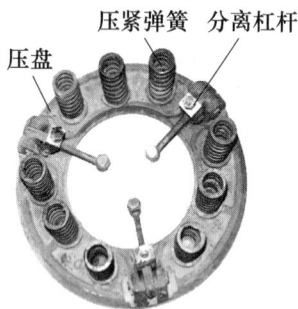

图 2-3　周布弹簧离合器的压紧弹簧

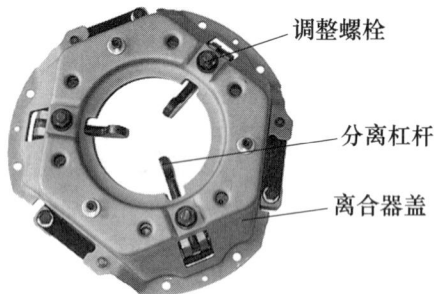

图 2-4　周布弹簧离合器盖

目前，轿车上普遍使用的是膜片弹簧离合器。这种离合器由主动部分、从动部分、压紧装置及操纵机构四个部分组成。如图 2-5 所示，离合器主动部分包括飞轮、离合器盖和压盘总成，飞轮通过螺栓将发动机动力传递给离合器盖和压盘总成，飞轮和压盘再通过摩擦表面将动力传递给离合器从动盘。离合器从动部分是安装在飞轮和压盘之间的从动盘，从动盘两面带有摩擦片，从动盘中间的内花键孔和变速器主动轴连接。

离合器压紧装置是安装在压盘和离合器盖之间的压紧弹簧，它将压盘压向飞轮，并将从动盘夹紧在压盘和飞轮中间，对压盘产生轴向压紧力。

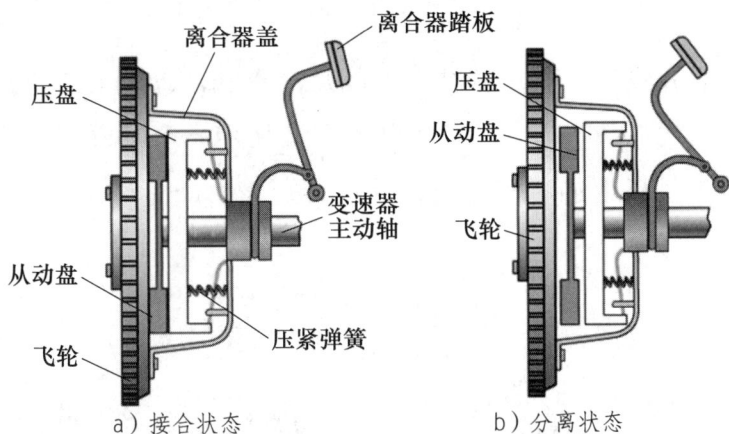

a）接合状态　　　　　　　　　b）分离状态

图 2-5　离合器的组成

（三）离合器的结构

1. 主动部分

飞轮属于发动机曲柄连杆机构曲轴飞轮组，但飞轮也是离合器的主动部分。如图 2-6 所示，它有一个平整的摩擦表面，可以将发动机传递过来的动力传递到从动盘的前面。离合器盖通过螺栓与飞轮固定，并用定位销定位以保证飞轮与离合器盖同轴，从而保证离合器的运转平衡性。

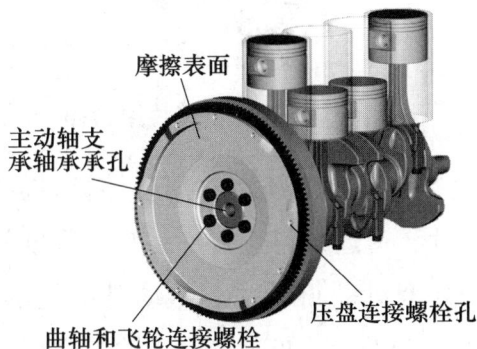

图 2-6　离合器主动部分——飞轮

将离合器盖和压盘制成一个总成，离合器盖接收飞轮动力后，通过四组沿圆周切向均匀分布的传动钢片，把动力传递给压盘。在此过程中，传动片除具有将离合器盖的动力传给压盘的作用外，还对压盘起导向和定心作用。压盘也有一个平整光洁的平面，它通过摩擦力将动力传给从动盘的后端面（图 2-7）。

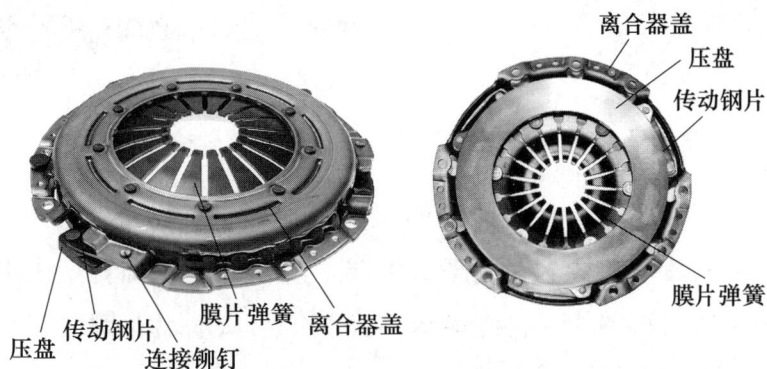

图 2-7　离合器的压盘总成

2. 从动部分

离合器从动部分包括带有扭转减振器的从动盘和从动轴（即变速器输入轴）。小型汽车发动机的最大转矩一般不是很大，常采用一个从动盘，即单片离合器（图2-8），而中型以上的货车需要传递的转矩较大，有时采用两个从动盘，即双片离合器（图2-9）。

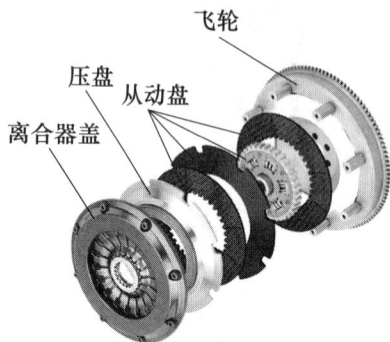

图2-8　单片离合器

图2-9　双片离合器

如图2-10所示，离合器从动盘位于飞轮和压盘之间，从动盘两面都是摩擦衬片，通过铆钉连接从动盘中间的钢片，从动盘摩擦衬片通过摩擦力可以从飞轮和压盘处获得动力。从动盘中间部分是花键毂，它连接手动变速器输入轴，如图2-11所示，变速器输入轴花键部分具有一定的长度，从动盘可沿花键轴向移动。

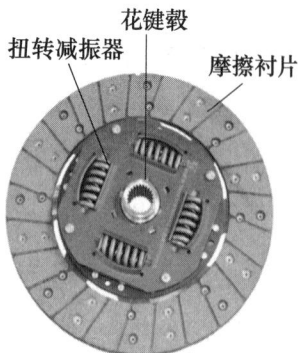

图2-10　离合器从动盘

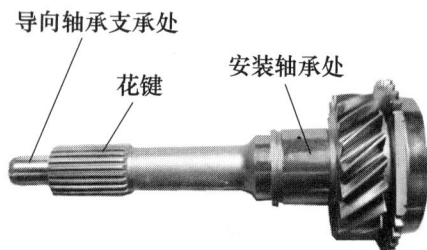

图2-11　变速器输入轴

从动盘中间部分是可以衰减振动的扭转减振器，如图2-12所示，它由波形弹簧片、减振阻尼片、弹簧、花键毂等组成。当从动盘受到转矩作用时，转矩从摩擦衬片先传到从动盘钢片，再经减振器弹簧传给从动盘花键毂，此时弹簧将被压缩，吸收发动机传来的扭转振动能量。

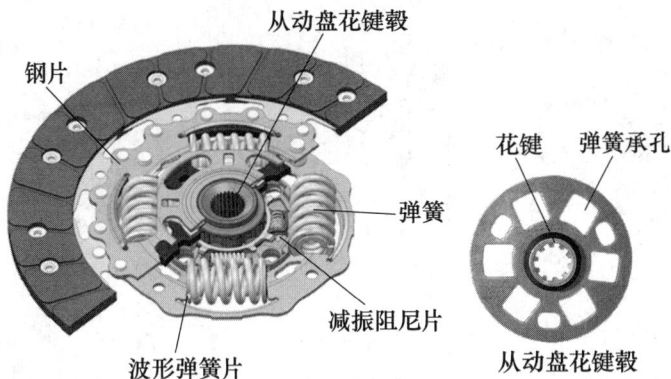

图 2-12 扭转减振器

3. 压紧装置

膜片弹簧的安装位置和结构如图 2-13 和图 2-14 所示，膜片弹簧离合器的压紧装置是膜片弹簧，它既能用于压紧从动盘，还能起到杠杆的作用。膜片弹簧径向开有几个切槽，形成弹性杠杆。切槽末端有圆孔，用固定铆钉穿过圆孔，将其固定在离合器盖上。膜片弹簧两侧装有钢丝支承环，这两个支承环是膜片弹簧工作时的支点。

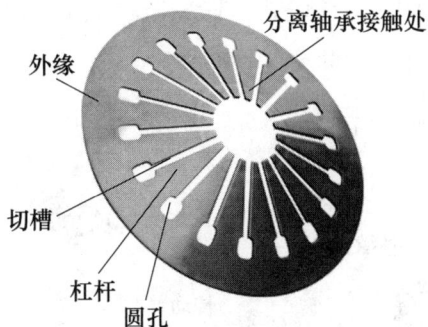

图 2-13 膜片弹簧的结构

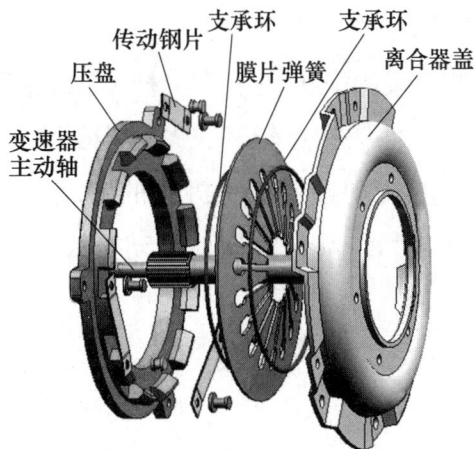

图 2-14 膜片弹簧的安装位置

膜片弹簧离合器工作原理如图 2-15 所示，当膜片弹簧不受力处于自由状态时，将其靠近飞轮，离合器盖与飞轮之间存在一距离 s。当将离合器用固定螺栓固定到飞轮上时，膜片弹簧在支承环处产生弹性变形，此时膜片弹簧的外缘对压盘产生压紧力使离合器处于接合状态。当踩下离合器踏板时，分离轴承推动膜片弹簧小端，使膜片弹簧以支承环为支点，通过分离钩拉动压盘使离合器分离。

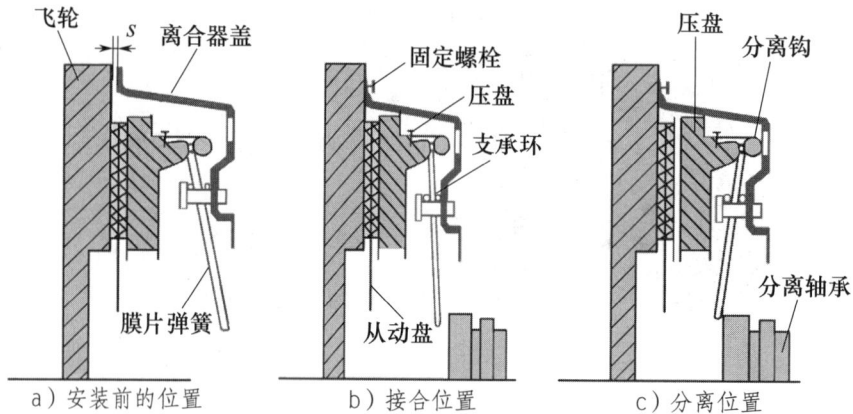

图 2-15　膜片弹簧离合器工作原理

a）安装前的位置　　　b）接合位置　　　c）分离位置

（四）离合器的操纵机构

离合器操纵机构的作用是将驾驶员施加在离合器踏板（其位置如图 2-16 所示）上的力，传递到离合器压盘上，使压盘后移，让飞轮、从动盘、压盘之间产生间隙，从而中断动力传递。离合器操纵机构有液压式和机械式（传动杆式和拉索式），两种形式的操纵机构都有离合器踏板、复位弹簧、分离拨叉、分离轴承等。

1. 机械式离合器操纵机构

机械式操纵机构用传动杆或拉索传动。传动杆式操纵机构结构简单，工作可靠，但杆件铰接点较多，摩擦损失大，主要应用于大型汽车上。拉索式操纵机构可以消除传动杆式操纵机构的缺点，其主要结构如图 2-17 所示，拉索两端分别连接踏板和传动臂，这种传动方式适合轻型和微型汽车。

图 2-16　离合器踏板

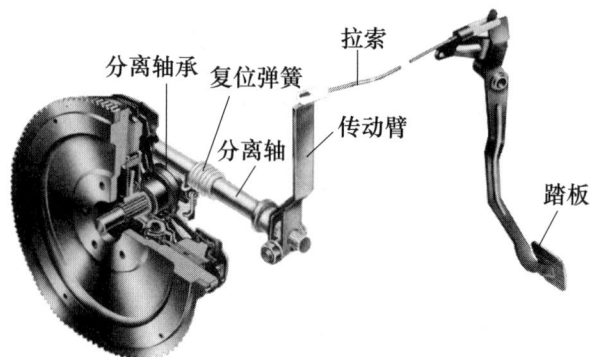

图 2-17　离合器拉索式操纵机构

2. 液压式离合器操纵机构

液压式操纵机构一般以制动液为传力介质，动力逐步经过离合器踏板、离合器主缸、油管、离合器工作缸、拨叉、分离轴承、压盘等传递，如图 2-18 所示。液压式操纵机构摩擦阻力小、重量轻、布置方便、接合柔和，应用较为广泛。

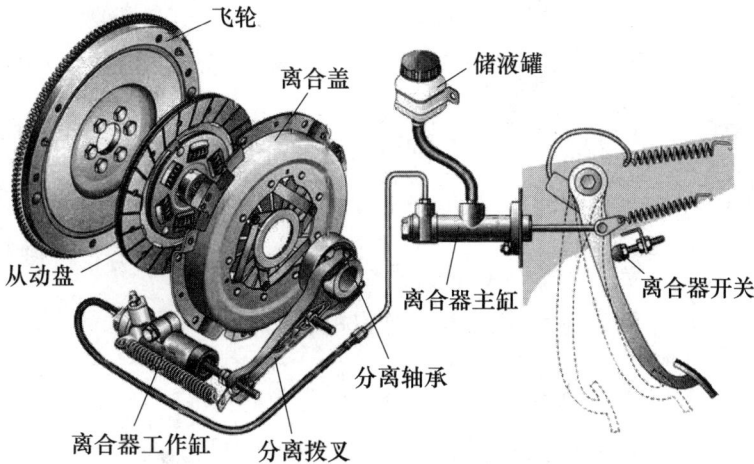

图 2-18 离合器液压操纵机构

离合器主缸结构和工作原理如图 2-19 所示，离合器主缸（俗称总泵）在离合器踏板的推力下，产生油压。储液罐有两个出油孔，分别把制动液供给制动主缸和离合器主缸。当离合器踏板处于初始位置时，活塞左端皮碗位于补偿孔与进油孔之间，两孔均开放。在迅速放松离合器踏板时，主缸活塞回位速度快，但由于油液回位慢容易形成真空，此时储液罐内的部分油液便经进油孔、主缸活塞头部的小孔推开皮碗进入工作腔弥补真空。待主缸活塞完全回位后，多余的油液便经补偿孔流回储液罐。

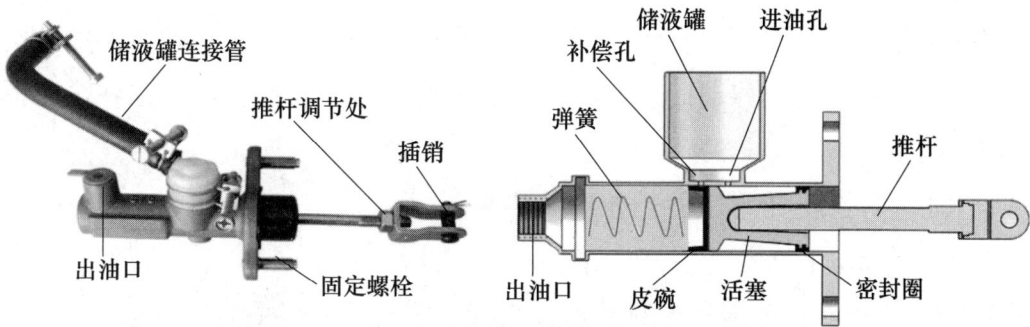

图 2-19 离合器主缸结构和工作原理

离合器工作缸（俗称分泵）的结构和工作原理如图 2-20 所示。离合器主缸产生的油压通过进油口进入，油压通过活塞能推动推杆移动。离合器工作缸上有排气螺塞，用来排放油液中的空气。工作缸活塞直径略大于主缸活塞直径，故液压系统稍有增力作用，以补偿液流通道的压力损失。

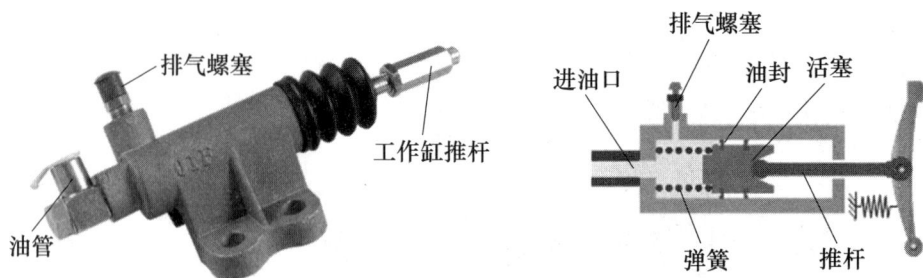

图 2-20　离合器工作缸的结构和工作原理

3. 分离拨叉和分离轴承

如图 2-21 所示，分离拨叉相当于一个杠杆，中间位置支承相当于支点，大端连接分离轴承，小端连接工作缸推杆。如图 2-22 所示，分离轴承座松套在变速器第一轴轴承盖上，通过复位弹簧使分离轴承的凸肩始终抵住分离拨叉。

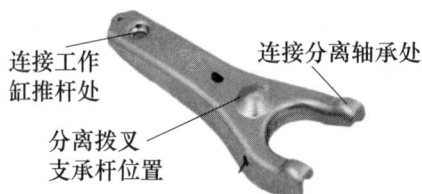

2-1　离合器分泵的工作原理

2-1　离合器踏板的自由行程

图 2-21　离合器分离拨叉

图 2-22　分离轴承总成

如图 2-23 所示，分离轴承与分离杠杆端部保持 3~4mm 左右的间隙，该间隙反映到离合器踏板上即自由行程。离合器的自由行程可以防止从动盘摩擦片磨损变薄后，压盘不能向前移动而造成离合器打滑。离合器自由行程可以在离合器主缸推杆上调整。

换档时，当想脱开原来的档位时，需要迅速踩下离合器踏板，以便切断发动机传递给变速器的动力，否则，会加速离合器的磨损；当挂入需要的档位后，需要缓慢松开离合器踏板，使车辆起步或行驶平稳。

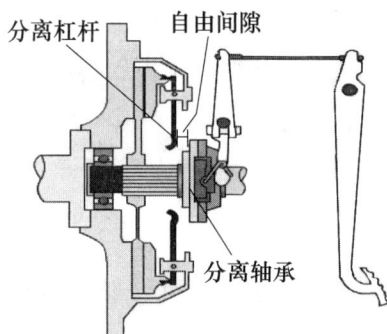

2-1　离合器自由行程的调整

图 2-23　离合器自由行程

二、离合器拆装注意事项

1）拆装离合器盖时，需要用类似图2-24所示的专用工具固定飞轮，安装离合器盖固定螺栓时，需要分次拧紧。

2）拆装离合器盖的时候，要防止离合器盖跌落。

3）安装时，可以在变速器第一轴花键、从动

图2-24 飞轮固定专用工具

盘花键毂、分离轴承前沿、分离轴承内座等处涂抹少量的润滑油。安装前将飞轮、离合器摩擦片、压盘三个元件的摩擦面用砂纸打磨并清除油污，在安装过程中，不允许让元件摩擦表面沾到油污。

4）安装离合器摩擦片时需要离合器对孔工具，可以采用原车手动变速器第一轴或采用如图2-25所示的专用对孔工具，利用第一轴或专用对孔工具，可以将曲轴凸缘内变

2-1 离合器的拆卸与检查

速器第一轴的支承轴承和离合器摩擦片花键毂孔的中心对齐，操作时可参考图2-26，安装对孔工具或第一轴后才可以将离合器压盘四周的固定螺栓拧紧。

图2-25 离合器对孔工具

图2-26 离合器对孔

5）注意安装时从动盘上减振弹簧凸出的一面朝压盘。

6）离合器从动盘摩擦片含有石棉纤维，需使用湿抹布清理含有石棉纤维的粉屑，以免使用干刷子或压缩空气使粉屑漂浮空气中，吸入这种粉屑对身体有害。

三、离合器的维修

1. 从动盘的维修

如图2-27所示，应检查从动盘摩擦片的磨损情况；检查其正反面有无裂纹；检查铆钉是否松动、深度是否符合要求；检查花键毂是否磨损严重；检查从动盘

减振器弹簧是否松动，是否存在断裂情况。

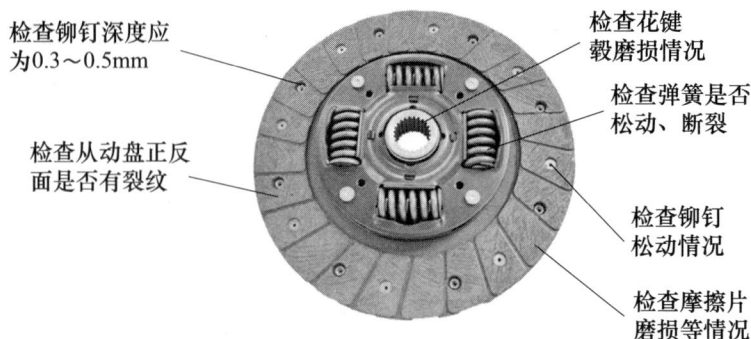

图 2-27　从动盘的检查

2. 飞轮的维修

如图 2-28 所示，检查飞轮与离合器从动盘接触平面的磨损程度；检查飞轮有无裂纹，有无翘曲变形；检查飞轮齿圈有无松动，检查齿圈上的齿是否有断裂，是否存在严重磨损；检查螺栓孔内螺纹是否出现损坏。

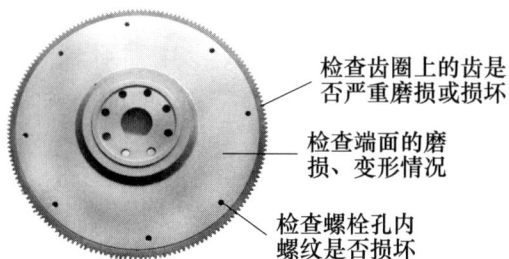

图 2-28　从动盘的检查

3. 离合器压盘组件的维修

如图 2-29 所示，检查压盘的磨损情况，如果出现较为严重的沟槽，则需要更换压盘组件。检查传动钢片是否松动。检查离合器盖是否存在变形。检查分离杠杆与分离轴承接触位置的磨损情况，如果出现较为严重的磨损，则需要更换离合器组件。

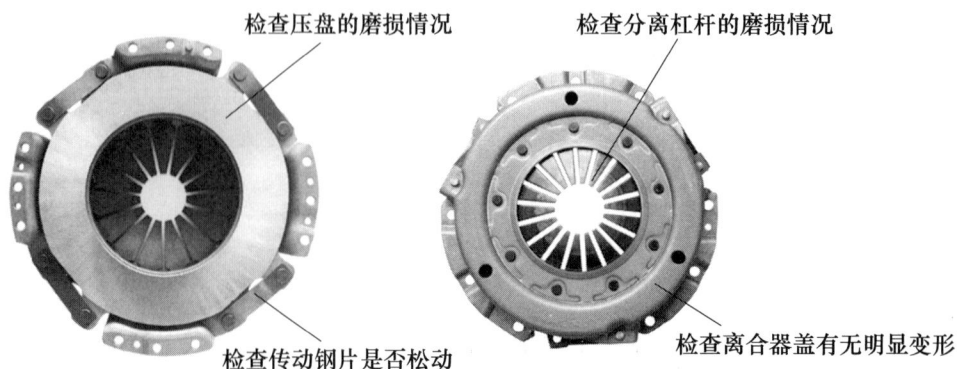

图 2-29　压盘组件的检查

4. 分离轴承和分离拨叉的维修

转动分离轴承，检查其转动时是否发卡，是否发出沙沙的声音，如有，则说明分离轴承缺油或损坏，需要加油或更换，如图 2-30 所示。如图 2-31 所示，检查分离拨叉各个支承点的磨损程度，如果磨损较大，可以采用堆焊的方法进行修复或更换。

图 2-30　分离轴承的检查

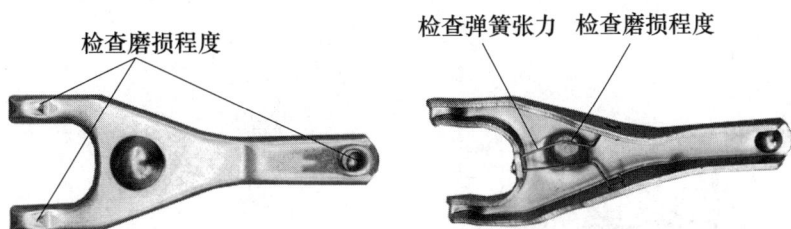

图 2-31　分离拨叉的检查

任务二　掌握手动变速器的工作原理和维修

一、手动变速器的工作原理

（一）变速器的基本原理

汽车发动机的转矩和转速变化范围较小，而道路状况的变化非常复杂，这就要求汽车配置变速器来实现汽车牵引力和行驶速度在相当大范围内的变化。变速器前进档主要用于改变发动机转速，实现路况对转矩的需要，变速器空档可以中断动力，变速器倒档用于倒退行驶。

变速器按操纵方式可以分为手动变速器和自动变速器，有的自动变速器带有手动换档模式，但不属于手动变速器。

如图 2-32 所示，一对直径不同、齿数不等的齿轮啮合传动时，可以实现变速、变矩。大齿轮将动力传递给小齿轮，在相同的时间内转动时，小齿轮比大齿轮转速快，但转动力矩小。前进档中的超速档（一般为 5 档）就是应用此原理。

发动机转矩变化很小，而复杂的使用条件要求汽车的牵引力和车速能在较大的范围内变化。小齿轮将动力传递给大齿轮，大齿轮比小齿轮转速慢，转矩增加。前进档中的降速档（一般为 1、2、3 档）和倒档都需要增大转矩，就是应用此原理。

惰轮的作用只是改变转向并不能改变传动比，所以称之为惰轮，如图 2-33 所示。惰轮在两个不互相接触的传动齿轮中间传递动力，用来改变被动齿轮的转动方向，使之与主动齿轮转动相同。汽车变速器中倒档多采用惰轮来改变旋转方向。

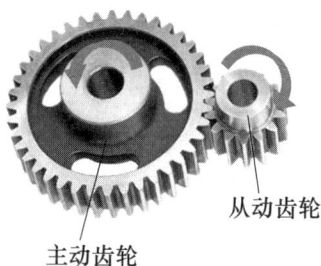

图 2-32　齿轮传动原理

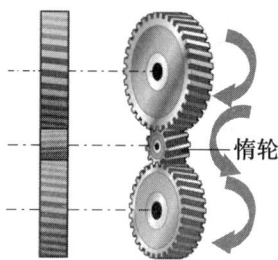

图 2-33　惰轮

（二）手动变速器的特点

手动变速器换档需要踩下离合器踏板，拨动如图 2-34 所示的变速杆，再抬起离合器踏板来完成换档。对于新手来说，换档过程比较复杂，容易熄火，换档过早会挂不上档或抖动，换档过晚会费油。如果可以熟练运用手动变速器，手动变速器不仅省油，操控感强，还更具有驾驶乐趣。

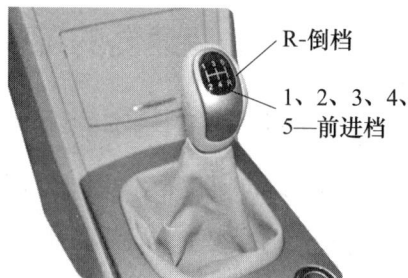

图 2-34　手动变速器变速杆

（三）手动变速器的变速传动机构

如图 2-35 所示，手动变速器一般包括齿轮传动机构、操纵机构、壳体等，齿轮传动机构包括齿轮、输入轴、输出轴等，通过齿轮传动机构可以实现档位传递路线的变换。操纵机构包括变速杆、拨叉、锁止装置等，通过移动变速杆，可以实现档位切换。

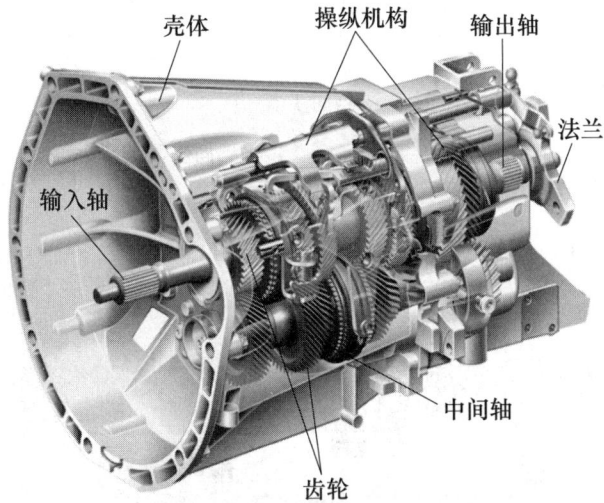

图 2-35　手动变速器的组成

手动变速器分为二轴式和三轴式变速器，二轴式手动变速器用在发动机前置前轮驱动汽车上。二轴式手动变速器齿轮传动机构如图 2-36 所示，变速器包括输入轴和输出轴，输入轴连接离合器，其上包括各个档位的主动齿轮；输出轴上各从动齿轮通过轴承与输出轴连接，只有挂入相应档位时，它们才能传递动力；主减速器的主动齿轮也安装在变速器输出轴的输出端上。

二轴式变速器挂入 3 档时，变速器动力传递情况如下：输入轴→输入轴 3 档齿轮→输出轴 3 档齿轮→输出轴 3 档同步器→输出轴，如图 2-37 所示。

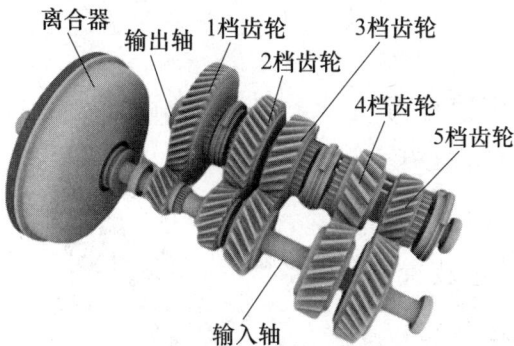

图 2-36　二轴式手动变速器齿轮传动机构

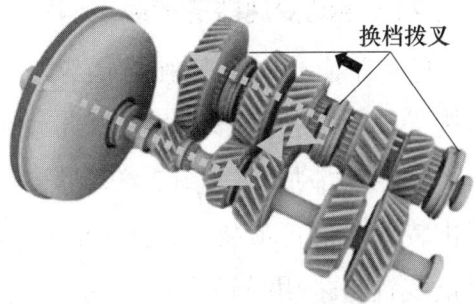

图 2-37　3 档动力传递路线

三轴式手动变速器齿轮传动机构如图 2-38 所示，它包括输入轴、中间轴和输出轴。输入轴和输出轴同轴线，中间由滚针轴承支承，中间轴上齿轮基本上和轴是一体的，个别通过花键连接。三轴式变速器直接档通常为 4 档，其传递路线为：输入轴→输入轴常啮合齿轮接合齿→3、4 档同步器→输出轴。

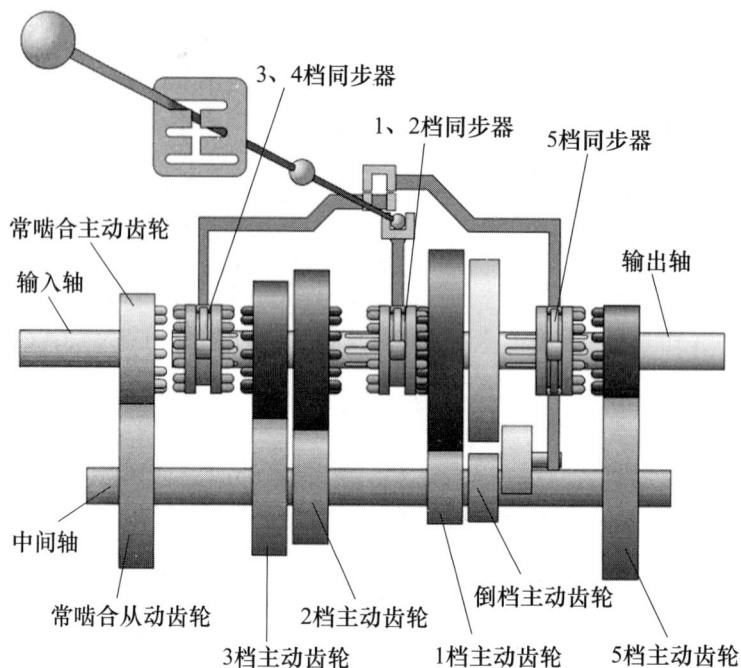

图 2-38 三轴式手动变速器齿轮传动机构

2-2 三轴式变速器动力传递路线

三轴式变速器除了直接档外，其他档位动力传递都需要通过中间轴，其 3 档动力传递路线为：输入轴及常啮合主动齿轮→中间轴常啮合从动齿轮→中间轴→中间轴 3 档主动齿轮→输出轴 3 档从动齿轮→3、4 档同步器→输出轴。

（四）手动变速器的操纵机构

变速器换档时，驾驶员操纵变速杆，变速杆带动拨叉轴上的拨叉移动，拨叉带动同步器接合套移动，完成换档动作，如图 2-39 所示。如图 2-40 所示，锁止装置包括自锁装置、互锁装置和倒档锁止装置，锁止装置是采用弹簧和定位钢球对拨叉轴进行定位和锁止。如图 2-41 所示，当钢球对准拨叉轴上相应的凹槽时，拨叉轴被锁止，这样可以防止脱档，也可以防止同时挂入两个档，以及误挂倒档。

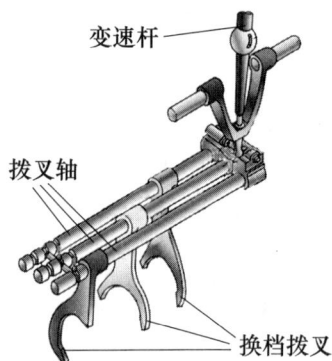

图 2-39 操纵机构

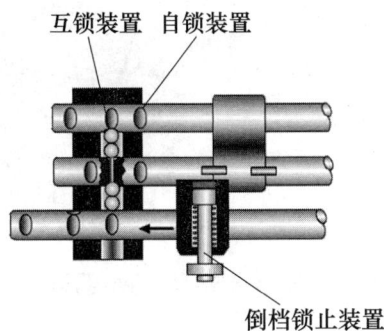

互锁装置 自锁装置

倒档锁止装置

图 2-40 锁止装置

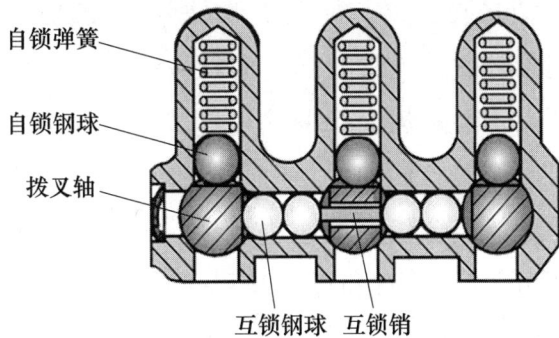

自锁弹簧

自锁钢球

拨叉轴

互锁钢球 互锁销

图 2-41 自锁装置

（五）变速器换档过程

手动变速器齿轮和轴连接形式包括以下三种（图 2-42）：齿轮通过滚针轴承或滑动轴承（图 2-43）与轴连接，这种连接形式中齿轮与轴之间没有动力传递；齿轮通过花键和轴连接，这种连接形式中齿轮与轴之间可以传递动力；齿轮和轴制成一体，如图 2-42 所示。

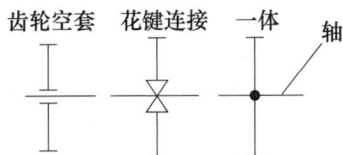

齿轮空套 花键连接 一体 轴

图 2-42 齿轮和轴连接形式

保持架 滑动轴承

滚针

图 2-43 滚针轴承和滑动轴承

手动变速器如果没有同步器，换档时容易产生冲击，换档过程还相当复杂。如图 2-44 所示，齿轮空套在轴上，齿轮前端有接合齿（图 2-45），花键毂通过花键与轴连接，接合套套在花键毂上。驾驶员需要通过加速踏板及离合器踏板，控制接合齿和花键毂同速，才能让接合套可以左右移动与齿轮前的接合齿啮合，实现齿轮与轴之间的动力传递。

同步器是一种换档辅助装置，常用的同步器包括锁环式和锁销式。锁环式同步器尺寸小、结构紧凑、摩擦力矩也小，多用于轿车和轻型车辆，大中型货车普遍采

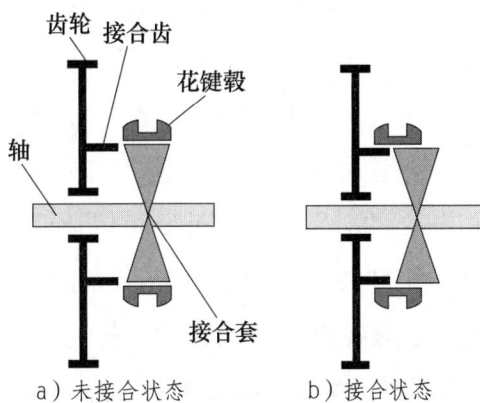

齿轮 接合齿

花键毂

轴

接合套

a）未接合状态 b）接合状态

图 2-44 无同步器换档过程

用锁销式同步器。如图 2-46 所示，锁环式同步器由同步环、花键毂、定位滑块、接合套等组成。同步环内锥面和齿轮锥面接触后，它上面细密的螺纹可以破坏接合面油膜，使与同步环相连的接合套和齿轮上的接合齿圈迅速达到相同转速，从而消除换档冲击，缩短换档时间，简化换档过程，使换档操作简捷而轻便。

图 2-45 与同步器连接的齿轮

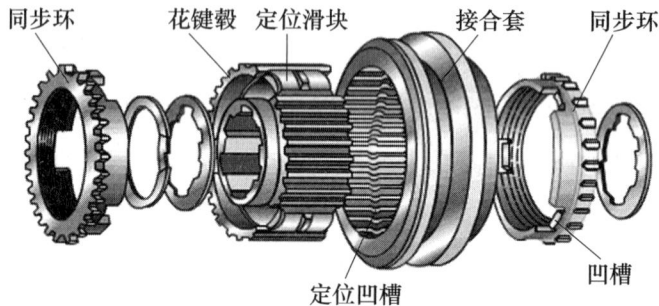

图 2-46 锁环式同步器的结构

锁环式同步器工作原理如图 2-47 所示，在空档位置，待啮合齿轮与接合套以不同的转速转动。当驾驶员通过变速杆施加推力推动接合套、滑块向左移动，滑块推动同步环移向待啮合齿轮。此时，同步环和接合齿圈的锥面接触，由于两个锥面有转速差，所以产生摩擦力矩，通过摩擦作用，可以使待啮合齿轮、同步环、接合套等达到同转速运转，以利于完成换档过程。

锁销式同步器的结构工作原理如图 2-48

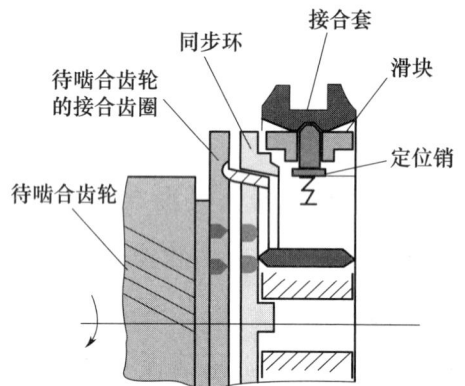

图 2-47 锁环式同步器的工作原理

和图 2-49 所示，该同步器包括摩擦锥盘、摩擦锥环、锁销、定位销等。两个带有内锥面的摩擦锥盘，两个摩擦锥盘分别以内花键固定装在带有接合齿圈的斜齿轮上，随着齿轮一同转动。两个有外锥面的摩擦锥环上有三个锁销和三个定位销，摩擦锥环和接合套装在一起。定位销与接合套孔内弹簧和钢球一同起到定位作用。锁销中部环槽的两端和接合套相应孔两端切有相同的倒角，锁销与孔对中时，接合套才能沿锁销轴向移动。

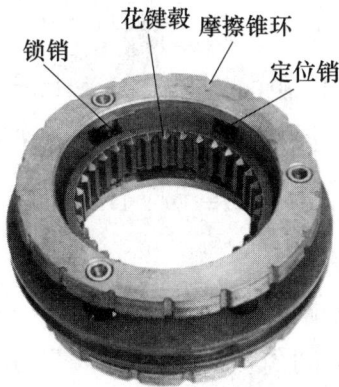

图 2-48　锁销式同步器的结构

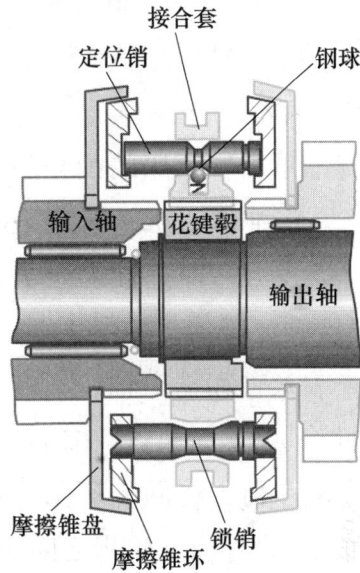

图 2-49　锁销式同步器的工作原理

换档时，接合套受到拨叉的轴向推力作用，通过钢球、定位销推动摩擦锥环向前移动，因为摩擦锥环和摩擦锥盘有转速差，所以摩擦锥盘和摩擦锥环接触后会产生摩擦作用，摩擦作用使摩擦锥环和锁销相对于接合套转过一个角度，摩擦锥环和摩擦锥盘达到转速同步，以利于完成换档。

二、手动变速器拆装注意事项

1）分解手动变速器前，先对手动变速器壳体外的灰尘进行清理。

2）手动变速器中有齿轮油，拆装前需要备好油盆，拆装作业中应防止齿轮油洒落到地面。

3）拆装齿轮定位卡环时，需要选择合适的卡环钳，如图 2-50 所示，不能将卡环钳尖头部分打磨得过尖，以免伤人。

4）装配前，必须对零件进行认真清洗；装配轴承和齿轮时，应涂抹齿轮油进行润滑；清除旧的密封垫，安装新的密封垫时，注意按要求涂抹密封胶。

5）装入油封前，需在油封的刃口涂少量润滑脂，要垂直压入，并注意安装方向。

图 2-50　卡环和卡环钳

三、手动变速器的维修

1）检查所有的齿轮，如齿面有轻微的斑点，可以用油石修磨，当齿厚磨损超过 0.2mm，齿长磨损超过原齿长的 15%，或斑点面积超过齿面面积的 15% 时，都应成对更换齿轮。

2）检查轴承与轴承座的配合间隙，不应有明显的间隙，或根据原厂维修手册，间隙不能超过标准值。转动轴承时不应该发卡，检查轴承滚子和轴承座的接触面，不应有明显磨损或脱落，如图 2-51 所示。

剥落处

图 2-51　轴承的检查

3）检查输入轴和输出轴，不应有裂纹，轴颈及花键不应有严重磨损，检查轴的径向圆跳动，不应超过 0.05mm，否则应更换。

4）检查同步器，将同步环压在各自齿轮的锥面上，按压转动同步环时要有阻力，用塞尺测量环齿与轮齿之间的间隙，通常间隙极限值应不大于 0.05mm。

5）检查变速器壳体不应有裂纹，变速器轴承孔磨损过大应该更换，检查壳体接合面翘曲的变形，其平面度不应大于 0.15mm，否则需要更换。

6）检查拨叉和拨叉轴。如图 2-52 所示，应检查拨叉是否变形，是否磨损过度，检查拨叉轴应无明显弯曲。

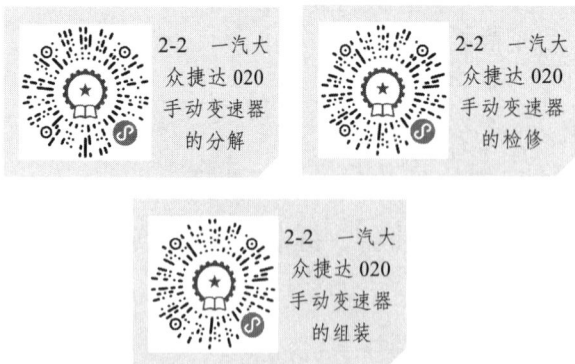

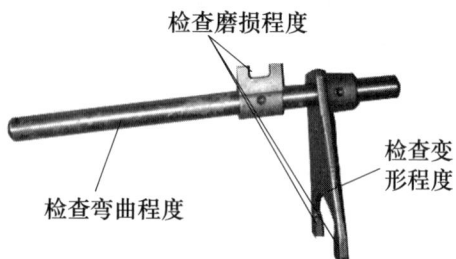

2-2　一汽大众捷达 020 手动变速器的分解

2-2　一汽大众捷达 020 手动变速器的检修

2-2　一汽大众捷达 020 手动变速器的组装

检查磨损程度

检查变形程度

检查弯曲程度

图 2-52　拨叉和拨叉轴的检查

任务三　掌握自动变速器的工作原理和维修

一、自动变速器的工作原理

使用自动变速器的车辆没有离合器，换档自动进行，不需要踩离合器踏板，操作便捷，但自动变速器传动效率比手动变速器低，因此油耗通常会高于手动变速器。常用的自动变速器主要有电控液力自动变速器（AT）、电控机械式自动变速器（AMT）、无级自动变速器（CVT）、双离合变速器（DCT）。

自动变速器虽然操作简便，但也使驾驶员失去了操纵乐趣。手自一体变速器的出现，让驾驶员可以自由选择自己认为合适的档位和换档时机，大大提高了驾驶乐趣。手自一体变速器是在传统的自动变速器基础上，增加了一套手动换档模式以及电子保护程序，结构并没有很大变化，若不能满足汽车ECU预先设定的换档条件，ECU会阻止驾驶员换档或自动纠正档位。

自动变速器变速杆（图2-53）上的锁止开关可以有效防止高速行驶中误操作，例如，防止误挂入R档。自动变速器变速杆操作面板上通常设有P、R、N、D、S、L档位，P位是驻车档，用于停车时使用，可用于起动；R代表倒档；N代表空档，临时停车，可用于起动；D代表前进档，用于正常行车；M代表手动模式。

有的变速杆还有S（或2）位和L（或1）位，S（或2）位代表2档—低速前进档，用于湿滑

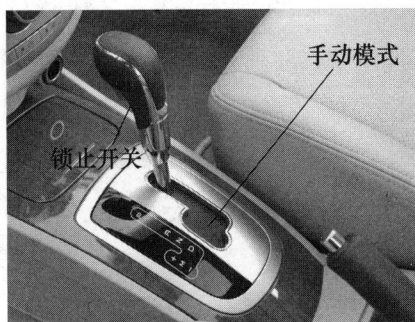

图2-53 自动变速器变速杆

路面起步，或者慢速前进时作为限制档使用，以防止频繁跳档。L（或1）位代表1档—低速档，用于爬坡、长距离下坡的工况。

（一）无级变速器的工作原理

无级变速器（CVT）的结构比传统变速器简单，体积更小，它既没有手动变速器那么多齿轮，也没有自动变速器复杂的行星齿轮组，它主要靠主、从动轮和金属带来实现速比的无级变化。CVT能实现良好的经济性、动力性和驾驶平顺性，而且降低了排放和成本。但CVT承受转矩的能力较差，对于速度变化反应较慢。CVT变速杆和普通AT变速杆相同。

如图2-54所示，无级变速器（CVT）由行星齿轮机构、无级变速机构、控制系统等组成，行星齿轮机构用于实现前进档和倒档之间的切换操作。无级变速机构主要包括主动锥盘、从动锥盘和传动钢带。

如图2-55所示，发动机输出的动力传递到CVT变速器的主动锥盘后，主动锥盘依靠摩擦力带动传动带，然后传动带同样依靠摩擦力驱动从动锥盘，最后再

由从动锥盘将动力输出。CVT变速器通过改变主、从动锥盘的旋转半径，就能实现对传动比的改变。

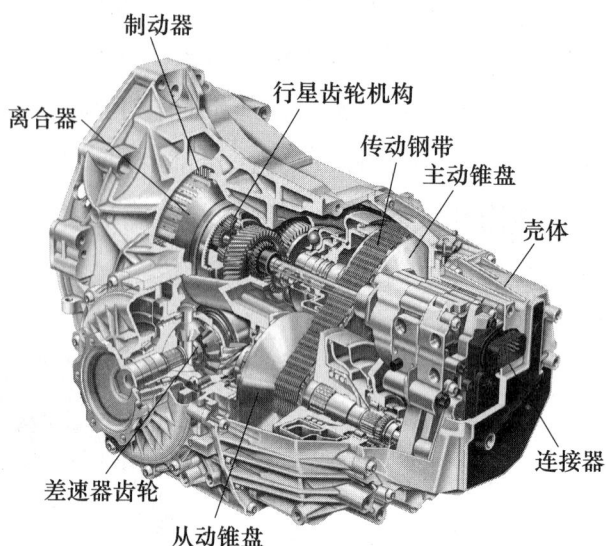

图2-54　无级式变速器

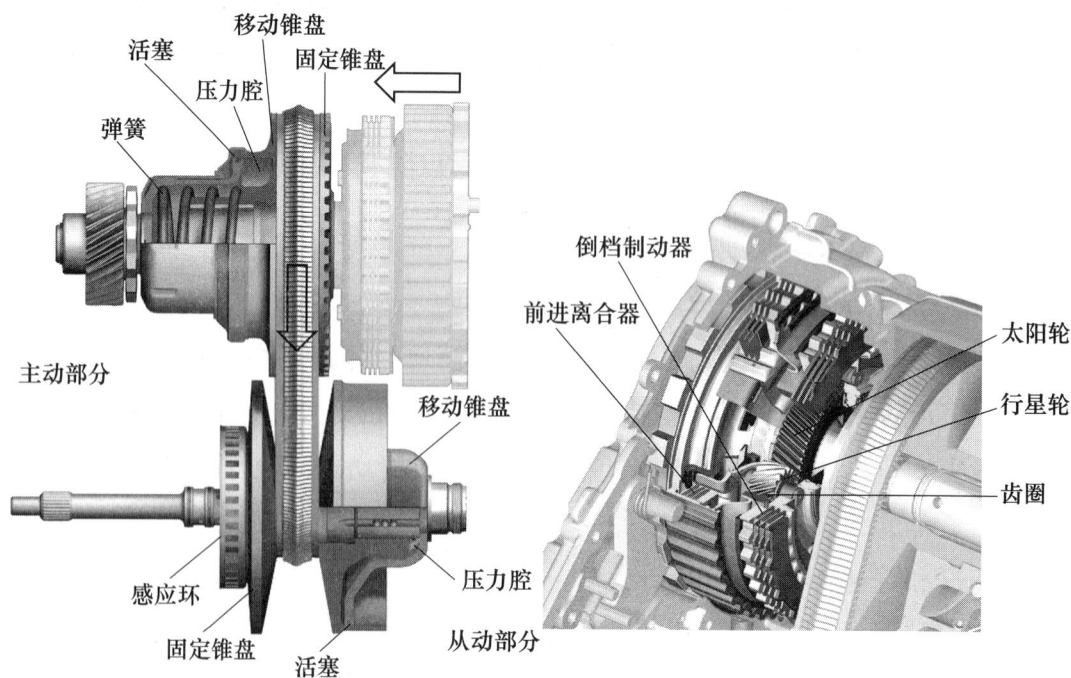

图2-55　无级式变速器的传动机构

主动、从动锥盘对传动带增大或减小压紧力，可以促使传动带向内或向外移动。主动固定锥盘上带有感应环，输出轴上也有感应环，用于ECU检测其转速。

CVT 也有行星轮机构，它和离合器、制动器一起用来实现前进档和倒档的功能，如图 2-55 所示。当倒档制动器工作时，行星轮机构的行星架被固定，太阳轮主动，齿圈从动，从而实现倒档反向传动。当前进离合器工作时，行星轮机构行星架和齿圈被连接在一起，行星轮机构作为一个整体运转，传动比为 1，转向相同。

（二）电控机械式自动变速器的工作原理

如图 2-56 所示，电控机械式自动变速器（AMT）是在手动式变速器、离合器的结构基本不变动的情况下，增加离合器控制装置、换档机构（包括换档位置传感器、选档位置传感器、选档电动机、换档电动机）、变速器 ECU 等电子控制系统，通过电子控制系统，来实现自动换档的变速器。

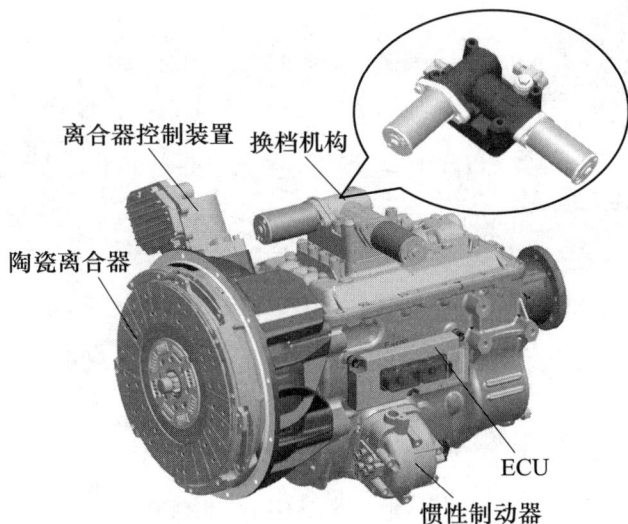

图 2-56　AMT 变速器

AMT 没有 P 位，它比手动变速器操作简单，操控类似于自动档；相对于其他自动变速器，它又有着较高的传动效率，跑起来比较省油。AMT 的缺点是行驶中顿挫感强烈，舒适性较低。

AMT 采用电动执行器或电控液压执行器，AMT 控制电控单元通过执行器实现选档、换档和离合器的分离、接合。离合器由离合器控制装置控制，通过电控液压执行器或电动机推动离合器拨叉完成离合器的分离和接合。换档执行机构执行电控单元的指令，完成变速器中档位的变换，包括选档和换档两个电动机，分别执行选档和换档的动作。

AMT 惯性制动器用于升档时对变速器轴进行减速，用于坡道辅助起步功能，用于选档时对输入轴的制动。例如，在坡道停车起步时，松开制动踏板后，控制系统会通过惯性制动器，保持对整车 3s 的制动，给驾驶员足够的时间转换到加速踏板，防止车辆在坡道上溜车。

AMT 变速器齿轮传动机构如图 2-57 所示，其基本结构和手动变速器类似，例如，1 档传递路线为：输入轴→输入轴常啮合齿轮→中间轴常啮合齿轮→中间轴→中间轴上 1 档主动齿轮→输出轴上 1 档从动齿轮→输出轴上 1 档接合套及花键毂→输出轴。

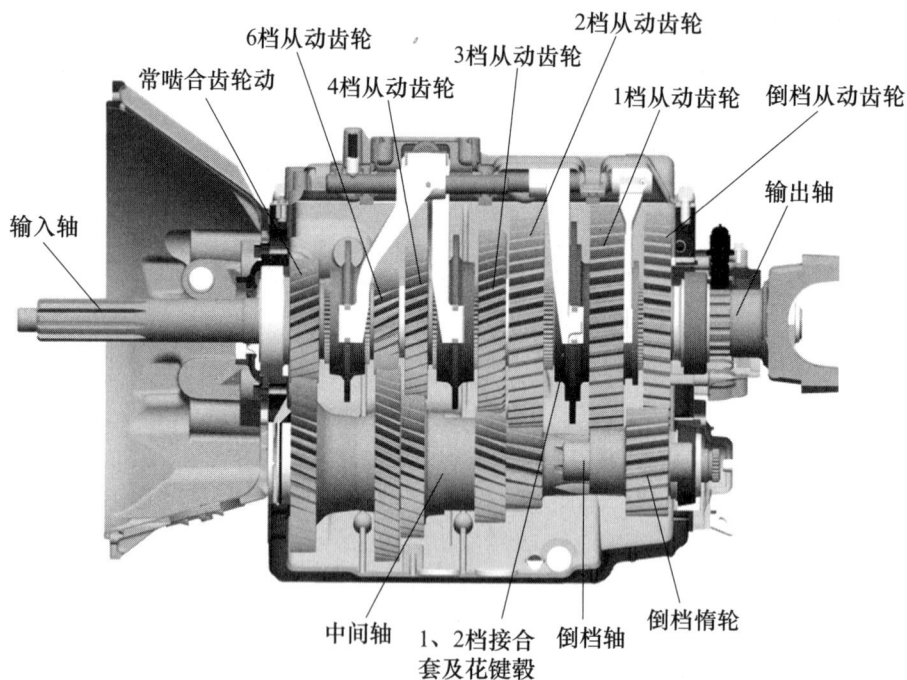

图 2-57　AMT 变速器齿轮传动机构

（三）双离合变速器的工作原理

双离合变速器（DCT）可以媲美手动变速器的高效率和极快的换档速度，燃油经济性高，能承受较大转矩，但操作时可能会出现顿挫等现象。双离合器变速器现在已经广泛用于汽车领域，它主要适合更加看重运动和驾驶乐趣的顾客。很多双离合器变速器变速杆，在装饰板上的字母"D"字旁有"＋""－"符号，操纵变速杆可以切换到手动模式。

如图 2-58 所示，双离合变速器跟手动变速器不同，它有两个离合器，离合器有干式和湿式两种。干式离合器摩擦片相互接合可以带来最直接的传递效率，但它也更容易发热，适合功率小的发动机。湿式双离合器有很好的调节能力，能够传递较大的转矩。双离合器变速器少了液力变矩器，简化了系统结构，提高了传动效率，油温更低。双离合变速器内部省略了多个换档用的制动器和离合器，减少了密封件和漏油点。

离合器2　离合器1　输入轴2　输入轴1　拨叉轴　换位齿轮　接合套

差速器半轴

图 2-58　双离合变速器（DCT）的结构

如图 2-59 和图 2-60 所示，双离合变速器的两个离合器各自连接一个输入轴。一个输入轴负责 1、3、5、7 奇数档，另一个输入轴负责 2、4、6 偶数档和倒档。双离合变速器换档和离合器操作都是通过 ECU 控制实现。ECU 进行自动换档逻辑控制，并发令使换档电磁阀动作，完成档位的自动转换。双离合器变速器液压部分包括油泵、油路板、液压换档滑阀、双离合器和三个同步器的液压缸。

双离合变速器的换档过程省去了挂入档位的时间，这种换档方式就像接力赛一样，当一个档位运作时，另一个档位已经在等待了，所以它的换档速度是相当的快。例如，变速器处于 1 档时，连接 1 档的离合器与变速器接合，ECU 根据汽车速度和发动机转速对换档意图做出判断，预见性地控制另一个离合器与 2 档齿轮组相连，但仅处于准备状态，尚未与发动机动力相连。1 档升 2 档时，连接 1 档的离合器断开，连接 2 档的离合器与发动机接合。

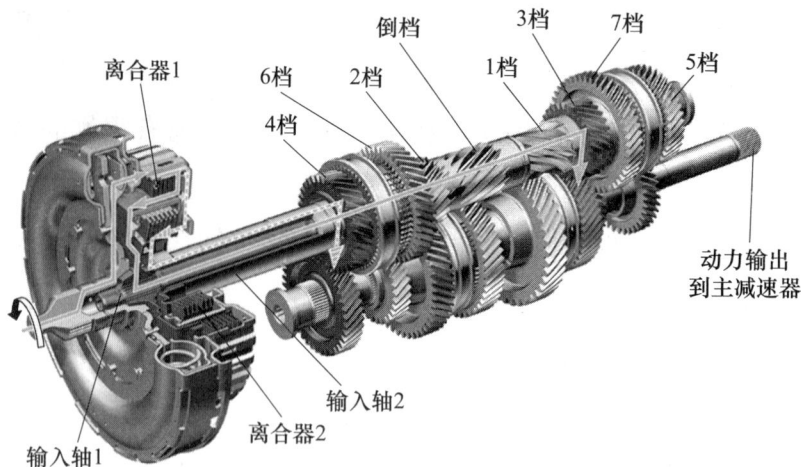

图 2-59　双离合变速器动力传递方式

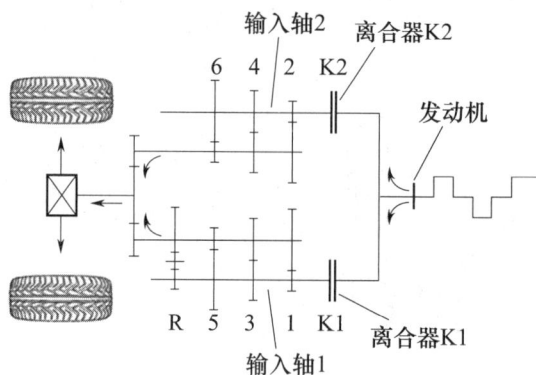

图 2-60　双离合变速器（DCT）原理图

（四）电控液力自动变速器（AT）的工作原理

如图 2-61 所示，电控液力自动变速器（AT）由液力变矩器、行星齿轮机构、

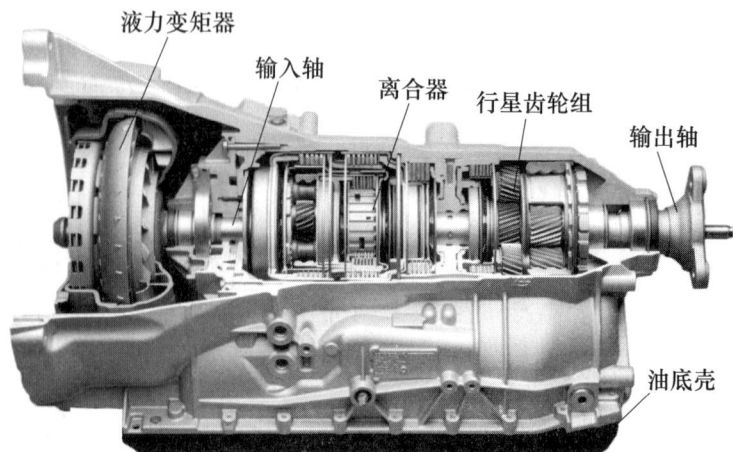

图 2-61　自动变速器的组成

液压控制系统、电子控制系统、ATF 冷却滤清装置等组成。液力变矩器位于变速器前端，它将发动机的动力传给行星齿轮机构，并起到控制动力接合、改变转矩及转速的作用。行星齿轮机构可以改变转矩和转速，它包括输入轴、输出轴、行星齿轮组等部分。液压控制系统包括离合器、制动器、油泵等元件。

1. 液力变矩器的结构和原理

液力变矩器除了具有离合器的作用外，还可以利用液体流速传递转矩，在一定范围内无级变速，液力变矩器壳体还可以驱动油泵。如图 2-62 所示，液力变矩器由泵轮、导轮、涡轮和锁止离合器等组成。锁止离合器主动部分与变矩器壳体相连，从动部分与涡轮相连，当高速时，锁止离合器主动、从动部分接合，液力变矩器变为机械传动，传动效率等于 1。液力变矩器壳体连接发动机飞轮，并从飞轮处获得动力。如图 2-63a 所示，变矩器的工作原理类似两个利用空气管道连接的风扇，右边未连接电源的风扇其叶片力矩会增加。

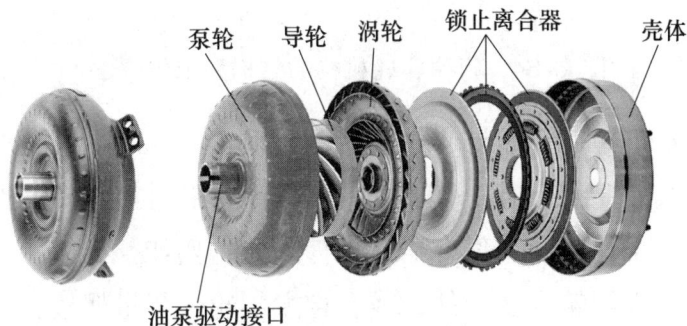

图 2-62　液力变矩器的结构和组成

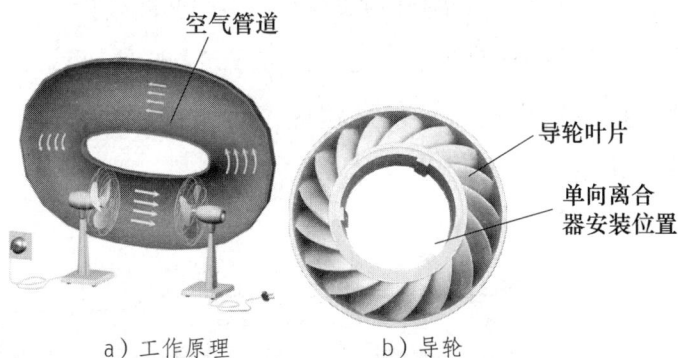

图 2-63　液力变矩器工作原理

在泵轮和涡轮的转速差较大的情况下，由涡轮甩出的 ATF 以逆时针方向冲击导轮（图 2-63b）叶片，此时导轮被单向离合器固定不动，导轮上特殊形状的叶片使得 ATF 改变为顺时针方向流回泵轮，泵轮再将来自发动机的能量和涡轮回流的能量一起传递给涡轮，使涡轮输出转矩增大。

2. 行星齿轮变速器

液力变矩器变矩作用小，不能满足车辆行驶要求。行星齿轮机构能实现传动比的进一步变化，以提高变速变矩作用。变速器内有几组行星齿轮来构成不同的档位。每一组行星齿轮机构都由太阳轮、齿圈、行星架和行星轮组成，其结构和工作原理如图 2-64 所示。

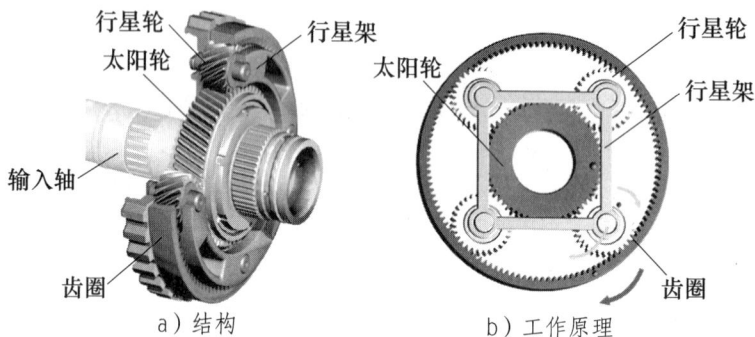

a）结构　　　　　　　　b）工作原理

图 2-64　行星齿轮机构的结构和工作原理

行星齿轮机构有多种传动方式，例如，齿圈固定，太阳轮主动，行星架从动，此种组合为降速传动，传动比一般为 2.5~5，转向相同。行星齿轮机构还可以把三个元件中任意两个元件通过离合器接合为一体，例如，把行星架和齿圈接合为一体作为主动件，太阳轮为从动件，或者把太阳轮和行星架接合为一体作为主动件，齿圈作为被动件，这种情况行星轮间没有相对运动，作为一个整体运转，传动比为 1，转向相同。汽车上常用此种组合方式组成直接档。

自动变速器通常有多排行星齿轮机构，如图 2-65 所示，丰田 A341E 自动变速器采用了 3 排行星齿轮机构，分别是超速档行星排、前行星排和后行星排，前行星排和后行星排共用一个太阳轮。

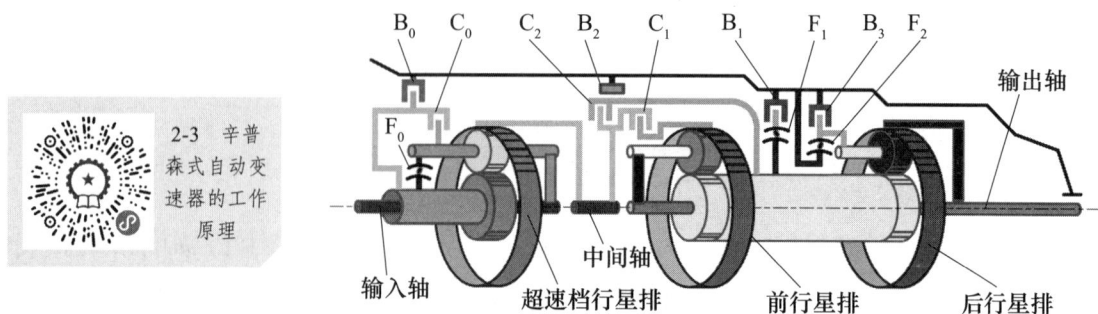

图 2-65　丰田 A341E 自动变速器动力传动示意图

丰田 A341E 有 4 个前进档，1 个倒档。4 档是超速（O/D）档。丰田 A341E 自动变速器各执行元件功能见表 2-1。

表 2-1　丰田 A341E 变速器各执行元件功能表

	零部件名称	功能
C_1	前进档离合器	连接输入轴和前行星排齿圈
C_2	直接档离合器	连接输入轴和前、后太阳轮
C_0	O/D 档-直接档离合器	连接 O/D 档（超速档）太阳齿轮和超速档行星架
B_1	2 档惯性制动器	防止前、后太阳齿轮转动
B_2	2 档制动器	防止 F1 的外圈转动，以防止前、后太阳轮逆时针方向转动
B_3	1 档、倒档制动器	防止后行星架转动
B_0	O/D 档制动器	防止 O/D 档太阳齿轮转动
F_1	1 号单向离合器	当 B_2 工作时，此单向离合器防止前、后太阳轮逆时针转动
F_2	2 号单向离合器	防止后行星架逆时针方向转动
F_0	O/D 档单向离合器	当变速器开始被发动机驱动时，该离合器连接 O/D 档（超速档）太阳轮和 O/D 档（超速档）行星架

1）在 D1 档时，1 号电磁阀接通，2 号电磁阀不接通，以下执行器工作：C_1、C_0、F_2、F_0，其传动路线如图 2-66 所示。C_0 和 F_0 工作将超速档行星排的太阳轮和行星架相连，此时超速档行星排成为一个整体，输入轴的动力顺时针传给超速档行星排齿圈。前进档离合器 C_1 工作，它将动力传给前行星排齿圈，驱动前行星轮顺时针转动。前行星轮驱动公用太阳轮逆时针转动，前行星架输出。

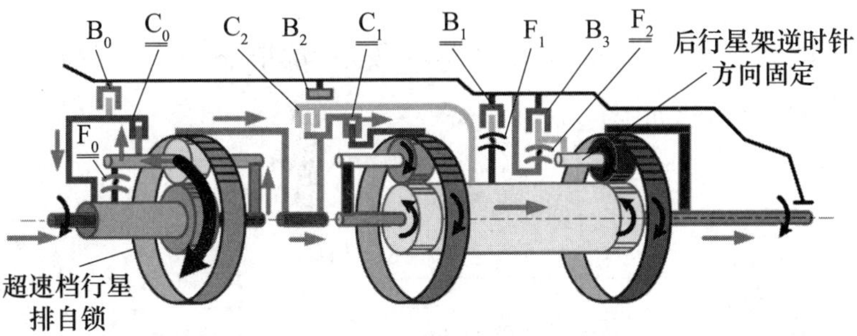

图 2-66　丰田 A341E 自动变速器 D1 档动力传动示意图

由于前后行星排共用一个太阳轮，此时公用太阳轮驱动后行星轮顺时针转动。汽车在起步时，由于后行星架有逆时针转动趋势，所以单向离合器 F_2 工作，单向固定后行星架，后行星轮驱动后齿圈顺时针转动，输出动力。

2）在 D2 档时，1 号电磁阀接通，2 号电磁阀也接通，以下执行器工作：

C_1、C_0、B_2、F_1、F_0，其传动路线如图 2-67 所示。

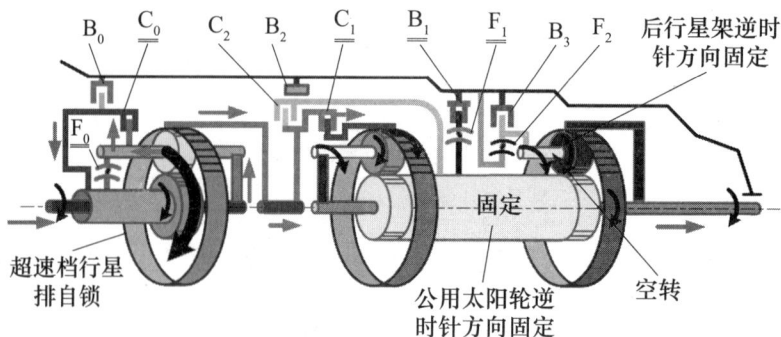

图 2-67　丰田 A341E 自动变速器 D2 档动力传动示意图

3）在 D3 档时，1 号电磁阀不接通，2 号电磁阀接通，以下执行器工作：C_1、C_2、C_0、B_2、F_0，其传动路线如图 2-68 所示。

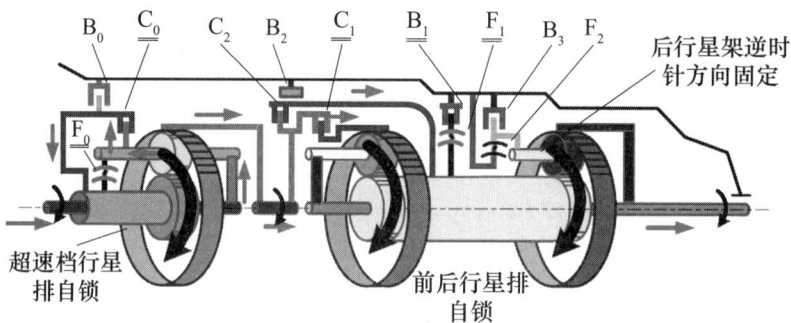

图 2-68　丰田 A341E 自动变速器 D3 档动力传动示意图

4）在 O/D 档时，1 号电磁阀和 2 号电磁阀都断开，以下执行器工作：C_1、C_2、B_2、B_0，其传动路线如图 2-69 所示。

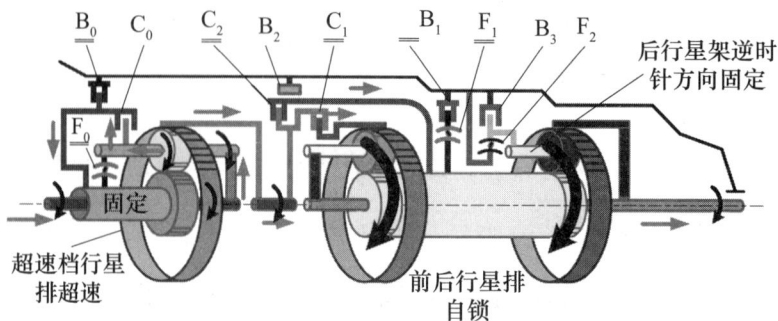

图 2-69　丰田 A341E 自动变速器 D4 档动力传动示意图

5）当变速杆位于 P 位时，自动变速器将机械地锁止输出轴，使驱动轮不能转动，防止汽车移动，如图 2-70 所示。同时，换档执行机构使自动变速器处于空档状态。该位置可以起动发动机。当变速杆移开该位置时，停车锁止机构即被释放。当变速杆位于 N 位时，自动变速器处于空档状态，此位置可以起动发动机，此时发动机的动力虽输入自动变速器，但只能使之空转，输出轴无动力输出。

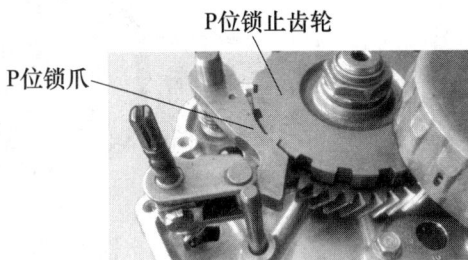

图 2-70　P 位锁止齿轮和锁爪

3. 液压控制系统

自动变速器的自动控制是靠液压控制系统来完成的，液压控制系统由动力源、执行机构和电子控制机构三个部分组成。

自动变速器电子控制机构收集发动机节气门开度、车速等信号，对液压系统电磁阀进行控制，进而控制液压系统的离合器和制动器，实现对档位的控制。自动变速器内的离合器、制动器、单向离合器属于换档执行机构，离合器用于接合或分离两个元件，制动器用于固定某个元件。

如图 2-71 和图 2-72 所示，自动变速器中所用的离合器为湿式多片离合器。它通常由活塞、复位弹簧、钢片、摩擦片离合器毂等组成。当活塞左腔有油压时，活塞克服复位弹簧力的作用左移，将摩擦片与钢片压紧，离合器接合产生摩擦力，动力从输入轴传递到输出轴。变速器控制油压就能对离合器和制动器进行控制，离合器和制动器工作、实现换位变换。

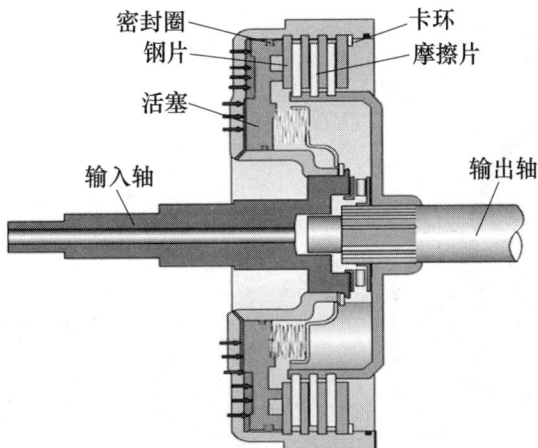

图 2-71　湿式多片离合器工作原理

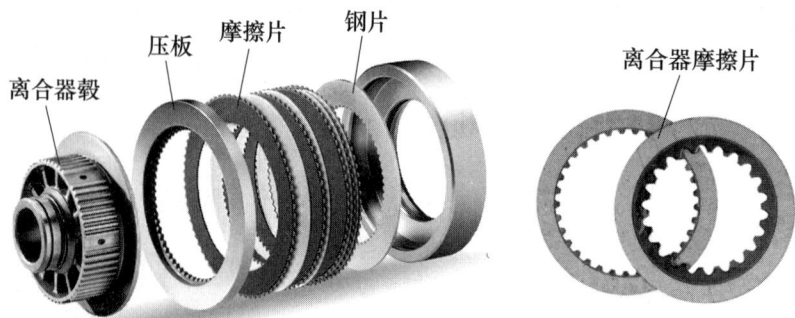

图 2-72 湿式多片离合器的组成

制动器的作用是将行星排中的某一元件加以固定，使之不能转动。目前常见的是带式制动器和片式制动器。片式制动器的工作原理和湿式多片离合器基本相同，而片式制动器鼓是固定在自动变速器壳体上的，当制动器工作时，与制动器鼓相连的行星排中的某一元件被固定住而不能转动。

带式制动器由制动带、制动鼓、活塞、推杆等组成，如图 2-73 所示。制动鼓与行星排的某一基本元件连接，并随之一起转动。当自动变速器油的压力推动活塞时，活塞克服弹簧弹力使推杆伸出，将制动带压紧在制动鼓上，于是制动鼓被固定住而不能旋转，此时，制动器处于制动状态。

单向离合器依靠单向锁止原理来发挥固定或连接作用的，其固定和连接也只能单方向。当与之相连接的元件受力方向与锁止方向相同时，该元件即被固定或连接；当受力方向与锁止方向相反时，该元件即被释放或脱离连接。单向离合器结构原理如图 2-74 所示，单向离合器内的楔块可以保证导轮的单向锁止，即让导轮只能顺时针转动。

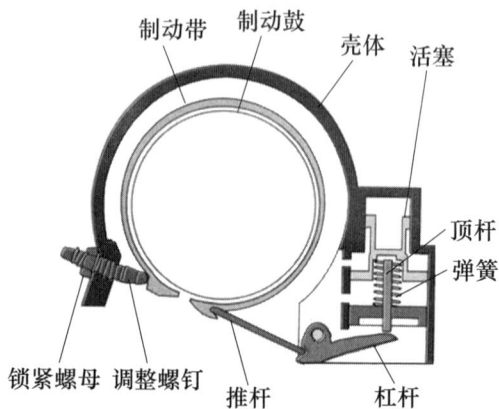

图 2-73 带式制动带工作原理

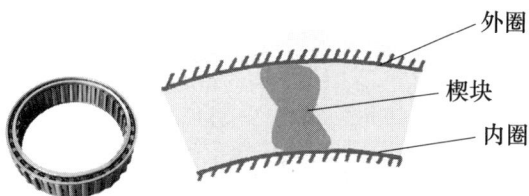

图 2-74 单向离合器结构和原理

自动变速器油泵除了向控制机构、执行机构供给压力油以实现换档外，还给液力变矩器提供冷却补偿用油，向行星轮变速器供给润滑用油。常见的自动变速器油泵为内啮合齿轮油泵，其结构如图2-75所示，发动机运转时，变矩器壳体后端轴套驱动主动齿轮顺时针运转，主动齿轮带动从动齿轮顺时针方向旋转。在吸油腔，因齿轮不断退出啮合，容积增大，形成真空吸油；在压油腔，因齿轮不断进入啮合，容积减小，将压力油压出。

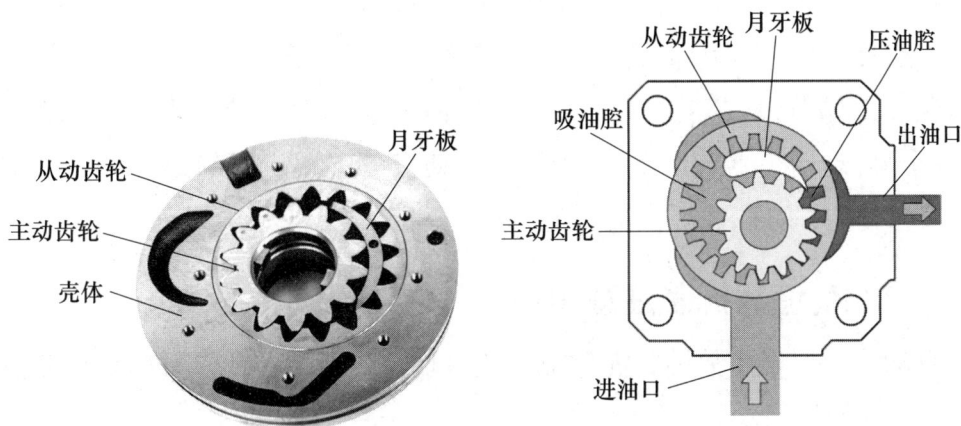

图2-75 内啮合齿轮油泵结构和原理

如图2-76所示，控制机构包括主油路调压阀、手动阀、换档阀等，这些阀基本都安装在自动变速器下方的油底壳内阀板上。如图2-77所示，调压阀根据车速来调节油压，节气门开度越大油压越高。换档杆连接到手动阀。根据所选的齿轮，手动阀供应抑制相应齿轮的液压回路。换档阀将压力油供应到离合器和制动器，以达到换档的目的。

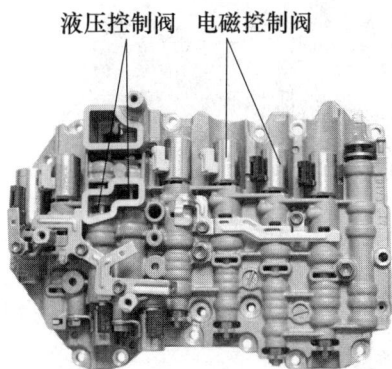

图2-76 自动变速器阀板

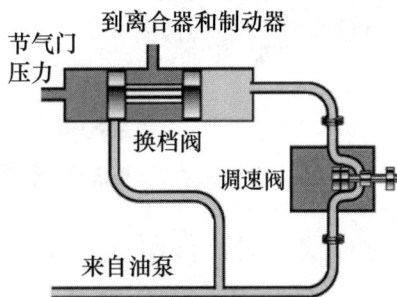

图2-77 简单换档回路

4. 电子控制系统的工作原理

自动变速器电子控制系统包括电子控制单元、节气门位置传感器、冷却液温度传感器、车速传感器、电磁控制阀等。电子控制系统根据车速和发动机负荷，自动控制变速器换档时机和液力变矩器锁止时机，使汽车获得良好的动力性和燃油经济性。除此以外，电子控制系统还有失效保护功能和故障自诊断功能。

5. ATF 的冷却、滤清装置

自动变速器油简称 ATF，ATF 一般为红色，如图 2-78 所示。液力变矩器在传递动力的过程中，因传动效率低，从而使部分能量转换为 ATF 的热能，会使 ATF 的温度急剧升高。油温过高，会使油液变质，缩短使用寿命。因此，ATF 需要冷却，自动变速器 ATF 冷却器位于发动机前端散热器的附近。自动变速器滤网在油底壳内，可以滤除油液中的杂质。

二、自动变速器拆装注意事项

1）自动变速器发生故障，需要根据故障现象进行检测，只有确认故障原因，才可以进行拆卸检修。

2）拆卸自动变速器时，可以借助于类似图 2-79 所示的拆装台，将所有零件按顺序放好，以便装复。特别是分解阀体总成时，所有阀门应与其弹簧放在一起，必要时做标记及记录。

图 2-78 自动变速器 ATF 油　　　　图 2-79 自动变速器拆装台

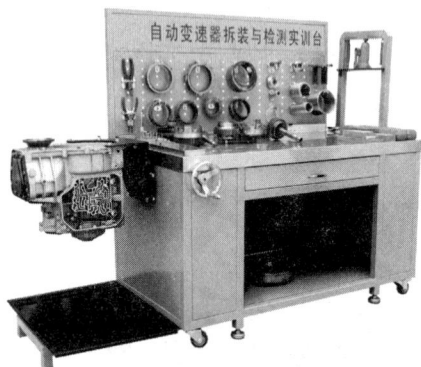

3）对自动变速器外部进行彻底清洗，以防脏物造成精密配合副的卡滞而引发故障。

4）对分解后的自动变速器各零件进行彻底清洗，各油道、油孔、特别是液压控制阀体上的油道等用压缩空气吹通，确保不被堵塞。

5）更换新的摩擦片时，在装配前须将其放入 ATF 中进行浸泡 15min 以上，原有的摩擦片也须浸泡 10min 左右，再进行组装。

6）所有密封圈、旋转件和滑动表面，在装配前都必须涂抹自动变速器油。

7）所有滚针轴承与座圈滚道都应有正确的位置和方向。

三、自动变速器的维修

1. 自动变速器油位检查

检查油位前，需使发动机和变速器处于正常工作温度（70~80°C）下。

1）将车辆停放在水平地面上，并施加驻车制动。

2）在发动机怠速且制动踏板踩下的情况下，将变速杆从 P 位依次移至 L 位，经过所有档位后，使变速杆回到 P 位。

3）拉出油尺并将其擦干净。

4）将油尺完全推回到油管中。

5）再次拉出油尺，并检查液位是否在热态范围内，如图 2-80 所示。

如果液位低于热态范围，加注新自动变速器油并重新检查液位。如果液位超过热态范围，排放一次，添加适量的新自动变速器油并重新检查液位。

2. 档位开关的检查

自动变速器档位开关位置和外形如图 2-81 所示。它也称为多功能开关，它将档位的信息传给自动变速器控制单元，倒档时控制倒车灯的点亮，制止起动机在行驶状态时啮合，并锁住变速杆。

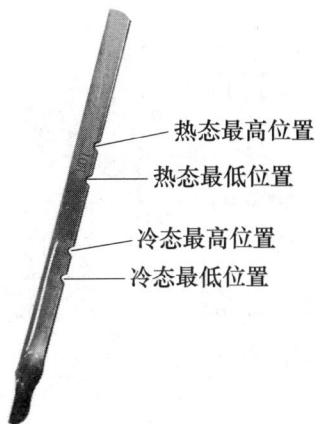

图 2-80　自动变速器油位的检查

热态最高位置
热态最低位置
冷态最高位置
冷态最低位置

图 2-81　档位开关

1）拉紧驻车制动器，将点火开关置于 ON 位置。

2）踩下制动踏板，检查并确认当变速杆在 N 位或 P 位时发动机能起动，而在其他位置时不起动。

3）检查并确认当变速杆在 R 位时倒车灯点亮，倒车警告蜂鸣器鸣响，但在其他位置时不起作用。

4）断开档位开关的插接器，根据图 2-82 测量各个端子的导通情况。

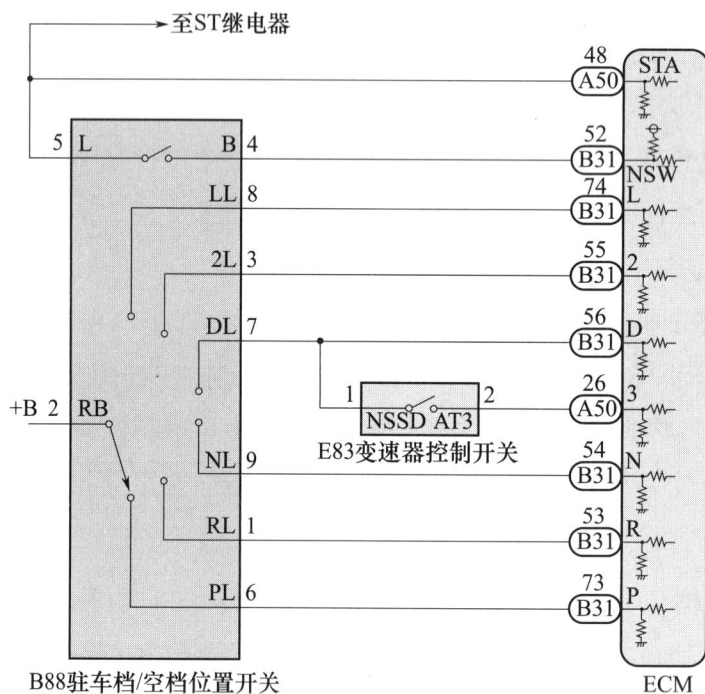

图 2-82　档位开关电路图

3. 机油泵的检查

1）如图 2-83 所示，检查机油泵时，需要检查机油泵齿轮间隙，标准间隙为 0.07~0.15mm。

2）检查机油泵泵体间隙，标准间隙为 0.10~0.15mm，如果泵体间隙大于最大值，则更换机油泵体分总成。

3）用钢直尺和塞尺测量这两个齿轮的侧隙，标准侧隙为 0.02~0.05mm，如果侧隙大于最大值，则更换主动齿轮、从动齿轮或泵体。

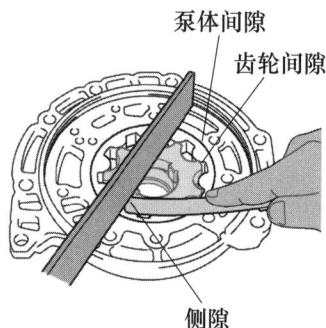

图 2-83　检查机油泵

4. 离合器的检查

离合器总成分解后对每个零件进行清洗和检查，如离合器毂、离合器片、压盘等是否磨损严重、变形，复位弹簧是否断裂、弹性不足，单向球阀是否密封良好等，必要时更换零部件和总成。离合器装配后要检查离合器的间隙，其装配间隙为 0.6~1.0mm，制动器的检查方法和离合器的检查类似，不再赘述。

任务四 分动器的认知

一、四轮驱动方式的种类

采用四轮驱动方式的车辆安装了分动器，分动器可以将变速器输出的动力分配到前、后驱动桥，因此，四轮驱动车辆 4 个车轮都有独立驱动力，操控及抓地力均衡良好，更易在泥潭和崎岖不平的路面上脱困。四轮驱动车辆可以提高汽车的操控性，增强越野车的通过性，但是，由于每个车轮都会承担动力输出，所以费油。同时，四轮驱动系统结构复杂，保养和维修费用较高。汽车四轮驱动方式可以分为分时四驱、全时四驱和适时四驱三种类型。

分时四驱是驾驶员根据路面情况，通过操作 2WD 和 4WD 选择器来接通或断开分动器来选择两轮驱动或四轮驱动，如图 2-84 所示。分时四驱平常只利用前轮或是后轮来行驶，在积雪或砾石路面上能切换成四轮驱动来行驶，也称为选择四轮驱动，这也是越野车或是四驱 SUV 最常见的驱动模式。

全时四驱车辆结构如图 2-85 所示，这种车辆在整个行驶过程中一直保持四轮驱动，发动机输出转矩以固定的比例分配到前后轮，这种驱动模式能随时拥有较好的越野和操控性能，但不能够根据路面情况做出转矩分配的调整，并且油耗较高。

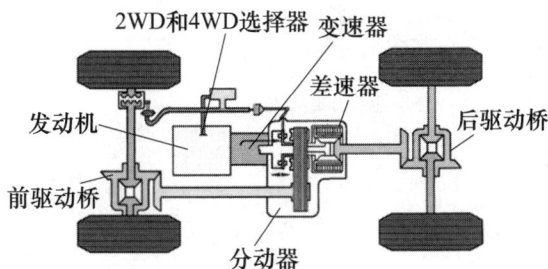

图 2-84　分时四驱车辆结构

图 2-85　全时四驱车辆结构

适时四驱车辆只有在适当的时候才会转换为四轮驱动，而在其他情况下仍然是两轮驱动。控制系统会根据车辆的行驶路况自动切换为两驱或四驱模式。

二、分动器的工作原理

分动器将变速器输出的动力分配到前、后驱动桥，并且进一步增大转矩。分动器可以采用链条传动，也可以采用齿轮传动，分别如图 2-86 和图 2-87 所示。分动器输入轴与变速器的输出轴相连，分动器通常有两个输出轴，分别与前、后驱动桥连接。

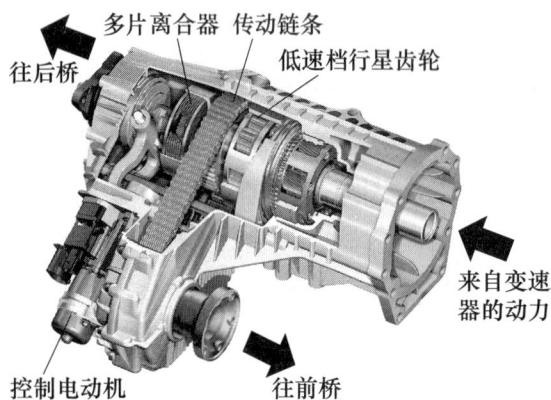

图 2-86　链条传动的分动器

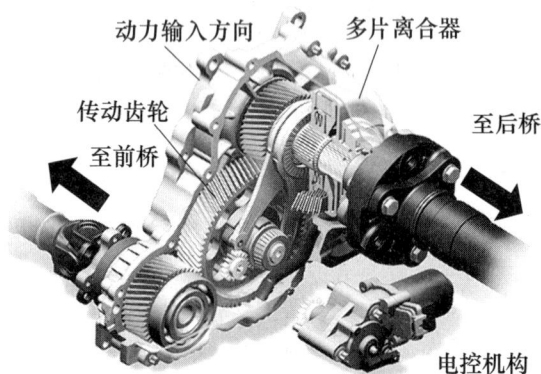

图 2-87　齿轮传动的分动器

很多车辆四轮驱动系统是采用多片离合器来控制动力分配的。如图 2-88 所示，分动器 ECU 通过电控机构控制动力分配到前后轴的比例，这种多片离合器反应速度极快，使得操控性能得到很大提升。正常情况下，系统按照 40∶60 的比例分配动力，当遇到复杂路况时，ECU 控制液压机构压合多片离合器，进而改变前后轴的动力输出分配。

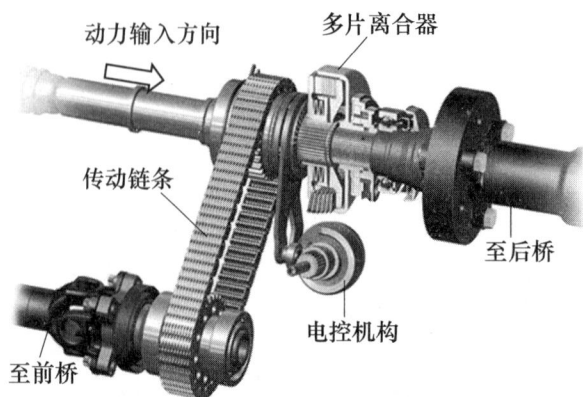

图 2-88　分动器原理

任务五 掌握万向传动装置的结构和维修

一、万向传动装置的工作原理

（一）万向传动装置的功用

在汽车传动系统中，为了实现一些轴线相交或相对位置经常变化的转轴之间的动力传递，必须采用万向传动装置。例如，图2-89中主动轴的动力传到与其成一定角度的从动轴上。在传动系统中，万向传动装置主要应用在以下场合：变速器与驱动桥之间，变速器与分动器之间，转向驱动桥中的主减速器与转向驱动轮之间。

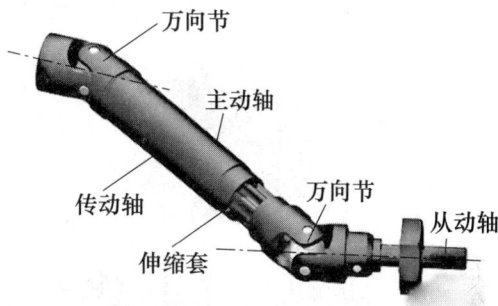

图2-89 万向传动装置原理

万向传动装置一般由万向节和传动轴组成，当传动路线较长时，万向传动装置有时还要有中间支承装置，如图2-90所示。常见的轿车通常采用前置前驱方式，这种车辆没有中间支承装置，也不需要传动轴。

（二）万向节

万向节能在不同轴线的轴之间传递动力，按万向节刚性大小，可分为刚性万向节和柔性万向节。柔性万向节结构如图2-91所示，它依靠橡胶等弹性元件的弹性变形，来保证在相交的两轴之间传动时不发生机械干涉。

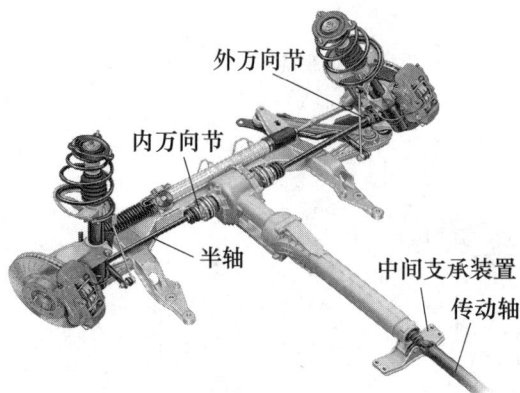

图2-90 万向传动装置

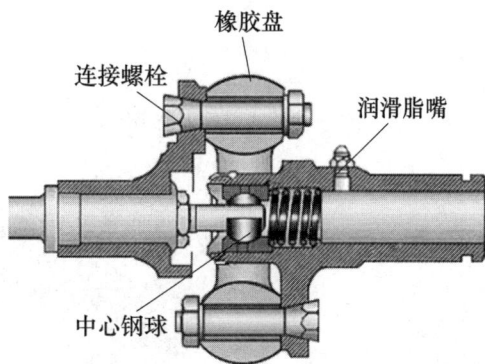

图2-91 柔性万向节

常用的刚性万向节主要有十字轴式、球笼式和三枢轴式等。十字轴式刚性万向节用于发动机前置后驱的变速器与驱动桥之间，球笼式和三枢轴式万向节主要用于发动机前置前轮驱动的内、外半轴之间。

1. 十字轴式刚性万向节

如图2-92所示，十字轴式刚性万向节由万向节叉、十字轴、滚针轴承、油封、套筒、轴承盖等组成。转动过程中滚针轴承中的滚针可自转，以便减轻摩擦。与输入动力连接的轴称为输入轴，经万向节输出的轴称为输出轴。

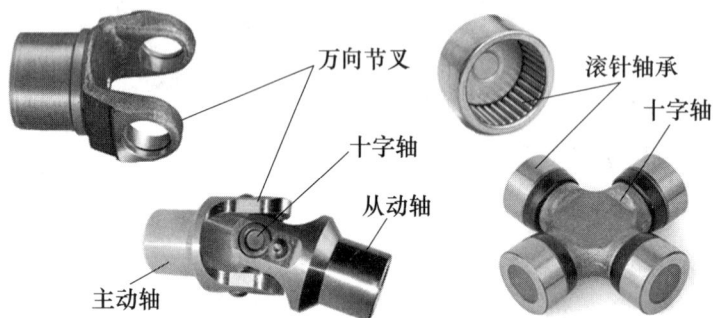

图2-92　十字轴式万向节

2. 球笼式万向节

球笼式万向节根据内、外滚道结构不同，分为伸缩式和固定式。伸缩式球笼万向节一般用于内万向节，固定式球笼万向节一般用于外万向节，如图2-93所示，内外万向节通过花键与传动轴连接。如图2-94所示，球笼式万向节主要由球形壳（外行星轮）、保持架（球笼）、钢球（滚子）、星形壳（内行星轮）

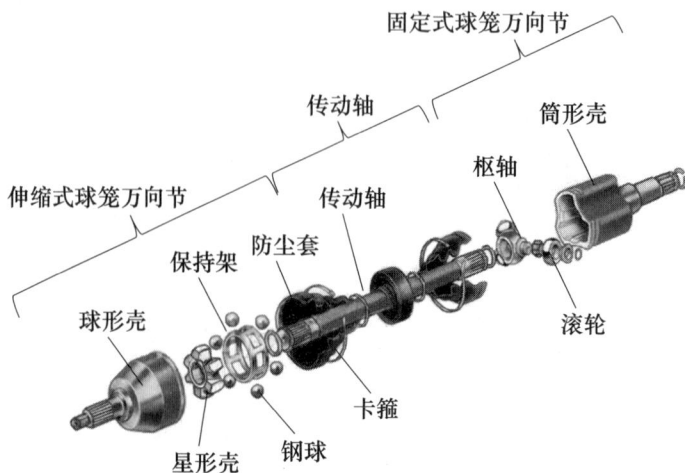

图2-93　球笼式万向节的组成

等组成。球形壳是钢球的外滚道，星形壳是钢球的内滚道。动力传递途径：半轴（主动轴）→星形壳→钢球→球形壳→车轮中心轴（从动轴）。

如图 2-95 所示，球笼万向节结构类似滚子轴承，都是由滚子、保持架、内外滚道等组成，只是万向节内星形壳连接的轴可以摆动和伸缩。

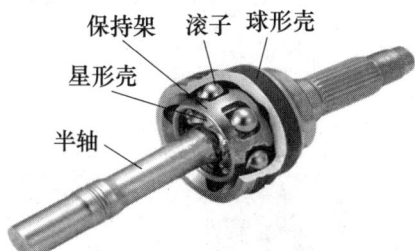

图 2-94 球笼式万向节

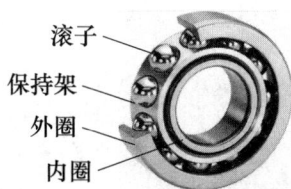

图 2-95 滚子轴承结构

如图 2-96 所示，伸缩式球笼万向节是内万向节，它用螺栓与差速器传动轴凸缘相连接，这种万向节内外滚道是圆筒形的，在传递转矩的过程中，内外滚道可以沿轴向相对移动，故在轴向有一定的伸缩量，可以使前轮跳动时轴向长度的变化得到补偿。万向节是通过钢球传递转矩的，轴向移动阻力较小。

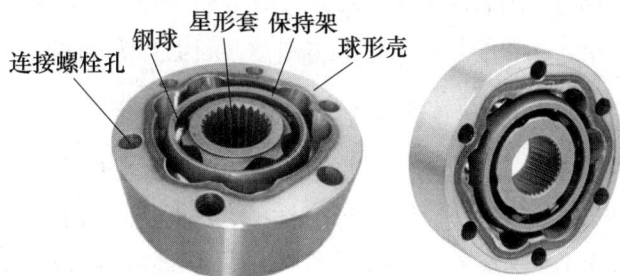

图 2-96 伸缩式球笼万向节

如图 2-97 所示，固定式球笼万向节是外万向节，它在轴向不可以伸缩，但它的摆动角度大，适应独立悬架前轮的跳动，球形壳端部为花键轴，花键轴与前轮毂配合。

3. 三枢轴式万向节

三枢轴式万向节允许相邻两轴间有较大的夹角，它具有结构简单、体积小、重量轻等优点，因而广泛应用于越野车的转向驱动桥。如图 2-98

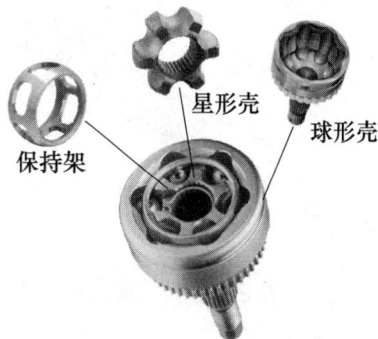

图 2-97 固定式球笼万向节

所示，三枢轴式万向节由筒形壳、枢轴、滚轮等组成。当筒形壳转动时，球形滚轮将带动三枢轴随其转动，而三枢轴与从动轴以花键连接，进而带动从动轴转动，实现动力的传递。

如图 2-99 所示，防尘套由卡箍固定在球形壳和半轴上，它可以防止灰尘、泥沙溅入万向节破坏其润滑。万向节需要使用润滑脂润滑，需要定期对万向节进行维护，更换润滑油脂，检查防尘套是否破裂，卡箍是否松动。

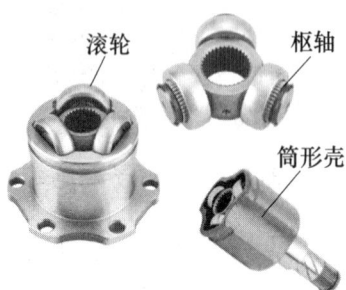

图 2-98　三枢轴式万向节

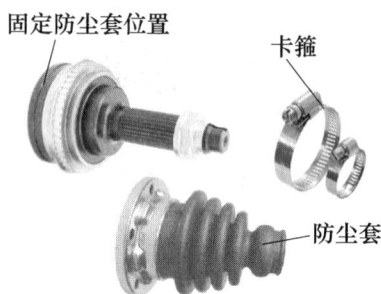

图 2-99　防尘套和卡箍

（三）传动轴

发动机前置的后驱车辆，用传动轴连接变速器和后驱动桥。如图 2-100 所示，由于变速器与驱动桥之间的距离会发生变化，所以，传动轴一端设有伸缩套来调节，传动轴另一端焊有万向节叉来连接万向节。润滑脂嘴可以方便地注入润滑脂润滑其花键滑动部分。

传动轴中间支承装置主要用于支承较长的传动轴。如图 2-101 所示，中间支承装置通过 U 形支架固定在车身底板上，中间支承装置的外面是起缓冲作用的橡胶垫，中间位置用于支承传动轴的是轴承。

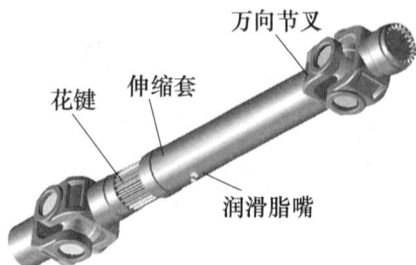

图 2-100　传动轴

图 2-101　中间支承装置

半轴是差速器与驱动轮之间传递转矩的实心轴，如图 2-102 所示，轿车常采用断开式车桥，其半轴总成包括内万向节、半轴和外万向节，其内端一般通过花键与半轴齿轮连接，外端与车轮轮毂连接。货车常采用整体式车桥，其半轴如图 2-103 所示，其一端通过花键连接差速器，另一端通过凸缘用连接螺栓连接轮毂。

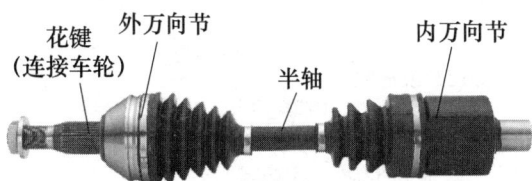

图 2-102 轿车采用的半轴

图 2-103 货车采用的半轴

二、万向传动装置拆装注意事项

1）使用汽油或清洗剂对零部件进行彻底的清洗，边清洗边检查，清洗后用压缩空气吹干。

2）若需要使用汽油作为清洗液，需要注意防火，需要配备灭火器。

3）不同万向节所需要的润滑脂不同，需要准备专用的润滑脂。

4）拆卸传动轴前，车辆应停放在水平的路面上，用三角块塞住车轮，防止拆卸传动轴时汽车的移动造成事故。

5）装配时，先涂抹润滑脂，装配后转动万向节检查，应该灵活但不松旷。

2-5 球笼式万向节分解与组装

三、万向传动装置的维修

1. 传动轴的维修

传动轴的主要损伤形式有弯曲、凹陷或裂纹等，使用 V 形架及百分表测量传动轴的径向圆跳动量，通常不能超过 1.5mm。检查传动轴不能有裂纹，空心的传动轴不能存在明显的凹瘪损伤。

2. 十字轴式万向节的维修

检查万向节叉、十字轴是否有裂纹，是否存在明显的磨损痕迹，滚针轴承油封是否失效、滚针是否断裂，如图 2-104 所示。检查万向节十字轴与滚针轴承的配合间隙，应约为 0.02~0.08mm，若配合间隙过大，需要更换。

3. 球笼万向节的维修

检查球笼壳上的花键是否损坏，检查螺纹是否出现明显损坏，每次拆装都必须更换轮毂的锁紧螺母，如图 2-105 所示。有的球笼上带有轮速传感器齿环，需要检查其是否脏污、是否变形。检查球笼外壳、钢球、星形壳的工作表面是否出现金属剥落。

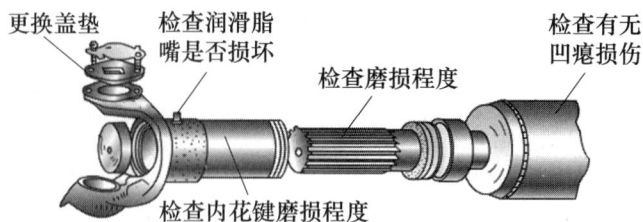

图 2-104　十字轴万向节的检修

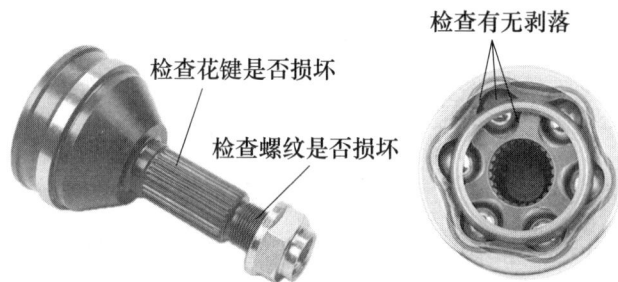

图 2-105　球笼万向节的维修

任务六　掌握驱动桥的工作原理和维修

一、驱动桥的工作原理

（一）驱动桥的功用

整体式（非断开式）车桥的驱动桥结构如图 2-106 所示，它由主减速器、差速器、半轴和桥壳等组成。驱动桥壳由中间的主减速器壳和两边与之刚性连接的半轴套管组成，通过减振器、弹簧等悬架部件与车身或车架相连。两侧车轮安装在此刚性桥壳上，半轴与车轮不可能在横向平面内做相对运动。

断开式车桥的驱动桥结构如图 2-107 所示，这种车桥采用铰链连接，其车轮和车架相对独立，主减速器固定在车架上。驱动桥是传动系统的最后一个总成，发动机的动力传到驱动桥后，主减速器将转矩放大并降低转速，经差速器分配给左右半轴，最后通过半轴外端的凸缘传到驱动车轮的轮毂。主减速器和差速器位于桥壳内，桥壳内存有润滑油脂，可以对运动部件进行润滑。

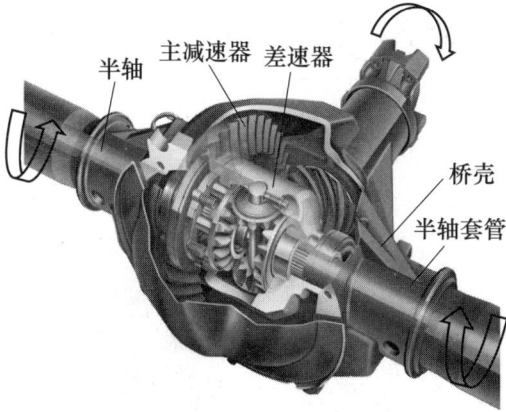

图 2-106　整体式车桥的驱动桥

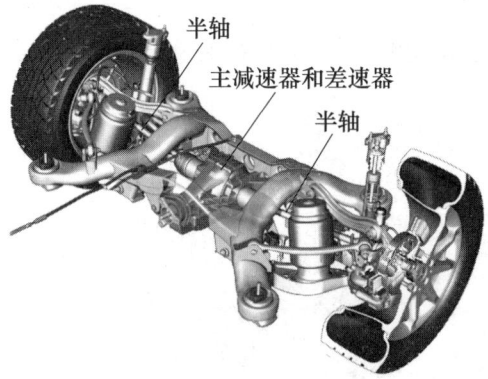

图 2-107　断开式车桥的驱动桥

（二）主减速器

前驱或后驱车辆只有前桥或后桥是驱动桥，四驱汽车的前桥和后桥都是驱动桥，如图 2-108 所示。采用发动机前置前桥驱动形式的汽车，一般将变速器和驱动桥合为一体，布置在一个壳体内，称为变速驱动桥，其结构如图 2-109 所示。发动机动力经过变速器变速以后，传给主减速器。主减速器增大传动转矩后将动力传递给差速器，差速器根据两侧车轮阻力，将动力分配并传给两侧连接车轮的半轴。

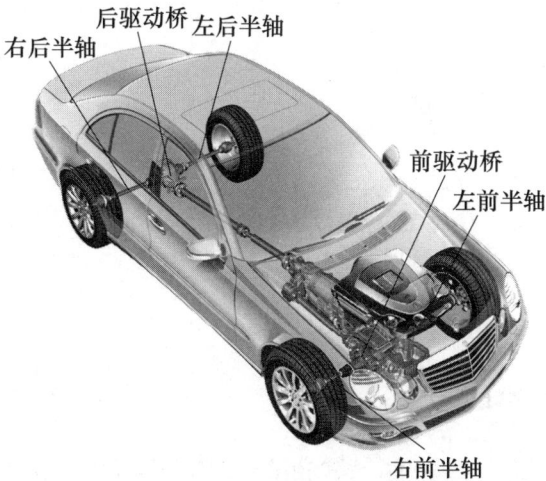

图 2-108　四轮驱动车辆驱动桥的位置

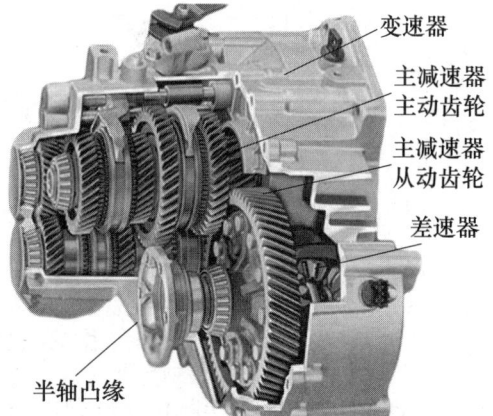

图 2-109　前驱车辆的变速驱动桥

发动机前置后驱车辆的主减速器结构如图 2-110 所示，其主减速器主要包括一个主动锥齿轮和一个从动锥齿轮。主动锥齿轮齿数较少，从动锥齿轮齿数较多，因而可以增大转矩。它采用了两个锥齿轮，可以改变动力传递方向，以便于车轮转动。主减速器主动齿轮安装在壳体内，采用两个圆锥滚子轴承支承。主减速器从动齿轮用螺栓安装在差速器壳体上，如图 2-111 所示。

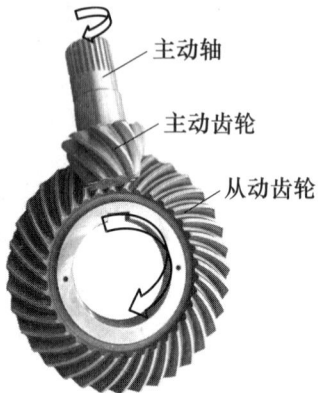

图 2-110　主减速器的工作原理

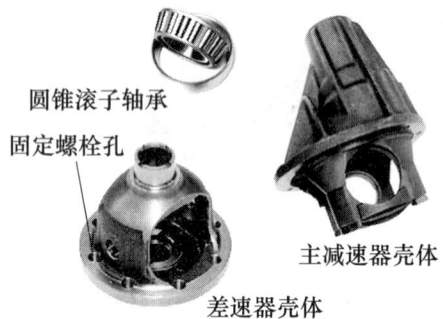

图 2-111　主减速器支承轴承及壳体

（三）差速器

如图 2-112 所示，在汽车转弯时，外侧车轮转速高于内侧，如果驱动车轮间没有安装差速器，会导致内侧车轮发生"转向制动"的现象。转弯时，左右车轮受到的阻力不一样，这时差速器行星轮绕着半轴公转的同时自转，从而吸收阻力差，使外侧车轮的转速可以高于内侧车轮的转速。

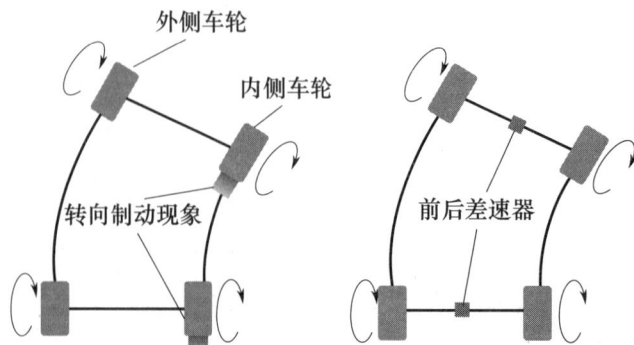

图 2-112　车辆转弯状态

差速器按其用途可分为轮间差速器和轴间差速器。轮间差速器装在同一驱动桥两侧驱动轮之间，而轴间差速器装在各驱动桥之间。无论是轮间差速器还是轴间差速器，按其工作特性均可以分为普通差速器和防滑差速器两大类。普通差速器安装在差速器壳体内，主要包括半轴齿轮、行星轮和行星轮轴，如图 2-113 所示。

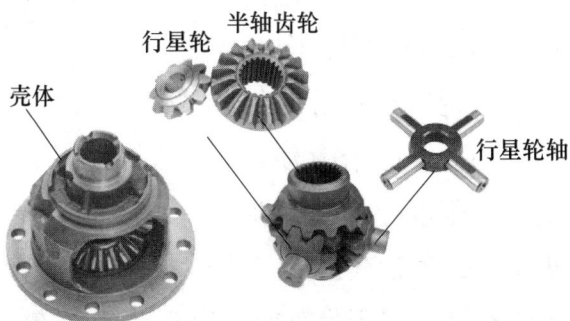

图 2-113 差速器的组成

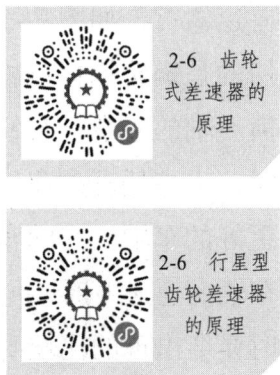

当汽车在平直道路上行驶时，两个驱动轮所受的阻力相等。行星轮不产生自转，而是与差速器壳作为一个单元一起转动。半轴齿轮也是与差速器壳转动速度相同，使两个驱动轮以相同的速度转动。因此，差速器在左、右车轮阻力相同时，行星轮只绕半轴齿轮公转，两半轴转速相等，如图 2-114 所示。

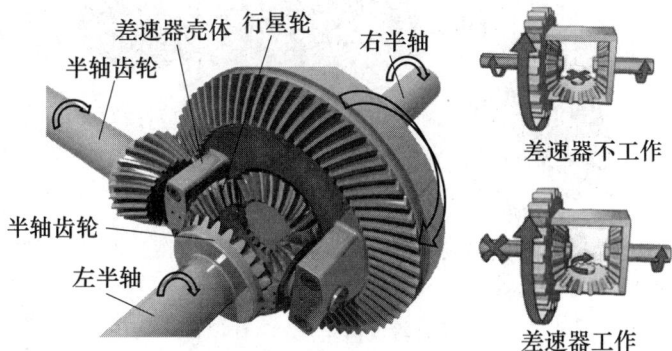

图 2-114 差速器工作原理

在转向时或道路不平引起车轮以不同速度转动时，差速器工作。例如，在转向时，内轮遇到的道路阻力比外轮更大，内轮转动速度比外轮慢。差速器壳和行星轮作为一个单元转动，行星齿轮既公转也自转，即行星轮沿半轴齿轮转动。因此，外侧车轮半轴上的半轴齿轮比内侧车轮半轴上的半轴齿轮转动得快，外侧车轮边比内侧车轮转动得快。

在冰雪或泥沙路面，车轮可能会产生滑动，当一侧驱动轮滑动时，另一侧车轮会在地面保持不动，因此，车辆无法获得驱动力。如图 2-115 所示，牙嵌式差速锁可以让两侧车轮连在一起，这样空转侧的动力可以传到另外一侧车轮上，让车辆脱困。

很多中高档轿车采用防滑差速器（中央托森差速器），如图 2-116 所示，中央托森差速器利用的是蜗轮蜗杆机构不可逆向传动的原理，实现前后轴的限滑与自锁。当某个车轮出现打滑现象时，中央托森差速器可主动将动力分配给附着力更好的车轴。有的车前轴配备了限滑差速器，在

图 2-115　牙嵌式差速锁

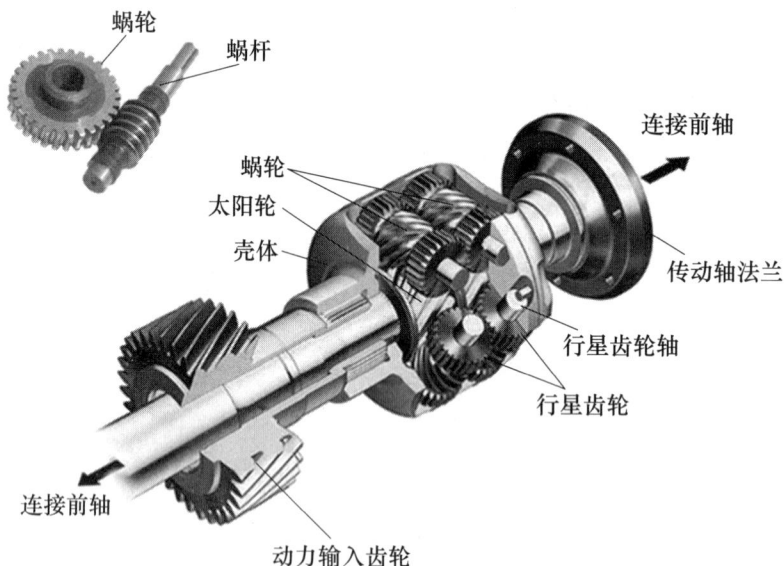

车辆高速过弯时，可以帮助外侧的车轮获得更多的动力，减少前驱车在高速过弯时候会出现的比较明显的转向不足。四驱汽车前、后驱动桥由传动轴相连，为消除各桥驱动轮的滑动现象，在各驱动桥之间装设中央差速器。

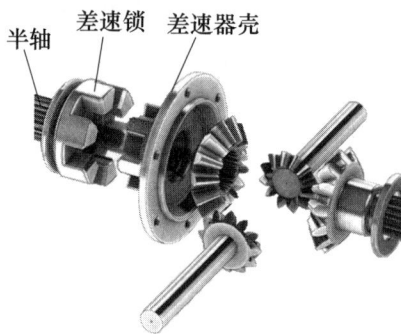

图 2-116　中央托森差速器

二、驱动桥拆装注意事项

1）准备好接油盘，拆卸放油螺栓，将主减速器内的专用润滑油放入接油盘。

2）有的紧固螺栓是自动锁紧的，一经拆卸就必须更换。

3）检查十字轴与壳体及行星齿轮、差速器轴承与轴颈、半轴齿轮与差速器座孔的配合间隙。

4）驱动桥中的零部件较重，小心跌落，砸伤脚部。

2-6　主减速器和差速器拆卸与安装

5）驱动桥中主减速器主动齿轮的前后圆锥滚子轴承、差速器左右轴承盖、调整螺母等不得互换，拆卸前需要仔细检查装配记号，若无记号需要重新做上标记。

三、驱动桥的维修

1. 预紧度的调整

圆锥滚子轴承结构如图 2-117 所示，它由外圈、保持架、圆锥滚子、内圈组成。为了增大圆锥滚子与内外圈的接触面积，在安装圆锥滚子轴承时必须使轴承滚道预先承受一定的载荷，这个载荷就是预紧力，也称为预紧度。

安装时，通过调整两轴承间衬套或垫片的尺寸，其位置如图 2-118 所示，主动齿轮可获得合适的预紧度。如图 2-119 所示，通过调整差

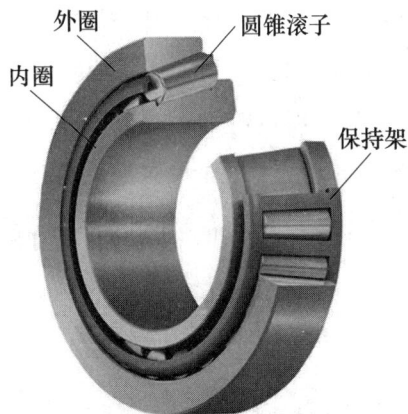

图 2-117　圆锥滚子轴承的组成

速器壳体左右两端调整螺母，就可以调整从动齿轮的预紧度。减速器安装时必须保证支承轴承的合适预紧力，预紧力过大会产生高温，高温会导致轴承磨损过快等现象，预紧力过小会使轴的支承刚度下降，进而破坏齿轮副的正常啮合，会导致齿轮磨损严重。

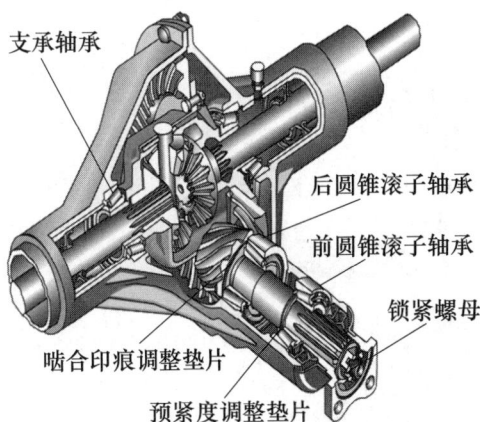

图 2-118　主动齿轮预紧度调整位置

图 2-119　从动齿轮预紧度调整位置

2. 啮合印痕的调整

主减速器主动齿轮和从动齿轮啮合印痕如图 2-120 所示，啮合印痕应位于齿

高的中间偏小端，并占齿宽的 60% 以上。如果
啮合印痕位于齿宽方向的大端，应该增加主动
齿轮和后圆锥滚子轴承之间垫片（上图中啮合
印痕调整垫片）的厚度；反之，如果啮合过于
靠近印痕齿宽方向的小端，应该减少主动齿轮
和后圆锥滚子轴承之间垫片的厚度。

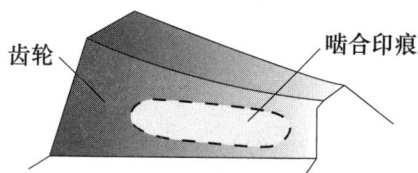

图 2-120　啮合印痕

　　如果啮合印痕位于齿顶（齿高方向的顶端），应该通过调整差速器左右端调整螺母使从动齿轮靠近主动齿轮；反之，如果啮合印痕位于齿根（齿高方向的底端），应该调整差速器左右端调整螺母使从动齿轮远离主动齿轮。

　　3．零部件的维修

　　1）拆卸前检查壳体是否有漏油的地方，如果有，则需要仔细检查壳体是否存在裂纹。检查轴承承孔的磨损情况，轴承外壳不能松旷。

　　2）主减速器主、从动圆锥齿轮的检修。齿轮工作表面不应有明显的斑点、剥落缺损或阶梯形磨损，否则应予以更换。

　　3）通气螺塞堵塞会导致漏油等故障，应检查通气螺塞是否被污物堵塞。

　　4）检查轴承，均应转动灵活、无卡滞。如图 2-121 所示，检查轴承外圈、内圈、圆锥滚子上有无伤痕、剥落、严重黑斑或烧损变色；检查保持架，不得有缺口、裂纹或滚子脱出等现象，否则应予更换。

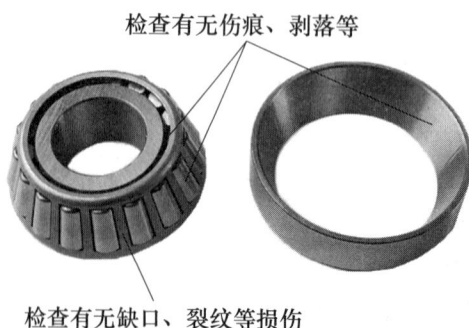

检查有无伤痕、剥落等

检查有无缺口、裂纹等损伤

图 2-121　检查轴承

　　5）检查行星轮轴。分别测量行星轮轴的外径与行星轮的内径，行星轮轴测量直径位置如图 2-122 所示，其差值应在 0.1~0.2mm 之间，否则，应更换新件。

　　6）检查止推垫圈。检查行星轮止推垫圈和半轴垫圈，如图 2-123 所示。检查止推垫圈的正面和背面，不应有过度磨损和破损现象，否则，应更换新件。

测量直径位置

图 2-122 检查行星轮轴

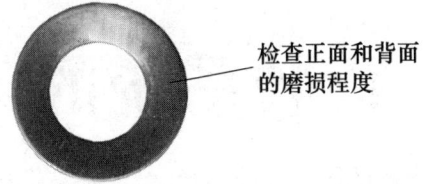

检查正面和背面的磨损程度

图 2-123 行星轮止推垫圈的检查

7）检查半轴不应有裂纹，检查半轴不应存在明显的扭曲及其他形式的变形。检查半轴上的花键，不应有过度的磨损。

行驶系统的工作原理与维修

行驶系统是汽车底盘的重要组成部分，它将汽车构成一个整体，并支承汽车的总重量。行驶系统的功用是接受传动系的动力，通过驱动轮与路面的作用产生牵引力，使汽车正常行驶；承受汽车的总重量和地面的反力；缓和不平路面对车身造成的冲击，衰减汽车行驶中的振动，保持行驶的平顺性；与转向系统配合，保证汽车操纵稳定性。

行驶系统由车架（或承载式车身）、车桥、车轮和悬架等组成，如图3-1所示。其中，车架或承载式车身是全车装配的基体，将整车有机地连接为整体，并承受汽车的载荷。车桥用于连接左右车轮，承受并传递由车轮传来的载荷。车轮用于支撑整车，连接车身与地面。悬架将汽车行驶过程中车轮产生的力和力矩，传递到车架上。

图3-1 行驶系统

任务一 掌握车架的结构与维修

一、车架的结构

车架是跨接在汽车前后车桥上的框架式结构，俗称大梁，是汽车的基体。车架将各总成固定在上面，如发动机、变速器、驱动桥和悬架等，并使之保持正确的相对位置，同时也承受和传递力和力矩，如图3-2所示。车架要具有足够的强度、合适的刚度、尽量轻的质量。应该满足相关操作机构的布置要求。如果车架离地面近，则汽车重心低，有利于稳定行驶。

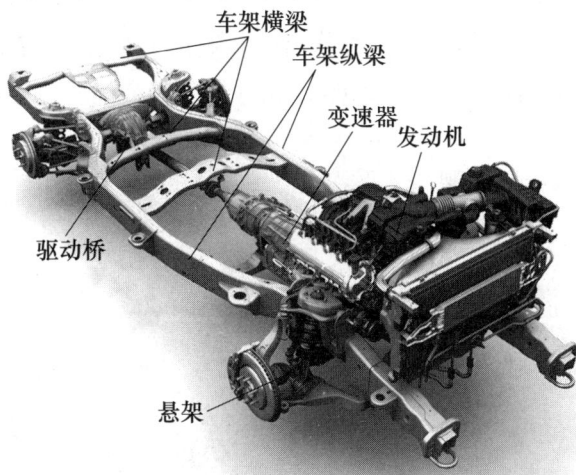

图 3-2　车架

目前，按照车架纵梁和横梁的结构特点，汽车车架的结构形式基本上有边梁式、中梁式、综合式和无梁式四种。

1. 边梁式车架的结构

边梁式车架的结构非常简单，边梁式车架由两根位于两边的纵梁和若干根横梁组成，用铆接法或焊接法，将纵梁与横梁连接成坚固的刚性构架，如图3-2所示。纵梁常用低碳合金钢钢板冲压而成，其断面多为槽形，也有的制成箱形断面。纵梁可以制成水平面内或纵向垂直平面内弯曲的形状，如图3-3所示。这种车架的优点在于结构简单，生产工艺要求较低，能够提供很强的承载能力和抗扭强度。边梁式车架多用于大载重量的货车、中大型客车，以及对车架刚度要求很高的越野车，很多越野性能特别好的汽车多采用这类结构。

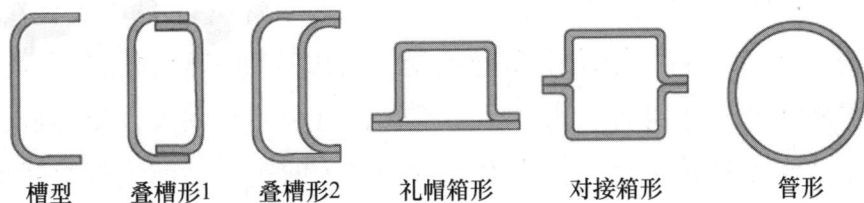

　槽型　　叠槽形1　叠槽形2　　礼帽箱形　　　对接箱形　　　　管形

图 3-3　车架纵梁断面形状

2. 中梁式车架的结构

中梁式车架由一根贯穿于中央的纵梁和若干横向悬伸托架构成，亦称为脊骨式车架，如图 3-4 所示。传动轴从中梁内穿过，主减速器通常固定在其尾端，发动机固定在前悬伸出的托架上。中梁的断面呈管形或箱形，有较大的扭转刚度，车轮有较大的运动空间，便于采用独立悬架，车架较轻，减小了整车重量，重心也较低，行驶稳定性好。但这种车架制造工艺复杂，精度要求高，总成安装比较困难，维修也不方便，故目前应用不多。

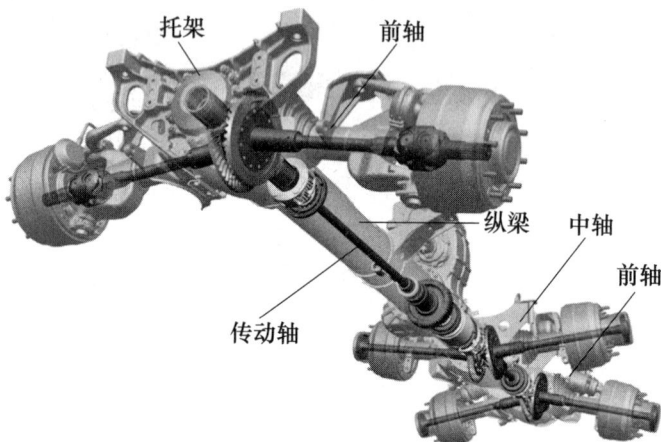

图 3-4　中梁式车架

3. 综合式车架的结构

综合式车架前部是边梁式，而后部是中梁式的，这种车架称为综合式车架，也称复合式车架，如图 3-5 所示。它同时具有中梁式和边梁式车架的特点。该车架的边梁用以安装发动机，悬伸出来的支架可以固定车身，这种车架实际上属于中梁式车架的一种变形。

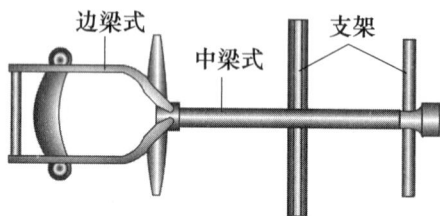

图 3-5　综合式车架

4. 无梁式车架的结构

无梁式车架是以车身兼代车架，绝大多数的总成和零部件都安装在车身上，作用于车身的各种力和力矩均由车身承受，所以这种车架也称为承载式车身。承载式车身将车架和车身合二为一，重量轻，可利用空间大，重心低，较好地解决了大梁式车架的重量重、体积大、重心高等问题，目前大多数轿车多采用承载式车身。

承载式车身由前纵梁、前横梁、防撞梁、减振器支座、底板纵梁、底板横梁等组成，如图 3-6 所示。承载式车身冲压成型的制造方式十分适合现代化的大批量生产，但是对设计和生产工艺的要求都很高。车身的刚度，尤其是抗扭刚度不足也是承载式车身的一大缺陷。对于追求大功率、高转矩的高性能跑车来说，承载式车身明显刚度不足。由于承载式车身将全车连成一体，具有很好的操控反应，而且传递的振动、噪声都较少，因此一些大型越野车也放弃边梁式车架而采用承载式车架。

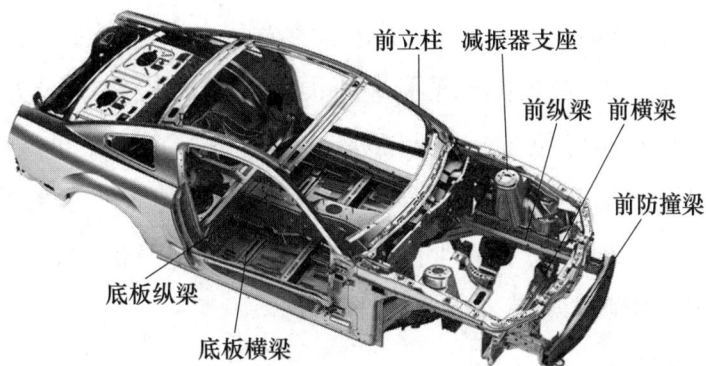

图 3-6 承载式车身

二、更换车架的注意事项

汽车保险杠通过在中低速碰撞时利用自身的变形过程，来吸收碰撞时产生的能量，以减轻对乘员的伤害。在较严重的交通事故中，防撞梁的变形情况比较常见。当防撞梁变形严重时，为了保证其强度，一般会采取更换前防撞梁的措施。现在以更换前防撞梁为例，介绍更换车架时的注意事项。

1）检查缓冲材料有无损坏，如有损坏将其更换。如图 3-7 所示，缓冲材料由泡沫材料制成，在汽车碰撞时能吸收能量。

2）在拆装前保险杠时，有类似图 3-8 所示的卡扣可能会损坏，安装时，需要更换新的卡扣。

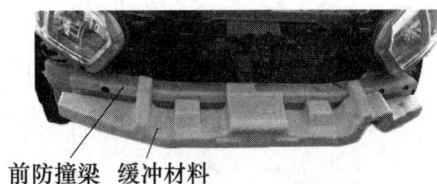

图 3-7 保险杠缓冲材料

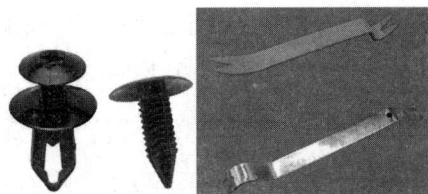

图 3-8 塑料卡扣及拆装工具

3）在关闭点火开关后，电子风扇依然可能会起动，需要拆卸蓄电池负极，或勿将手或工具触及风扇叶片转动的范围内。

4）拆装时要用翼子板布进行遮蔽，避免划伤前翼子板等处的油漆。

5）对损坏的前防撞梁不能进行修复，因为达不到原来的强度，如果再次发生碰撞事故时将起不到保护作用，因此，对损坏后的前防撞梁不建议修复，应予以更换。

三、边梁式车架的维修

在使用过程中，车架由于承受着很复杂的力，会发生弯曲、扭斜变形、裂纹及铆钉松动等情况。车架如果出现了这些损伤要及时检修，因为车架弯扭变形后，将破坏各总成的相对位置，引起总成早期损坏。例如，前轴、前轮定位误差，会促使轮胎异常磨损。另外，车架铆钉松脱，将降低车架的强度和刚度，加速其变形和断裂。此外，车架弯扭变形、裂纹、铆钉松动，还会严重地影响车辆行驶的稳定性和制动效果，危及行车安全。

1. 车架裂纹的维修

发现纵、横梁开裂，应及早修理，避免裂纹扩展，增加修理难度，甚至引起相关零件的损坏。当发现车架出现裂纹时，先清洗裂纹表面或用砂布打磨裂纹周围 20mm 范围，使之露出金属光泽，找出裂纹的始末端，然后按规定修复裂纹。如图 3-9 所示，焊修时，裂纹处要开槽，在裂纹尽头钻直径 5mm 左右的止裂孔，然后用电焊修复。这种焊修裂纹的方法，一般

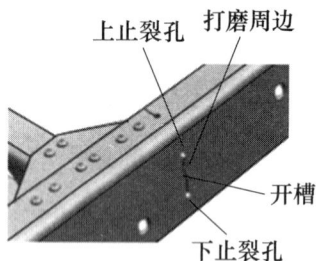

图 3-9　前防撞梁的结构

用于车架受力较小的部位或其纵、横梁翼面上裂纹长度不超过翼面宽度 2/3 的情况。裂纹较长而且出现在重要受力部位，焊接后还应进行帮补，以增加其强度。

2. 车架铆钉松动的维修

车架校正后，应对车架上的铆钉进行检查，以防在校正时铆钉松动。车架校正后，应用锤子对车架全部铆钉进行敲击检查，以防在校正时铆钉松动，如图 3-10 所示，有的铆钉位置比较隐蔽，检查时不要错过。检查时，注意从空响声来判断铆钉是否松动，若有松动、错头、歪斜等，均应按下述方法进行

修正。

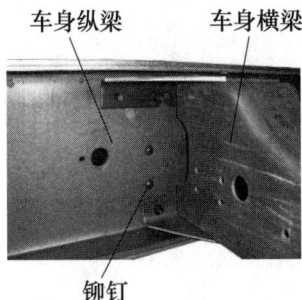

图 3-10 车架铆接位置

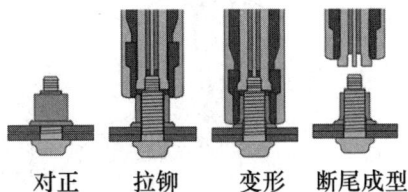

图 3-11 铆接过程

1）用钻通或其他方法消除旧铆钉。

2）铆钉孔变形或错位，可扩孔修理。其孔径应为大一级铆钉孔的尺寸。

3）当铆钉孔磨损大于标准要求 2mm 时，应填焊旧铆钉孔，并重新钻铆钉孔。

4）冷铆用的铆钉以 10 号、15 号钢为宜，铆钉表面不允许有裂纹、碰伤、条痕、平顶和金属瘤，末端不允许失圆。

5）铆接时，压力要适度，若压力太小，则铆得不紧，压力太大则铆钉易变形。铆接以后，铆钉头与铆接零件表面应紧密贴合，两铆接零件的结合面应贴合无间隙，铆接通常需要对正、拉铆、变形、断尾成型等过程，如图 3-11 所示。

任务二 掌握车桥的结构与维修

一、车桥的结构和工作原理

普通汽车有前桥和后桥，车桥是通过悬架和车架相连，两端安装汽车的车轮，如图 3-12 所示。车桥的作用就是安装车轮，承受车辆的垂直载荷，并传递车架与车轮之间各方向的作用力及其力矩。车桥对汽车的动力性、稳定性、承载能力等性能有着重要的影响。如果是作为驱动桥，除了承载作用外还要起到驱动、减速和差速的作用。

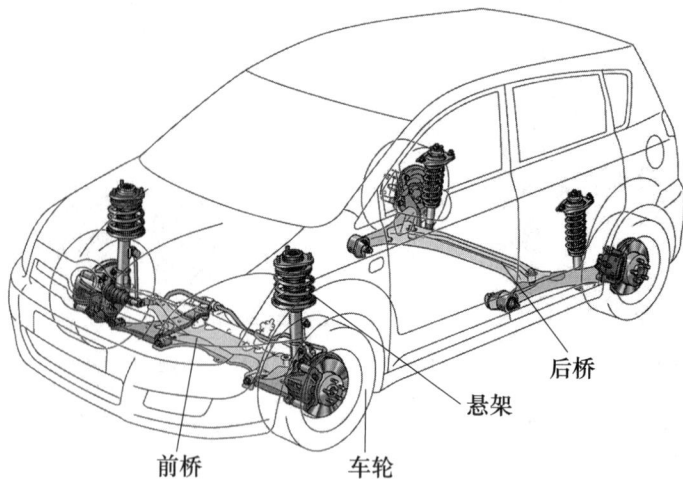

图 3-12　车桥

（一）车桥的结构

根据车桥的安装位置，可以将其分为前桥和后桥。根据悬架结构的不同，车桥可分为断开式和整体式两种。断开式车桥为活动关节式结构，它与独立悬架配合使用，如图 3-13 所示。整体式车桥的中部是刚性实心或空心梁，如图 3-14 所示，它多配用非独立悬架。

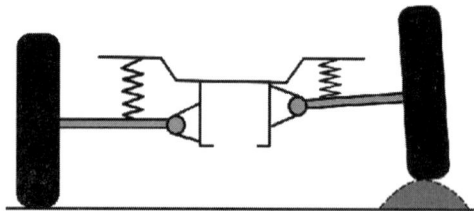

图 3-13　断开式车桥

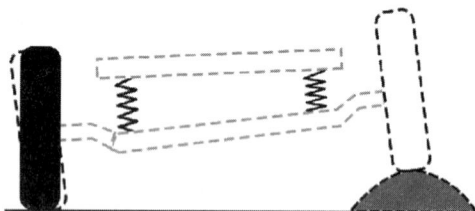

图 3-14　整体式车桥

按车轮的作用不同，车桥又可分为转向桥、驱动桥、转向驱动桥和支持桥四种类型。其中，转向桥和支持桥均属于从动桥。

在后轮驱动的汽车中，前桥为转向桥，它不仅用于承载，而且兼起转向作用。后桥不仅用于承载，而且兼起驱动的作用，称为驱动桥。

前轮驱动汽车的前桥，除了承载和转向的作用外，还兼起驱动作用，所以称为转向驱动桥。只起支承作用的车桥称为支持桥，挂车的车桥是支持桥。支持桥不能转向，其他功能和结构与转向桥相同。此外，也可以将车桥类型细分为：整体式转向桥、断开式转向桥、整体式转向驱动桥、断开式转向驱动桥、整体式驱动桥、断开式驱动桥、支持桥。

1. 转向桥的结构

转向桥是指承担转向任务的车桥。一般的汽车都是前桥承担转向任务，四轮转向汽车的前后桥，都是转向桥。转向桥的作用是支承部分重量，安装前轮及制动器，连接车架，承受车架与车轮之间的作用及其产生的弯矩和转矩，同时还要使前轮偏转以实现转向。

整体式转向桥采用非独立悬架，两侧车轮连接为一个整体，当一侧车轮遇到凹凸路面时整个车身都会倾斜，影响舒适性，如图 3-15 所示。它主要由前轴、转向节、主销和轮毂等四部分组成。

如图 3-16 所示，前轴用中碳钢锻造而成，是一根中部下凹两端上翘的长轴。断面采用工字形以提高抗弯强度。中部下凹处左右各加工出一个安装钢板弹簧的底座。前轴两端各有一个加粗部分呈拳形，其中有通孔以安装主销。

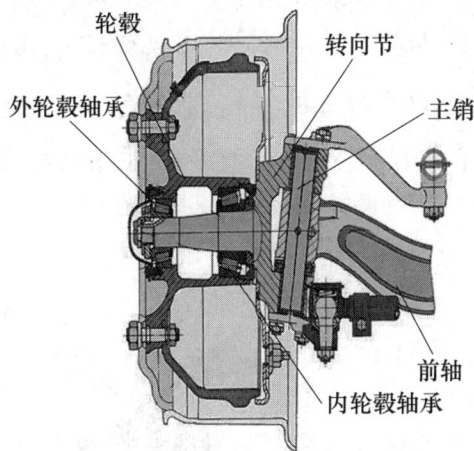

图 3-15 整体式转向桥

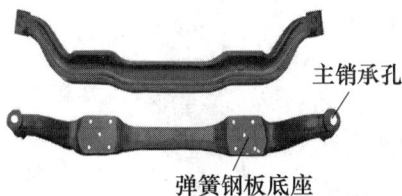

图 3-16 前轴

如图 3-17 所示，转向节是用中碳钢锻造而成的叉形部件，上下两叉形位置制有同轴销孔，通过主销与前轴的拳部相连。转向节可绕主销转动一定角度。为了减小磨损，销孔内压入青铜或尼龙衬套，衬套上开有油槽，用于装在转向节的润滑脂嘴注入润滑脂进行润滑。转向节内大外小，用来安装内外轮毂轴承。

如图 3-18 所示，锲型锁销小端带有螺纹，锁销通过与主销中部的凹槽配合将主销固定在前轴拳部孔内，使之不能转动，而主销与转向节上下两叉销孔是间隙配合，使转向节绕主销摆动以实现车轮的转向。

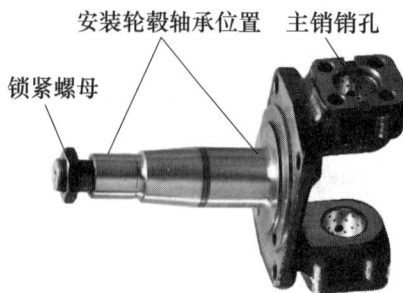

图 3-17　转向节

图 3-18　主销和锁销

车轮轮毂通过内外两个轮毂轴承支承在转向节轴颈上。轴承的预紧度可用调整螺母调整。轮毂外端用冲压的金属防尘罩盖住，以防泥水和尘土侵入，内侧装有油封、挡油盘，以防润滑油脂进入制动器内。

断开式转向桥通常采用独立悬架与车架或非承载式车身相连，它可以有效地减少非簧载质量，降低发动机高度，从而提高汽车的行驶平顺性和操纵稳定性。断开式转向桥包括转向节、主销、稳定杆以及副车架等组成，如图 3-19 所示，断开式转向桥的主销为虚拟主销，转向时转向轮中心轴线代替了实际的主销。如图 3-20 所示，断开式转向桥的转向节为活动关节式的结构，可让两侧的车轮在汽车的横向平面内相对运动，左右车轮单独跳动，互不干涉，可以减小车身的倾斜和振动。

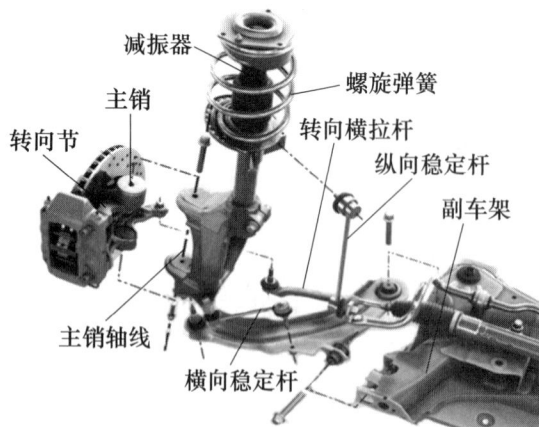

图 3-19　断开式转向桥

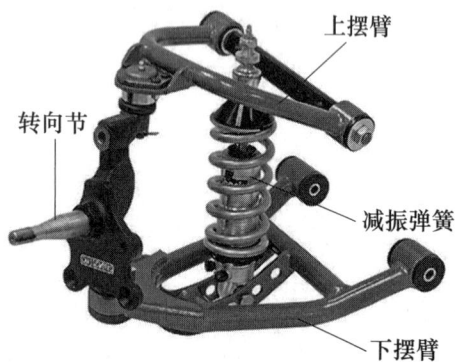

图 3-20　断开式转向桥的转向节

2. 驱动桥的结构

驱动桥是指将来自变速器的转速和转矩传递给驱动轮的车桥，其作用主要是通过桥壳和车轮实现承载及传递动力的作用。驱动桥分非断开式与断开式两大类型，非断开式驱动桥也称为整体式驱动桥，前文已做介绍，不再赘述。

图 3-21 所示断开式驱动桥通常采用独立悬架，即主减速器及差速器壳固定在副车架上，两侧的半轴和驱动轮能在横向平面相对于车体有相对运动。为了与独立悬架相配合，将主减速器壳固定在车架（或车身）上，驱动桥壳分段并通过铰链连接，或除主减速器壳外不再有驱动桥壳的其他部分。为了适应驱动轮独立上下跳动的需要，差速器与车轮之间的半轴各段之间用万向节连接。

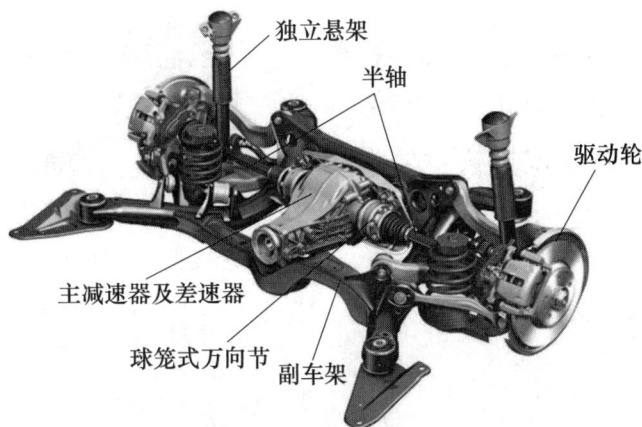

图 3-21 断开式驱动桥

3. 转向驱动桥的结构

转向驱动桥是指既承担转向任务，又承担传递动力给驱动轮的机构。转向驱动桥主要用于一些前轮驱动轿车与全轮驱动的汽车前桥上。转向驱动桥分为整体式转向驱动桥和断开式转向驱动桥。

图 3-22 所示为断开式转向驱动桥，断开式转向驱动桥一般用于发动机前置

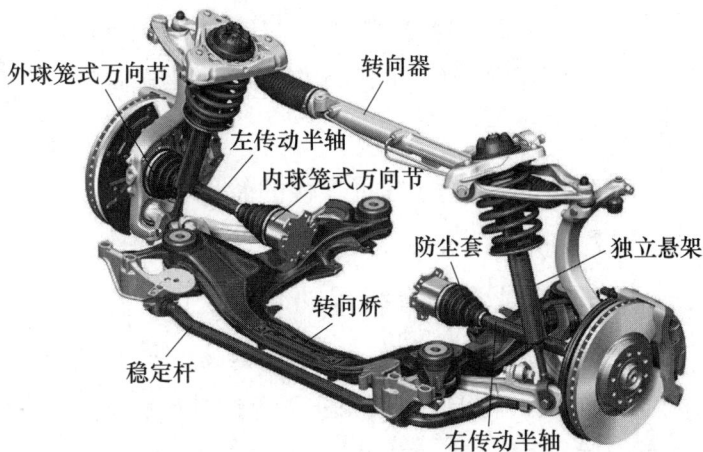

图 3-22 断开式转向驱动桥

前驱的轿车上。与整体式转向驱动桥相比，断开式转向驱动桥采用独立悬架，左右两个半轴在与差速器连接处，各增加了一个等速万向节，两侧的半轴和驱动轮能在横向平面相对于车体有相对运动，主减速器和差速器则与变速器一体式安装。断开式转向驱动桥通常无驱动桥壳，在等速万向节处安装防尘套，防止杂物进入万向节。

4.支持桥的结构

既无转向功能又无驱动功能的车桥称为支持桥，发动机前置前轮驱动轿车的后桥为典型的支持桥。支持桥主要由后桥焊接总成、橡胶－金属支承座、后车轮总成等元件组成。图 3-23 所示即为支持桥。

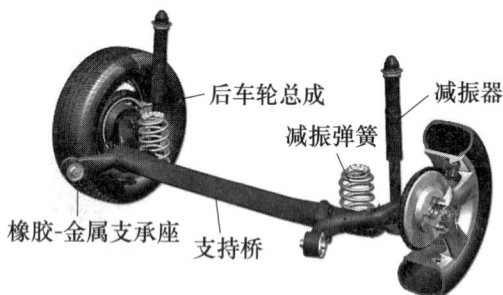

图 3-23　支持桥

（二）车轮定位

为了保证汽车直线行驶的稳定性和操纵的轻便性，减少轮胎和其他机件的磨损，转向轮、转向节和主销三者与车架的安装应保持一定的相对位置关系，这种安装位置关系称为转向车轮定位。

转向轮定位包括前轮外倾、主销后倾、主销内倾及前束四个参数。现以有主销的转向桥为例说明转向车轮定位。

1.主销后倾

主销安装在前轴（转向轮）上，其上端略向后倾斜，这种现象称为主销后倾。在垂直于汽车支承平面的纵向平面内，主销轴线与汽车支承平面垂线之间的夹角 γ 称为主销后倾角，如图 3-24 所示。

主销后倾能使车轮在转向时，与路面接触的轮胎胎面左右两侧及轮胎侧壁会发生挤压变形，形成回正力矩，使车轮产生自动回正的趋势，保证汽车直线行驶的稳定性，主

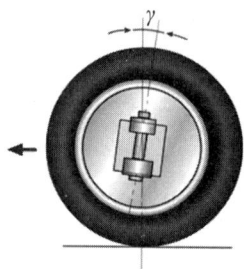

图 3-24　主销后倾角

销后倾角越大，车轮的行驶稳定性越好。车速越高，回正力矩越大，转向轮偏转后自动回正的能力也越强，但是相应的转向时转动转向盘也就越费力。

此外，有些汽车由于采用超低压轮胎，弹性增加，转向时因轮胎弹性变形而使轮胎与路面的接触点后移，使回正力矩增加，故主销后倾角可以减小，甚至

为负值，即主销前倾。主销后倾角一般是将前轴连同悬架安装在车架上时，使前轴向后倾斜而形成的。

2. 主销内倾

主销安装在前轴（转向轮）上，其上端略向内侧倾斜，这种现象称为主销内倾。在垂直于汽车支承平面的横向平面内，主销轴线与汽车支承平面垂线之间的夹角 β 称为主销内倾角，如图 3-25 所示。

由于主销内倾，转向时路面作用在转向轮上的阻力对主销轴线产生的力矩减小，从而可减少转向时施加在转向盘上的力，使转向操纵轻便。同时还可以减小因路面不平而从转向轮传到转向盘上的冲击力。

由于主销内倾角的存在，使得车轮转向时的趋势是车轮整体下移，但是由于汽车经常行驶的铺装路面均为硬质路面，因此在转向时，车轮会抵抗重力将车头抬起，而当转向力消失时，车轮便会在重力的作用下自动回正。主销内倾角越大，这种回正作用越明显，但是角度过大也会造成轮胎的过度磨损。

3. 车轮外倾

转向轮安装在转向节上时，其旋转平面上端向外倾斜，这种现象称为转向车轮外倾。车轮旋转平面与垂直于车辆支承面的纵向平面之间的夹角 α 称为车轮外倾角，如图 3-26 所示。

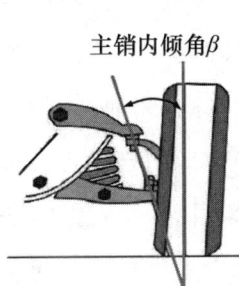

图 3-25　主销内倾角　　　　图 3-26　车轮外倾角

车轮外倾角的功用是提高车轮工作的安全性和转向操纵的轻便性。如果车辆在空载状态下保持车轮垂直于路面的状态，那么当加上负载甚至满载时，由于悬架行程压缩及变形、活动面间隙减少，车轮便会呈现"八"字的"内倾"状态，使轮胎磨损增加。另外，车轮内倾将使路面对车轮的垂直反作用力的轴向分力压向轮毂外端的小轴承，使该轴承及其锁紧螺母等件承受的载荷增大，降低了它们的使用寿命，严重时会损坏锁紧螺母而使车轮脱落。为了减少这种影响，便设计了"车轮外倾"这个提前量来抵消"内倾"的出现，这样在车辆加上载荷之后，车轮便能以更好的角度与路面接触，减少了偏磨和轴承的负担。不过，过大的外倾角也会导致轮胎的横向偏磨增加。

4. 前轮前束

车轮安装在车桥上，两前车轮的中心平面不平行，其前端略向内侧收束，这种现象称为前轮前束。两前轮后端距离 A 大于前端距离 B，其差值 $A-B$ 称为前轮前束值，如图 3-27 所示。前束的作用是抵消因外倾导致的两侧车轮向外张开的状

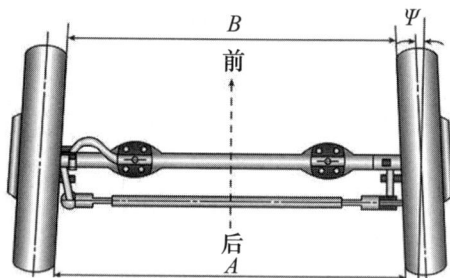

图 3-27　前轮前束

3-3　前轮前束的功用

态，前束状态下造成的两侧车轮向内侧的滑动也会与外倾导致的滑动相抵消，使车轮基本能够以无滑动的方式平行向前滚动。车轮前端距离大于后端时，称之为负前束，这种设定是为了抵消车轮内倾带来的不良影响，同样是为了车轮能够平行地向前滚动。

5. 非转向轮定位

后轮与后轴之间的相对安装位置关系，称为后轮定位。随着车速的不断提高，为了提高汽车高速行驶的稳定性，在结构设计上应确保汽车具有不足转向特性。为此，转向轮定位的内容已扩展到非转向轮（后轮）。汽车后轮具有一定程度的外倾角和前束。后轮定位内容主要包括后轮外倾角和后轮前束。后轮外倾角为了对载荷进行补偿，采用独立后悬架的大多数车辆常带有一个较小的正后轮外倾角。后轮前束的作用与前轮前束基本相同。一般前驱汽车，前驱动轮宜采用正前束，后从动轮宜采用负前束；对于后驱汽车，前从动轮宜采用负前束，后驱动轮宜采用正前束。

二、车桥的拆装注意事项

1）拆卸上、下摆臂的球头时，需要使用球头顶拔器，如图 3-28 所示，禁止使用撬棍撬动球头，以免造成球头损坏。

2）更换上、下摆臂后，前轮定位会发生改变，需要重新进行车轮定位。

3）更换摆臂或车桥胶套时，需要使用类似图 3-29 所示的胶套拆装工具，禁止使用直接敲击的方法拆装胶套，压入衬套前，应在衬套上涂上润滑脂。

图 3-28 球头及球头顶拔器

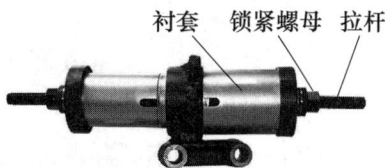

图 3-29 胶套拆装工具

三、车桥的维修和车轮的定位

（一）车桥的维修

1）检查下摆臂的衬套、后桥的衬套，不应有松动、凸起或损坏，否则应更换新件。图 3-30 所示为下摆臂衬套位置。

2）检查摆臂的球头是否存在严重的磨损，如果有较为严重磨损，需要更换摆臂球头或摆臂。

3）检查摆臂、车桥等有无变形、裂纹，摆臂支承孔是否磨损严重。如磨损严重，应更换新件。

图 3-30 下摆臂胶套

（二）车轮定位的调整

在车辆的行驶性能受到了影响，即车辆跑偏，转动转向盘不自动回轮等情况，另外在车辆因事故造成底盘及悬架的损伤，以及轮胎出现磨损异常，还有车桥及悬架的零件被拆下过的车辆，一般都要进行四轮定位。

在进行对车轮定位有影响的任何调整前，为确保定位读数正确，应先对相关部件总成进行检查，并对不符合参数要求的情况进行调整。定位仪通常需要配合专用的子母举升机使用，使用子母举升机时，一定要注意两边的锁止机构是否锁止，如图 3-31 所示。

1. 检查影响车轮定位的元部件

定位前需要检查的元部件有：

1）轮胎胎压是否正确，检查有无不规则磨损。

2）车轮和轮胎的径向圆跳动量。

3）车轮轴承是否存在游隙或间隙过大。

4）球节、转向横拉杆接头、控制臂和稳定杆是否松动或磨损。

5）车架上的转向器是否松动。

图 3-31　检查影响车轮定位的元部件

6）减振器是否有磨损、泄漏或任何可听到的异响。

7）转向盘是否因连杆机构或悬架部件僵硬或锈蚀而拖滞过大或回正性差。

8）燃油油位是否符合要求。

另外，在进行定位时，还应考虑额外的载荷，比如工具箱等较重物品。如燃油箱未加满，应向车辆增加相应的补偿载荷。此外，一些较重的物品通常装在车上时，在进行定位调整时应将它们保留在车上，例如备胎。

2. 安装车轮卡具

拉起车辆的驻车制动，确保转向盘处于中间位置，将自动变速器置于驻车档，如果是手动变速器应置于空档。在左后轮的前后放上挡块，防止车辆移动。将举升机升到定位高度，安装快速卡具，如图 3-32 所示，安装时两卡爪位置处于基本水平即可，且目标板无需对准车轮中心。

3. 开始定位

在类似图 3-33 所示的四轮定位仪电脑中启动定位程序，按程序中的要求填写车型的制造商、车辆型号等相关信息。填写完后，进行偏差补偿。进行偏差补偿前，需要确认转盘和滑板上的锁销锁紧。在后轮大约 20cm 处放上挡块，限制车辆后移。打正转向盘，安装转向盘锁。释放驻车制动，将变速器置于空档，向后移动车辆，直到定位程序显示"成功"。例如，定位程序中的条线图变成绿色。

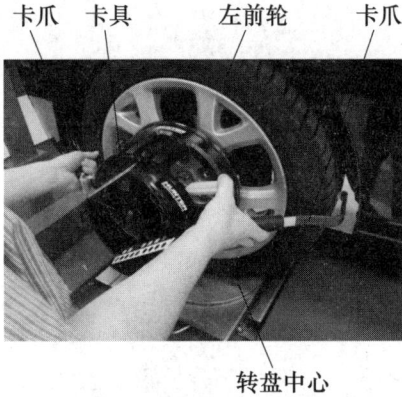

图 3-32 安装卡具

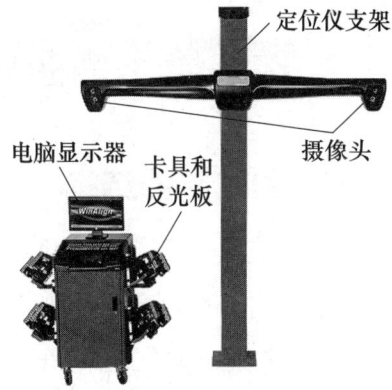

图 3-33 四轮定位仪

四个目标全部得到补偿后，拉上驻车制动，将自动变速器置于驻车档，手动变速器的车辆置于空档。安装制动锁，在左后轮的前后放上挡块，防止车辆移动。补偿结束后，程序会提示测量车辆的后倾角和内倾角，根据屏幕提示执行或进行跳过。按程序提示，转动转向盘，完成转向补偿，完成补偿后，定位程序显示相关测量结果。

4.调整并打印输出

在定位程序中，按下类似"继续定位过程"功能，开始调整，调整时界面通常类似图 3-34 所示，在调整过程中，相关数据随着调整随之改变。调整前束时，松开转向横拉杆防松螺母，通过转动外拉杆，将内横拉杆调整至规定值。将横拉杆防松螺母紧固至规定力矩。

调整前束时，松开转向横拉杆锁紧螺母，通过转动横拉杆，将横拉杆调整至规定值。将横拉杆锁紧螺母紧固至规定力矩，如图 3-35 所示。一般车辆的前后轮后倾角和外倾角、后轮前束不可调整。如果不在规定范围内，检查悬架支架是否错位或前悬架是否损坏。必要时，更换所有损坏的悬架部件。

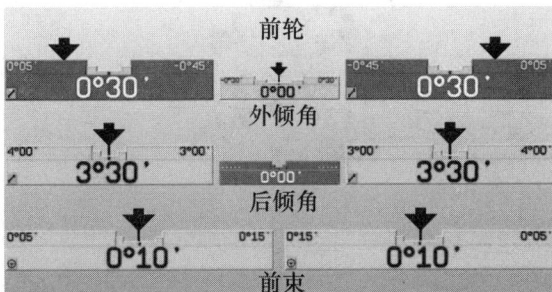

图 3-34 定位程序中调整界面

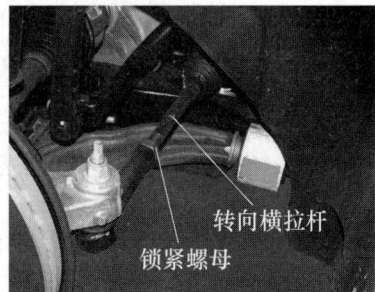

图 3-35 调整前束位置

一、车轮和轮胎的结构

汽车车轮总成是由车轮和轮胎两大部分组成的，如图 3-36 所示。车轮是汽车行驶系统中非常重要的部件，它处于车轴和地面之间。车轮支承整车质量，包括在汽车上下运动时产生的惯性动载荷；缓和由路面传递来的冲击载荷；通过轮胎和路面之间的附着作用，产生驱动和阻止汽车运动的外力，即为汽车提供驱动力和制动力；产生平衡汽车转向离心力的侧向力，以便顺利转向，并通过轮胎产生的自动回正力矩，使车轮具有保持直线行驶的能力；承担跨越障碍的作用，保证汽车的通过性。

图 3-36　车轮总成

针对车轮和轮胎的使用情况，要求它们具有足够的强度和刚度，质量轻，散热能力强，具有良好的弹性特性和摩擦特性，足够长的使用寿命等特点。

（一）车轮

车轮是介于轮胎和车桥之间承受负荷的旋转组件，其功用是安装轮胎，承受轮胎与车桥之间的各种载荷的作用。车轮一般由轮毂、轮辋和轮辐组成，如图 3-37 所示。轮毂通过圆锥滚子轴承装在车桥或转向节轴颈上，用于连接车轮与车桥。轮辋用于安装和固定轮胎。轮辐用于将轮毂和轮辋连接起来，并通过螺栓与轮毂连接起来。

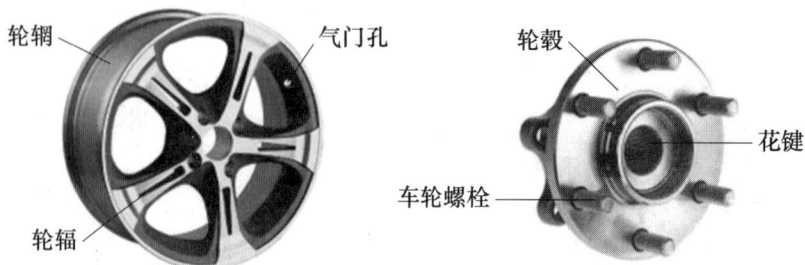

图 3-37　车轮的组成

1. 轮辐的结构

按轮辐结构的不同，车轮可以分为辐板式车轮和辐条式车轮两种形式。

图 3-38 所示为辐板式车轮。大中客车、货车采用的辐板式车轮由挡圈、轮辋、轮辐和气门嘴伸出口组成，车轮中用以连接轮毂和轮辋的圆盘称为辐板，辐板是通过冲压或铸造而制成。轿车辐板式车轮中没有挡圈，其辐板较薄，常冲压成起伏多变的形状，用来提高其刚度。

图 3-38　辐板式车轮

辐条式车轮按辐条结构的不同分为钢丝辐条式车轮和铸造辐条式车轮。钢丝辐条式车轮的结构与自行车车轮完全一样。因为其价格昂贵、维修安装不便，故仅用于赛车和某些高级轿车上。现代轿车广泛采用铝合金辐条式车轮，如图 3-39 所示，即辐条与轮辋铸成一体。它的质量轻、尺寸精度高、生产工艺好、美观大方，能明显改善车轮的空气动力学特性，降低汽车油耗。但由于钢质车轮成本更加低廉，结构上较铝合金更为坚固，在货车或者承载量较大的车辆中使用较多。

图 3-39　辐条式车轮

2. 轮辋的结构

轮辋是轮胎的装配和固定基础，其尺寸及形式应符合有关标准的规定，每种规格的轮胎应配用标准轮辋。如果轮辋选用不当，尤其是使用过窄的轮辋，会使轮胎过早损坏，影响汽车的安全性能和行驶性能。

按轮辋结构不同，其常见结构形式有：深槽轮辋、平底轮辋和对开式轮辋。此外，还有半深槽轮辋、深槽宽轮辋、平底宽轮辋、全斜底轮辋等。

深槽轮辋结构如图 3-40a 所示，深槽轮辋代号 DC，深槽轮辋一般都采用钢板冲压成形，它是一种整体式轮辋。深槽轮辋结构简单、刚度大、质量小，轮辋中部制成深凹槽使小尺寸弹性较大的轮胎易于装卸。

平底轮辋结构如图 3-40b 所示，平底轮辋代号 FB，轮辋中部平直，其两侧凸缘与轮辋制成一体，也可以一侧用可拆挡圈做凸缘，挡圈可拆，轮胎拆装方便。

对开式轮辋结构如图 3-40c 所示，对开式轮辋代号 DT。它是由内、外可分的两个轮辋组成的，当其可靠地紧固在一起时，就形成固定轮缘的车轮。这种轮辋在拆装轮胎时，只需拆下螺栓即可。

a）深槽轮辋　　　　b）平底轮辋　　　　c）对开式轮辋

图 3-40　轮辋的常见结构形式

（二）轮胎

1. 轮胎的功用和类型

轮胎由橡胶制成，它安装在车轮轮辋上，直接与路面接触，是汽车上最重要的部件之一。轮胎的功用是：支承汽车的总质量；与汽车悬架共同吸收和缓和汽车行驶时所受到的冲击和振动，以保证汽车具有良好的乘坐舒适性和行驶平顺性；保证车轮与路面的良好附着而不致打滑，使汽车行驶平稳。

汽车轮胎按胎体结构不同可分为充气轮胎和实心轮胎。现代汽车绝大多数采用充气轮胎，充气轮胎又可按如下方式分类、按组成结构不同，可分为有内胎轮胎和无内胎轮胎两种；按胎体帘线排列方向不同，可分为普通斜交轮胎和子午线轮胎。

2. 轮胎的结构

（1）有内胎轮胎。如图 3-41 所示，有内胎轮胎由外胎、内胎和垫带等组成，使用时安装在汽车车轮的轮辋上。内胎是一个环形的橡胶管，上面装有气门嘴，用于充气或排出空气，内胎尺寸应稍小于外胎的内壁尺寸。垫带是一个环形的橡胶带，垫在内胎和轮辋之间，用于保护内胎不被轮辋和胎圈磨伤。

外胎　　　　　　　胎垫　　　　　　　内胎

图 3-41　有内胎的轮胎结构

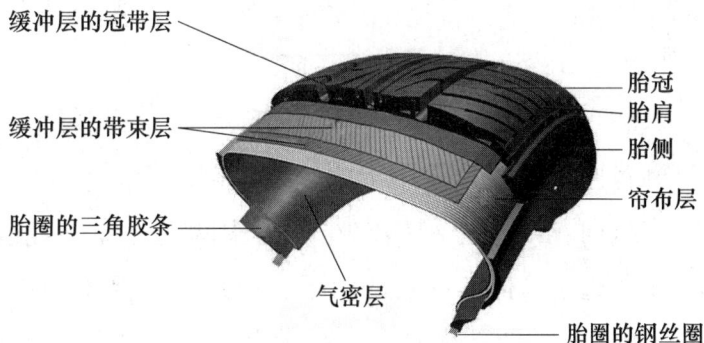

（2）无内胎轮胎。无内胎轮胎在外观上与有内胎轮胎相似，如图 3-42 所示，但没有内胎和垫带，空气通过气门嘴直接压入外胎中，因此要求轮辋和外胎之间密封性要好。无内胎轮胎外胎内壁上附加了一层厚 2~3mm 的专门用来封气体的橡胶密封层，它是用硫化的方法黏附上去的，密封层正对着的胎面下面贴着一层特殊混合物制成的自黏层。当轮胎穿孔时，自黏层能自行将刺穿的孔黏合。近年来，轿车均使用无内胎轮胎。

（3）外胎的结构。外胎是轮胎的主要组成部分，它是用耐磨橡胶以及帘线制成的强度较高而又有弹性的外壳，外胎直接与地面接触，它主要由胎面、胎圈和胎体等组成，如图 3-43 所示。

轮胎

气门嘴

轮辋

缓冲层的冠带层

缓冲层的带束层

胎圈的三角胶条

气密层

胎冠

胎肩

胎侧

帘布层

胎圈的钢丝圈

图 3-42　无内胎的轮胎结构　　　　　　**图 3-43　外胎的结构**

胎面是轮胎的外表面，可分为胎冠、胎肩和胎侧三部分。胎冠是指外胎两胎肩中间的部位，也称行驶面，由耐磨橡胶制成。胎冠最外层制有各种形状的花纹，它的作用是与路面直接接触产生摩擦阻力、驱动力和制动力，保护胎体，防止轮胎早期磨损和损伤。

胎体是由帘布层与缓冲层（带束层）组成的整体，它是充气轮胎的受力结构。胎肩是较厚的胎冠和较薄的胎侧间的过渡部分，一般胎肩上制有各种花纹，用以提高该部位的散热性能。

胎侧又称胎壁，它由数层橡胶构成，覆盖轮胎两侧，保护内胎免受外部损坏。胎侧可承受较大的挠曲变形，在行驶过程中，不断地在载荷作用下挠曲变形。胎侧上标有厂家名称、轮胎尺寸及其他资料。

胎圈是帘布层的根基，由钢丝圈、帘布层包边和胎圈包布组成，具有很大的刚度和强度，可以使外胎牢固地安装在轮辋上。

胎体由帘布层和缓冲层组成，帘布层是外胎的骨架，主要用于承受载荷，保持外胎的形状和尺寸，并使其具有足够的强度。为使载荷均匀分布，帘布层通常由成偶数的多层帘布用橡胶贴合而成，相邻层的帘线交叉排列。帘布层数越多，轮胎的强度越大，但弹性会下降。

缓冲层夹在胎面和帘布层之间，由两层（如图 3-43 中的冠带层和带束）或多层较稀疏的帘布和橡胶制成，弹性较大。缓冲层的作用是加强胎面与帘布层之间的结合，防止汽车紧急制动时胎面与帘布层脱离，并缓和汽车行驶时所受到的路面冲击。

（4）轮胎的花纹。为使轮胎与地面具有良好的附着性能，防止纵向和横向滑移，在胎面上制有各种花纹。轮胎花纹主要有普通花纹、混合花纹和越野花纹等，如图 3-44 所示。

普通花纹 越野花纹 混合花纹

图 3-44 轮胎花纹

普通花纹细而浅，花纹接地面积大，耐磨性和附着性都较好，适用于比较好的硬路面。它又分为纵向花纹为主和横向花纹为主两类。纵向花纹适用于良好路面，轿车、货车都可选用。横向花纹适用于土石路面，仅用于货车。

越野花纹凹部深且粗，在软路面上与地面附着性好，越野能力强，适用于矿山和建筑工地等坏路面或无路地带，也适用于作为越野车轮胎。越野花纹不宜在路面良好的道路上使用，否则会加大花纹磨损。安装人字形越野花纹的轮胎时应注意驱动轮胎花纹的尖端必须与旋转方向一致。

混合花纹介于普通花纹和越野花纹之间，兼顾了两者的使用要求，中部为菱形，纵向为锯齿形或烟斗形花纹，两边为横向越野花纹，适用于在城市和乡村之间等使用条件变化不定的路面上行驶的汽车。现代货车驱动轮也采用这种花纹。

3. 轮胎规格的标记方法

轮胎是在专业化生产厂制造的，并具有高度的标准化、系列化的特点。轮胎的外径 D、断面宽度 B 和配用轮辋的名义直径 d 等轮胎尺寸符号，如图 3-45 所示，其中轮辋直径 d 就是轮胎内径。

（1）斜交轮胎的规格　普通斜交轮胎的规格用 B-d 表示，载货汽车斜交轮胎和轿车斜交轮胎的尺寸 B 和 d 均使用英寸（inch）为单位，1in=25.4mm。例如 6.50-16 表示轮胎断面宽度为 6.50in，轮胎内径为 16in，如图 3-46 所示。

图 3-45　轮胎的尺寸标注

图 3-46　斜交轮胎的规格

（2）子午线轮胎的规格　子午线轮胎的规格表示由轮胎的断面宽度、扁平率、子午线标记、轮辋直径等参数组成，如图 3-47 所示。图 3-47 中 215/55R17 94V 为子午线轮胎的规格。215 表示轮胎断面宽度为 215mm。55 表示扁平比为 55%，扁平比为轮胎高度 H 与宽度 B 之比。它的数字越小，表明轮胎越扁平，断面尺寸越宽。宽断面的轮胎接地面积大，接地比压小，磨损小，滚动阻力也小，侧向稳定性强，整车重心低，汽车行驶稳定性高。R 表示子午线轮胎，17 表示轮胎直径为 17 英寸（inch）。

94 表示轮胎的荷重等级，即最大载荷质量为 670kg。常见的荷重等级及对应的最大载荷质量见表 3-1。V 表示轮胎的速度等级，表明轮胎允许行驶的最高车速。常见的速度等级及对应的最高车速见表 3-2。

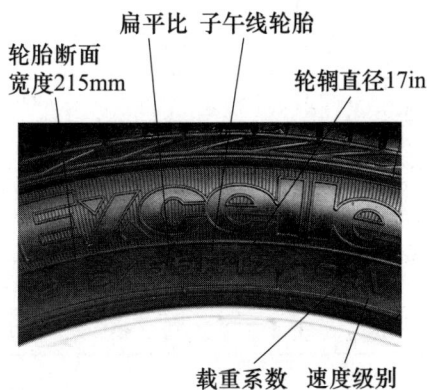

图 3-47　子午线轮胎的规格

表 3-1　荷重等级及对应的最大载荷质量

指数	载荷质量 /kg	指数	载荷质量 /kg	指数	载荷质量 /kg
70	335	83	487	96	710
71	345	84	500	97	730
72	355	85	515	98	750
73	365	86	530	99	775
74	375	87	545	100	800
75	387	88	560	101	825
76	400	89	580	102	850
77	412	90	600	103	875
78	425	91	615	104	900
79	437	92	630	105	925
80	450	93	650	106	950
81	462	94	670	107	975
82	475	95	690	108	1000

表 3-2　速度等级及对应的最高车速

速度等级	最高速度 / (km/h)	速度等级	最高速度 / (km/h)
A1	5	K	110
A2	10	L	120
A3	15	M	130
A4	20	N	140
A5	25	P	150
A6	30	Q	160
A7	35	R	170
A8	40	S	180
B	50	T	190
C	60	U	200
D	65	H	210
E	70	V	240
F	80	W	270
G	90	Y	300
J	100	ZR	> 240

另外，在轮胎侧有一组四位数字表示轮胎的生产日期。如图 3-48 所示，图中前两位表示一年中的第几周，第 9 周即 3 月份，后两位数字表示年份，图中为

2009 年。

图 3-48 轮胎的生产日期

（三）胎压监测系统

充气轮胎按胎内空气压力大小可分为高压胎、低压胎和超低压胎三种。高压胎气压在 0.5 ~ 0.7MPa，低压胎气压在 0.15 ~ 0.5MPa，超低压胎气压在 0.15MPa 以下。胎压过低时，轮胎磨损会加剧，胎温升高，爆胎概率增加，油耗也会上升。当胎压过高时，轮胎与地面的接触面积会减小，轮胎的抓地力会受到影响，车辆行驶的稳定性和乘坐舒适性也受影响，在高温时爆胎的概率也增加。

图 3-49 胎压监测

胎压监测可以在汽车行驶过程中对轮胎气压进行实时自动监测，如图 3-49 所示。胎压监测系统将轮胎压力显示在仪表中，当气压过低时系统会进行报警，以确保行车安全。胎压监测有间接式胎压监测系统和直接式胎压监测系统，以及复合式轮胎压力监测系统。

间接式胎压监测系统的工作原理是当某轮胎的气压降低时，车辆的重量会使该轮的滚动半径变小，导致其转速比其他车轮快。通过比较轮胎之间的转速差别，以达到监视胎压的目的。这种胎压检测系统的缺点是在车速 100km/h 以上时，系统的检测精度会受到车速的影响。另外，因为该系统不是直接监测轮胎气压，如果在同一车轴的 2 个轮胎气压都低时，它将无法判断出来。另外，此系统的校准也极其复杂，因此间接式胎压监测已逐步淡出市场。

直接式胎压监测系统是利用安装在每一个轮胎里的压力传感器来直接测量轮胎的气压，利用无线发射器将压力信息从轮胎内部发送到中央接收器模块上的系统，然后对各轮胎气压数据进行显示。当轮胎气压太低或漏气时，系统会自动报警。直接式胎压监测系统区分内、外置两种产品，如图 3-50 所示。

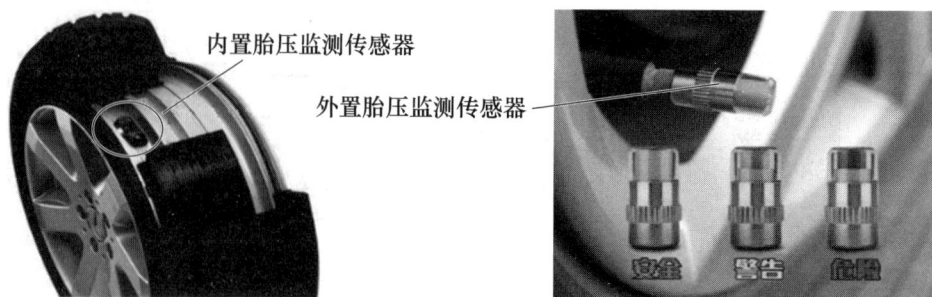

内置胎压监测传感器

外置胎压监测传感器

图 3-50　内置胎压监测系统和外置胎压监测系统

　　复合式轮胎压力监测系统，兼有上述两个系统的优点。它在一对互相成对角的轮胎内装备压力传感器，且在 4 个轮胎上安装一个间接式监测系统。与直接式监测系统相比，这种复合式系统可以降低成本，克服间接式监测系统不能检测出多个轮胎同时出现气压过低的缺点。但是，它仍然不能像直接系统那样提供所有轮胎内实际压力的实时数据。

二、车轮和轮胎的拆装注意事项

　　1. 轮胎的更换

　　1）如果在行驶中轮胎爆胎了，要紧握转向盘，缓慢的减速，等车速降下来后，打开危险警告灯，注意后方车辆，靠路边停好。

　　2）靠边停车后，从行李舱中取出三角警示牌，放置在车后，如图 3-51 所示。在常规道路上，发生故障或者发生交通事故时，应将三角警示牌放置在车后50m 至 100m 处。在高速公路上，要放置在车后 150m外。遇到雨雾天气或夜间的时候，放置距离应提升到 200m 或更远。

图 3-51　放置三角警示牌

　　3）从行李舱取出备胎和随车工具。如果备胎长时间闲置，需要查看备胎的气压等状况，才能使用。

　　4）接着将备胎放置在车底，以防止在拆车轮时千斤顶下坠或车辆滑动使车身倾斜而发生危险，如图 3-52 所示。

　　5）将轮胎螺栓拧松。通常轮胎上的螺栓固定较紧，这时我们可以利用体重将螺栓压松，但是务必注意安全，如图 3-53 所示。

图 3-52　放置备胎

图 3-53　拆松轮胎螺栓

6）用千斤顶将汽车支离地面，至轮胎离地面 2cm 即可，方便安装备胎。车辆的顶起位置要正确，如果千斤顶顶起放置错误，有可能顶坏车身，对车辆外观造成伤害。同时也要观察千斤顶是否直立放置，不得有倾斜。

7）取下轮胎，并与车底的备胎互换位置，安装好轮胎，对角拧紧轮胎固定螺栓。取出千斤顶，再次拧紧轮胎固定螺栓。收好损坏的轮胎，收回三角警示牌。

2. 轮胎的拆装

轮胎拆装机是一种将汽车轮胎从轮辋上拆下、安装和充气的设备，它主要用于轮胎的修补、更换、安装等。目前在市场上的轮胎拆装机主要有半自动侧摆臂式、半自动右倒臂式、全自动轮胎拆装机等。因半自动摆臂式轮胎拆装机优点是使用方便、价格较适宜，被广泛采用。现以半自动摆臂式轮胎拆装机为例，简要介绍轮胎拆装机的基本组成和轮胎拆装过程，以及在拆装轮胎过程中的一些注意事项。图 3-54 所示为轮胎拆装机的基本组成，用它拆装轮胎时的步骤如下。

1）操作时需要戴好护目镜，穿钢包头劳保鞋。给轮胎进行放气处理，清除车轮上的杂物和平衡块，以免发生危险。

2）如图 3-55 所示，将轮胎垂直放在分离铲与机座橡胶垫之间，避开气门嘴，把分离铲移向轮胎使轮胎松动，分离铲需距离轮辋边缘大约 1cm，避免分离铲损伤轮辋。转动轮胎后挤压几次，再翻转轮胎，松动另一侧。

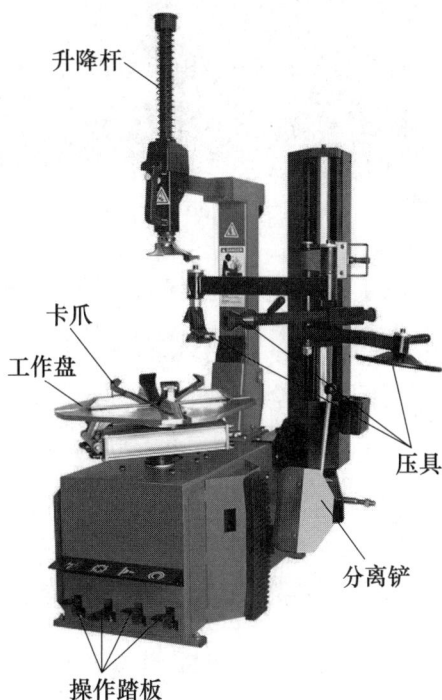

图 3-54　轮胎拆装机基本组成

3）将轮胎放置卡紧在工作盘，在轮胎外缘上涂抹润滑剂，压下升降杆，直至拆装头接触轮辋边缘。再转动手柄，锁住升降杆。

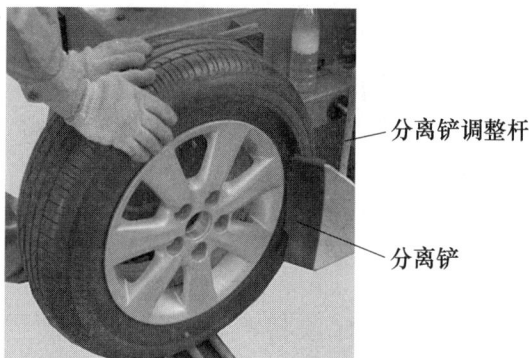

分离铲调整杆

分离铲

以拆装器的一端为支点，用撬板撬起外胎外缘，使之搭在拆装器上。踩下工作盘操作踏板，使轮胎随工作盘转动，直至轮胎上边缘完全拆出。用同样的方

图 3-55　分离轮胎

法，将轮胎的下边缘拆出，如图 3-56 所示。需要注意，在拆装轮胎时，必须使用平滑、专用的翘板，如图 3-57 所示。

拆装器

撬棒

轮胎外缘

图 3-56　拆出轮胎边缘

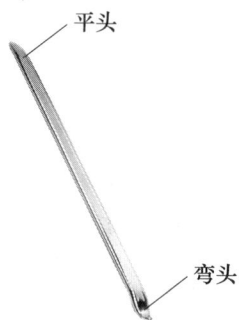

平头

弯头

图 3-57　拆装轮胎专用翘板

4）将轮胎下边缘放到轮辋上，往轮胎边缘涂上润滑剂，放下拆装器，使轮胎下边缘与拆装器交叉，如图 3-58 所示。用手抬起轮胎，旋转工作盘，使轮胎下边缘脱离轮辋。

5）用同样的方法安装轮胎，安装轮胎上边缘时可借助专用压具，边转边压。安装完成后，对轮胎进行充气及动平衡试验。

三、车轮和轮胎的维修

1. 轮胎压力的检查

轮胎气压可用气压表进行检查，如图 3-59 所示。不同的车辆，轮胎的气压值也许不同，检查时应参考相应车辆的使用手册，一般在左前车门门框上有标识。另外，备胎气压也需要经常检查，非全尺寸备胎气压通常高于其他轮胎，其气压标准也可以在门框上查到。

图 3-58　拆下轮胎下边缘

图 3-59　检查轮胎气压

2. 轮胎磨损的检查

轮胎的检查内容有胎体变形、鼓包、橡胶开裂、穿刺异物、胎面花纹深度、轮胎气压和异常磨损。轮胎磨损过度是影响行车安全的重要因素，过度磨损的轮胎，除容易爆破外，还会使汽车操纵稳定性变坏。例如，汽车在雨中高速行驶时，由于不能及时排水，轮胎将会出现水滑现象，极易导致汽车失控。

当轮胎的胎冠部分磨损到磨损标志以下后，将会严重影响行车的安全，为了便于检查，轮胎生产时制有胎面磨损标注和胎面磨损标注符号，如图 3-60 所示。胎面磨损标志位于胎面花纹沟底部，当胎面磨损到此处时，花纹沟断开，此时轮胎必须停止使用。为便于用户找到磨损标志，通常在磨损标志对应的胎肩处标出"TWI"或者"△"符号。如果轮胎花纹接近磨损标志，应更换轮胎。

轮胎胎冠的磨损也可以使用胎纹尺进行测量。通常轿车轮胎胎冠上花纹磨损至花纹深度小于 1.6mm，载货汽车转向轮胎胎冠上的花纹深度小于 3.2mm，其余轮胎胎冠花纹深度小于 1.6mm 时，应停止使用。轮胎花纹深度可用深度尺进行测量，如图 3-61 所示。

胎面磨损标志　　胎面磨损标志符号

图 3-60　轮胎磨损标记

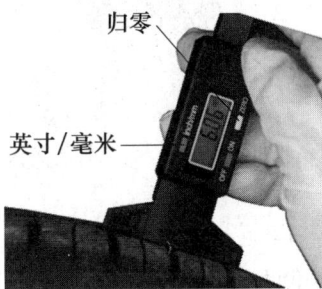

归零

英寸/毫米

图 3-61　测量轮胎花纹深度

3. 轮胎的换位

如果经过测量，前轮轮胎比后轮胎花纹磨损严重，应进行轮胎换位。这样可保持汽车各个轮胎磨损基本均匀，以达到延长轮胎使用寿命的目的。轮胎换位时，需要注意以下事项。

1）按时换位可使轮胎磨损均匀，大约可延长 20% 的使用寿命，定期换位应结合车辆二级维护进行。长期在路面拱度较大的地区行驶或夏季长时间行驶后，轮胎磨损差别较大，可适当增加换位次数。

2）轮胎换位方法主要包括交叉换位法和平行换位法，如图 3-62 所示。

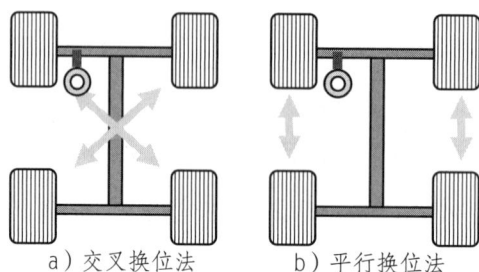

a）交叉换位法　　　　b）平行换位法

图 3-62　轮胎换位方法

3-3　车轮检查与换位

3）轮胎换位后，应按所换的胎位要求，重新调整气压。

4）轮胎换位后必须做好记录，下次换位仍要按上次选定的换位方法换位。

5）不对称花纹轮胎（图 3-63）或单导向花纹轮胎（图 3-64）有固定的滚动方向，只能朝着一个方向跑，所以在安装时必须确认好。例如，标有 INSIDE 的面应朝内，标有 OUTSIDE 的面应超外。如果安装错误，行驶过程中可能出现轮胎抖动、加快磨损、雨天抓地力明显减弱等损伤和危险。

图 3-63　不对称花纹

图 3-64　单导向花纹轮胎

4. 修补轮胎

车辆在使用过程中，难免会遇到轮胎被钉子刺破的情况。当轮胎的胎侧和胎肩被扎破时，修补工序会很复杂，且质量较难保证，通常采取更换整条轮胎的方式处理。当胎面扎钉子时，可以进行修补。

轮胎的修补分为热补和冷补两种方法，冷补又分为外补和内补两种方式。轮胎外补的方式也称为胶条法或快速修补法，其原理就是先用螺纹钻将破损的洞口撑大，再将涂满胶水的胶条填充进洞内即可。这种操作方法简单，成本低，用时少，不用分离轮胎轮毂，也不用进行动平衡。

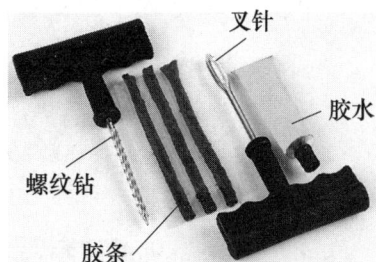

图 3-65　快速修补工具套装

轮胎外补时常采用图 3-65 所示的工具，修补时，通常需要采用以下步骤。

1）如图 3-66 所示，找到轮胎刺破位置，拔出钉子或其他刺破物。

2）用螺纹钻插入轮胎，抽动螺纹钻清除孔内灰尘杂物。

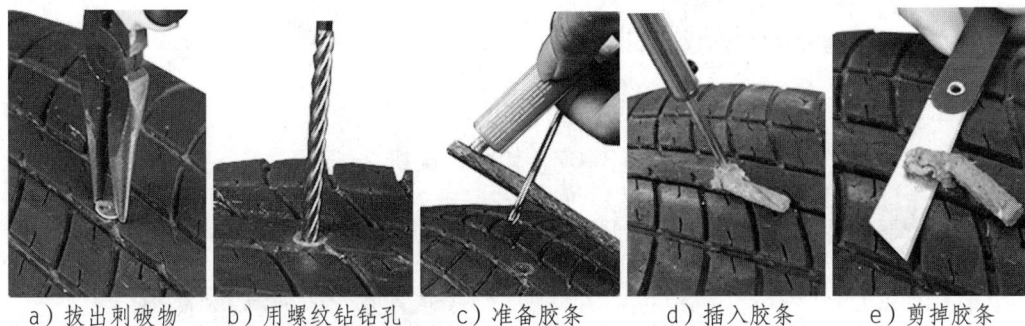

a）拔出刺破物　　b）用螺纹钻钻孔　　c）准备胶条　　d）插入胶条　　e）剪掉胶条

图 3-66　轮胎修补步骤

3）将胶条一端剪成斜口插入插针工具前端孔眼，使孔眼两端的胶条长度基本一致。

4）将带胶条的插针沿破孔插入轮胎，确保胶条插入 2/3 长度，旋转插针一周后拔出插针。

5）在胎面 5mm 高度处，剪掉胶条其余部分。

5. 车轮动平衡试验

做车轮动平衡试验是为了保证车轮圆周质量相等，避免车轮在高速运转时因离心力而产生较大的振动。如果车轮动不平衡，当车辆行驶在某一速度的时候还会产生共振，导致转向盘抖动。如果车轮动不平衡比较严重，时间长了会造成轮毂轴承劳损，缩短轮毂轴承的使用寿命。轮胎也可能因为不正常的横向摆动产生偏磨现象，影响使用寿命。

轮胎平衡机结构如图 3-67 所示，它包括机身、操作面板、平衡轴、平衡块槽、测量尺、轮罩等部分，通常还带有随机附件平衡块拆装钳、锥盘、快速螺母、平衡机量尺等。

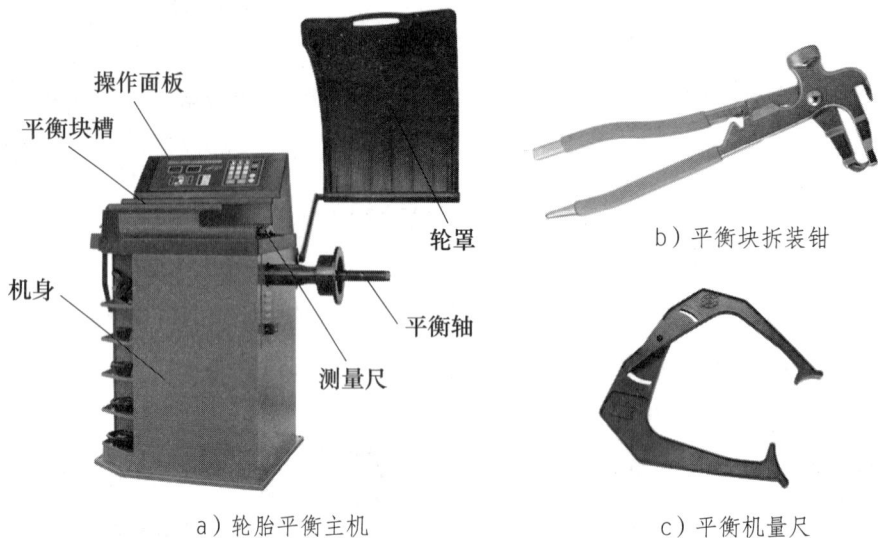

图 3-67　轮胎平衡机

1）拆下车轮上的平衡块，清理胎面杂物，确保轮胎气压在标准范围内。

2）将轮胎套装在动平衡仪主轴上，用快锁螺母和专用车轮锁紧扳手将车轮固定在主轴上，如图 3-68 所示。

3）用卡尺测量轮辋宽度 b，如图 3-69 所示，轮辋直径 d（也可由胎侧读出），轮辋宽度和轮辋直径单位为英寸（in）。用平衡机上的标尺测量轮辋边缘至机箱距离 a，其单位为厘米（cm），如图 3-70 所示。

图 3-68　安装车轮

图 3-69　用卡尺测量轮辋宽度 b

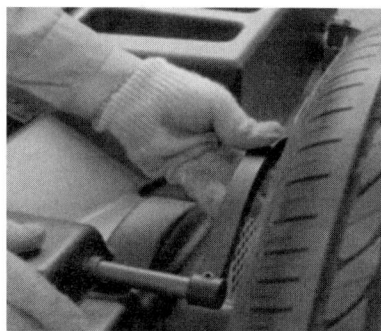

图 3-70　测量轮辋边缘至机箱距离 a

4）将 a、b、d 值输入动平衡仪。

5）放下车轮防护罩，按下启动键，机器令车轮旋转，当车轮自动制动后，观察显示仪上的数据。

6）用手慢慢转动车轮，当显示仪的左侧红色方块变成绿色时。在轮辋内左侧指示位置贴上相应数值平衡块。内、外侧车轮不平衡量要分别进行测量，平衡块安装要牢固。

用于车轮动平衡的平衡块也称配重，通常有卡夹式和粘贴式两种类型，如图 3-71 所示。卡夹式平衡块用于有卷边的车轮。对于铝镁合金轮辋，因无卷边可夹，可使用粘贴式配重。粘贴式配重的外弯面有不干胶，可粘贴于轮辋内表面。

a）卡夹式平衡块   b）粘贴式平衡块

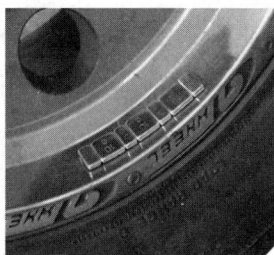

图 3-71　安装平衡块

7）贴好平衡块后放下防尘罩，按下启动键，再次测量，显示仪两边显示数值的误差值在 5g 内，车轮即达到动平衡要求。指示装置显示 "0" 或 "OK" 时才符合要求。

8）完成车轮动平衡试验后，松开车轮锁紧扳手，拆下锥套，取下轮胎，切断电源。

任务四　掌握悬架的结构与维修

一、悬架的结构

悬架的位置如图 3-72 所示，悬架是车架（或车身）与车桥（或车轮）之间一切传力连接装置的总称。悬架的功用包括连接车架（或车身）和车轮，把路面作用到车轮的各种力传给车架（或车身）；缓和冲击、衰减振动，使乘坐舒适，保证汽车具有良好的平顺性；保证汽车具有良好的操纵稳定性。

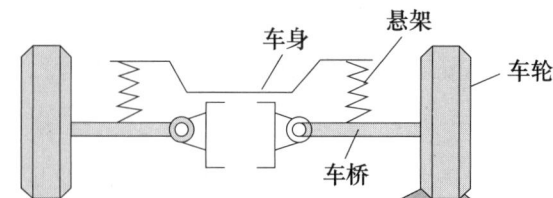

图 3-72 悬架的位置

（一）悬架的类型

按照控制形式不同，悬架可分为被动式悬架和主动式悬架两大类。被动式悬架是指汽车姿态只能被动地取决于路面，行驶状况和汽车的弹性元件、导向装置，以及减振器等机械零件。主动悬架可以根据路面和行驶工况自动调整悬架的刚度和阻尼，从而使车辆能主动地控制垂直振动，以及车身或车架的姿态。主动悬架控制系统通常由传感器、控制阀、执行机构和悬架本体结构组成。

1.被动悬架

目前多数汽车上采用的是被动式悬架，被动悬架又可以分为非独立悬架和独立悬架。

（1）非独立悬架　非独立悬架两侧车轮减振器及螺旋弹簧等安装在一根整体的车桥上，当一侧车轮因路面不平发生位置变化时，另一侧车轮的位置也随之发生变化。非独立悬架主要分为钢板弹簧非独立悬架和螺旋弹簧非独立悬架。钢板弹簧非独立悬架常用于客车、货车及皮卡、SUV 等车型上，如图 3-73 所示，该悬架采用钢板弹簧作为弹性元件，钢板弹簧既有缓冲减振功能，又起传力和导向作用，其结构较为简单。

螺旋弹簧非独立悬架一般只用作轿车的后悬架，其结构如图 3-74 所示，螺旋弹簧的上端装在车身的支座上，下端固定于后桥的座上，并设有纵向推力杆和横向导向杆。这种悬架的整个后桥、纵向推力杆以及车轮，可以绕支承座的铰支点连线相对于车身上、下纵向摆动。

（2）独立悬架　独立悬架两侧车轮各自独立地通过弹性元件悬挂在车身下面，其车桥是断开的。此种断开式车桥通常由副车架和摆臂组成，当一侧车轮位置发生变化时，对另一侧车轮几乎不会产生影响。独立悬架具有平顺性好，可以增大牵引力等优点，因为被广泛应用。但独立悬架车辆车轮跳动时，由于车轮外倾角与轮距变化较大，轮胎磨损较严重。常见的独立悬架有麦弗逊式悬架、双叉式悬架、纵臂式悬架、多连杆式悬架等形式。

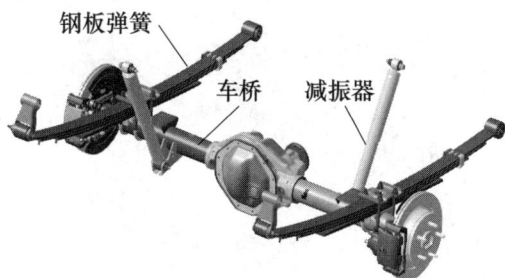

图 3-73 钢板弹簧非独立悬架

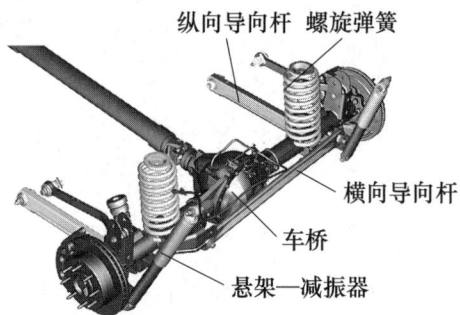

图 3-74 螺旋弹簧非独立悬架

麦弗逊式独立悬架是众多悬架中的一种，它结构简单、成本低廉、舒适性较好，目前得到了普遍使用。如图 3-75 所示，麦弗逊式悬架由螺旋弹簧、减振器、三角形的下摆臂组成，其减振器安装在螺旋弹簧的内部，绝大部分车型还会安装横向稳定杆。麦弗逊式悬架由于构造简单，性能优越的缘故，被行家誉为经典的设计。

如图 3-76 所示，麦弗逊式独立悬架没有传统的主销实体，减振器与套在它外面的螺旋弹簧合为一体，构成悬架的弹性支柱，支柱上端 A 与车身挠性连接，支柱下端 B 与转向节刚性连接。主销轴线设计在上下铰接点中心的连线 $A—B$ 上。当车轮上下跳动时，B 点随横摆臂摆动，因而主销轴线 $A—B$ 随之摆动。

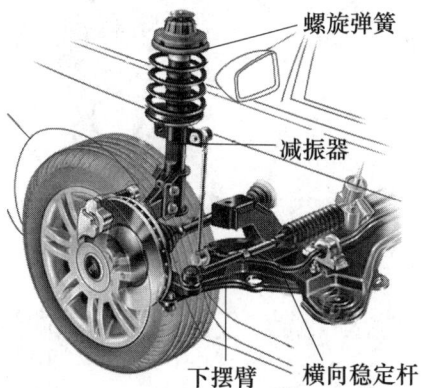

图 3-75 麦弗逊式悬架

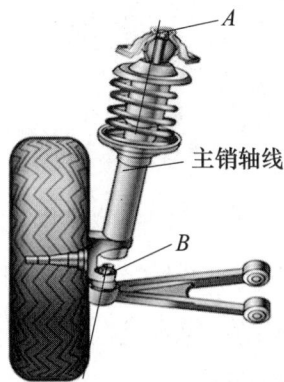

图 3-76 麦弗逊式悬架的虚拟主销

双叉式悬架的结构如图 3-77 所示，它一般是上下两个控制臂支撑安装在车轴的转向节，在上下控制臂（上、下摆臂）之间安装减振器。上、下摆臂有等长的和不等长的，摆臂等长的独立悬架当车轮上下跳动时，车轮平面不倾斜，主销轴线的方向也不发生变化，但轮距却发生较大的变化，这会引起车轮侧滑和轮胎磨损。摆臂不等长的独立悬架车轮上下跳动时，车轮平面、主销轴线、轮距都在控制允许范围内变化，因此，这种形式的独立悬架应用较多。

纵臂式独立悬架又分为单纵臂式和双纵臂式两种。单纵臂式独立悬架其结构如图 3-78 所示，它主要由减振器、螺旋弹簧、单纵臂和纵向稳定杆等组成。如图 3-79 所示，如果单纵臂式独立悬架用于前轮，在路面不平时，车轮会在汽车纵向平面内摆动，车轮上下摆动时会使主销

图 3-77 双叉式悬架

后倾角变化很大，影响直线行驶时转向的操纵性能，所以单纵臂式独立悬架都用于后轮。双纵臂式独立悬架的两纵摆臂一般长度相等，形成平行四连杆机构。当车轮上下跳动时，车轮外倾角、轮距和主销后倾角都不发生变化，所以这种形式的悬架适用于转向轮。

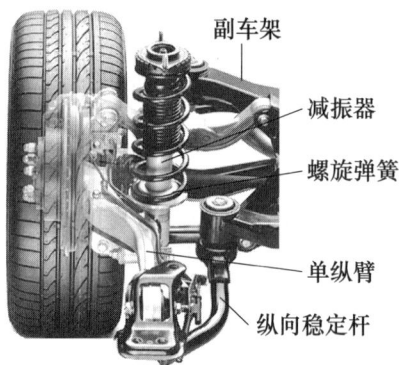

图 3-78 单纵臂式独立悬架

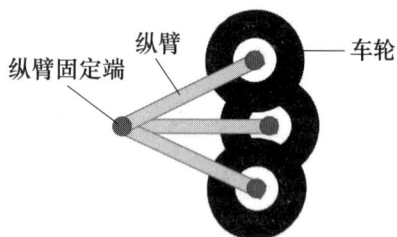

图 3-79 单纵臂式独立悬架工作原理

多连杆悬架系统又分为 5 连杆后悬架和 4 连杆前悬架系统。5 连杆悬架的优点是构造简单、重量轻，减少悬架系统占用的空间。4 连杆式独立悬架结构如图 3-80 所示，全新的 4 连杆前悬架系统多用于豪华轿车，其舒适性良好，有较好的支撑性能，提高了车辆的控制性能，可以减少转向不足的情况。

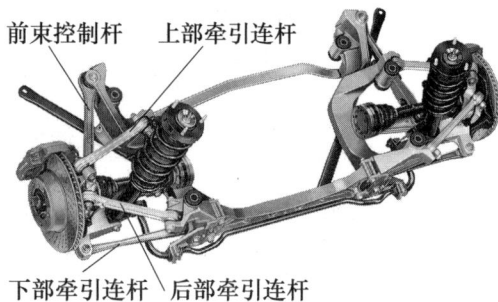

图 3-80 4 连杆式独立悬架

2. 主动悬架

传统汽车的悬架很难同时兼顾车辆的舒适性与操控性，只能按照车型的定位，在舒适性与操控性之间寻找一个平衡点。随着现代技术的发展，现代很多中高档轿车悬架的弹簧刚度、减振器阻力、车身高度等都可以实行控制，这种悬架称为半主动悬架或主动悬架。

（1）主动悬架的类型 目前主动悬架大体上分为 4 大类，空气式主动悬架、液压式主动悬架、电磁式主动悬架以及电子液力式主动悬架。

空气式主动悬架是在被动悬架螺旋弹簧的位置更换成了可变高度的气体弹簧，如图 3-81 所示。这种悬架系统的电控单元能根据离地距离传感器和车速传感器等感受道路的不同起伏，控制气体弹簧自动压缩或伸长，从而降低或升高底盘离地间隙，以增加高速车身稳定性或复杂路况的通过性。

气体弹簧

图 3-81 空气式主动悬架

液压式主动悬架是利用液压变化来调节车身的悬架系统，它的核心部件是一个内置式电子液压集成模块，可以根据车辆行驶速度，对减振器的伸缩频率和程度加以调整。液压式主动悬架通常在汽车重心的附近安装纵向和横向加速度横摆陀螺传感器，用来采集车身振动、车轮跳动以及倾斜状态等信号，这些信号经过行车电脑运算，并把相应执行信号传递给四个减振器的执行液压缸，并以增减液压油的方式来改变汽车离地间隙。

电磁式主动悬架是利用电磁反应来实现汽车底盘高度升降变化的一种悬架方式。电磁式主动悬架是可以在极短的时间内做出反应，来抑制振动，保持车身稳定。电磁式主动悬架的核心部件是电磁减振器，如图 3-82 所示。电磁减振器中充当阻尼介质的是电磁油液。电磁式主动悬架改变电磁线圈电流使磁通量发生改变，电磁油液的黏滞系数随着磁通量变化。电磁油液的黏滞系数发生变化，减振器阻尼也会随之改变。

电子液力式主动悬架可以独立控制每个车轮的悬架阻尼，其电控单元能根据读取的路况信息，适时对减振器做出调整，使之在软硬间切换，从而迅速并准确地控制车身的侧倾、俯仰以及横摆跳动，提高车辆高速行驶和过弯的稳定性。

（2）主动悬架的工作原理 主动悬架的类型有很多，但工作原理类似，下面以电子液力式主动悬架为例对其工作原理进行介绍。如图 3-83 所示，电子液力式主动悬架主要由电子控制单元、CDC 减振器、CDC 控制阀、车身加速度传感器、车轮加速度传感器等部分组成。上文中的 CDC 是 Continuous Damping Control 的缩写，意为连续减振控制系统。

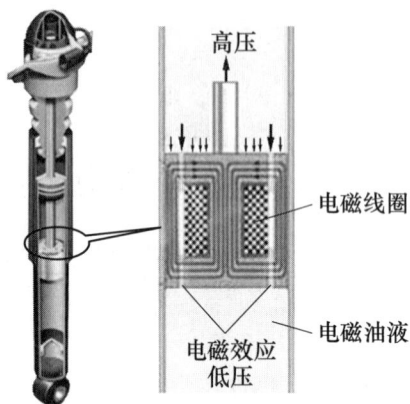

图 3-82　电磁式减振器

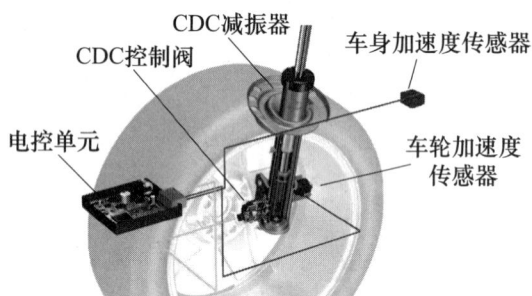

图 3-83　电子液力式主动悬架

如图 3-84 所示，CDC 减振器分为内外两个腔室，里面充满液压油。内外腔室的油液可以通过两腔之间的空隙流动。而当车轮在颠簸时，减振器内的活塞会在套筒内上下移动，腔内的油液便在活塞的作用力下在内外腔室间流动。由于减振器内的油液对活塞有阻力，从而实现了减振器的减振作用。

电子液力式主动悬架电控单元通过车辆上的车身加速度、横向加速度等传感器来实时监测车辆当前的行驶状态，电控单元经过运算对比后，对如图 3-85 所示的 CDC 控制阀发出相应的指令，CDC 控制阀控制 CDC 减振器内外腔室间小孔的大小，进而可以提供适应当前路况的液压力。

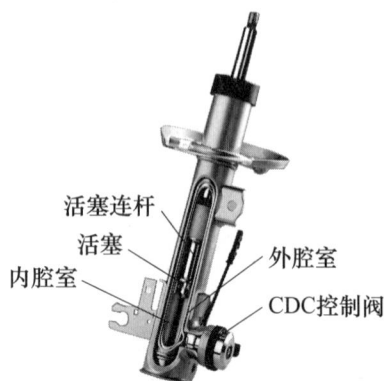

图 3-84　CDC 减振器

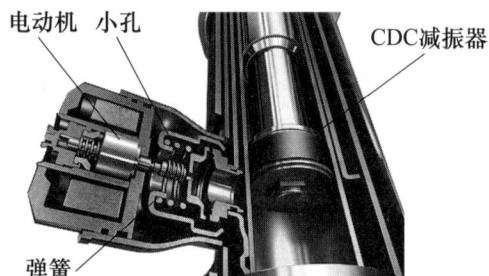

图 3-85　CDC 控制阀

（二）悬架的主要元部件

悬架一般由弹性元件、减振装置和导向机构三部分组成。弹性元件包括钢板弹簧、螺旋弹簧、气体弹簧和扭杆弹簧等元件，弹性元件可以缓和不平路面带来的冲击，并承受和传递垂直载荷。减振装置主要指减振器，减振器可以衰减由于路面冲击产生的振动，使振动的振幅迅速减小。导向机构包括纵向推力杆和横向推力杆，用于传递纵向载荷和横向载荷，并保证车轮相对于车架（或车身）的运动关系协调。

1. 钢板弹簧

钢板弹簧结构简单，使用可靠，维修方便，因而被载货汽车广泛采用。如图3-86所示，它由若干等宽但不等长、厚度相等或不相等的钢板弹簧片组合而成。钢板弹簧中部通过U形螺栓固定在车桥上。钢板弹簧第一片最长，称为主片，其两端弯成卷耳，内装衬套，以便用钢板销与车架相连。多片弹簧钢板一般是靠中部的小孔和中心螺栓穿在一起，它和多个钢板弹簧夹可以防止隔片钢板弹簧横向滑动。

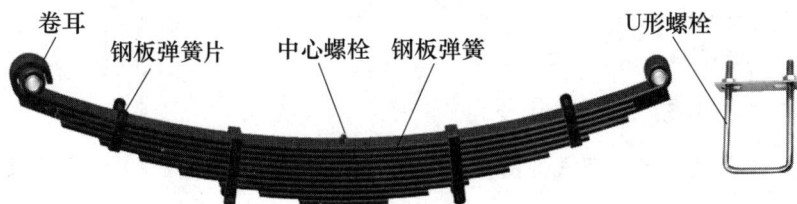

图 3-86　钢板弹簧总成

2. 螺旋弹簧

螺旋弹簧可以承受垂直载荷，它无需润滑，不怕泥污，质量小，所占空间小，目前广泛用于轿车。如图3-87所示，螺旋弹簧由一根钢丝卷成的螺旋状弹簧组成。螺旋弹簧悬架中必须安装有导向机构，用来承受并传递除垂直载荷以外的各种力和力矩。螺旋弹簧变形时不产生摩擦力，因而没有衰减振动的作用，所以在悬架中必须安装减振器。

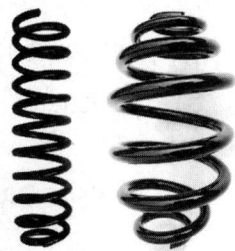

图 3-87　螺旋弹簧

3. 气体弹簧

气体弹簧可以分为空气弹簧和油气弹簧两种。如图3-88所示，空气弹簧是在一个密封的容器内充入压缩气体，利用气体的可压缩性实现弹簧的作用，而且空气弹簧的刚度可以控制，通过控制充放气还能控制车辆的行驶高度。空气弹簧可以延长车辆使用寿命，可以提高整车的舒适性，同时降低车轮的动载荷，主要应用于大型客车上。

油气弹簧可使汽车具有良好的行驶平顺性，而且体积小，质量小，目前主要应用于重型汽车和部分小客车上。油气弹簧结构如图 3-89 所示，当车辆载荷增加引起车架和车桥距离变小时，油气弹簧活塞会上移，工作缸容积减小，油压升高使油液推开阻尼阀而进入球形室，推动隔膜向气室方向移动，使气室容积减小，气室内高压氮气压力升高，弹簧刚度增大。反之，当车辆载荷减小，弹簧刚度减小。

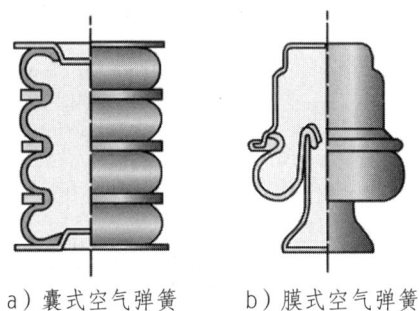

a）囊式空气弹簧　　b）膜式空气弹簧

图 3-88　空气弹簧

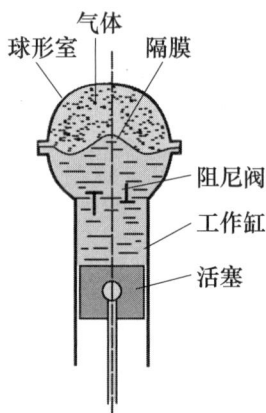

图 3-89　油气弹簧

4. 扭杆弹簧

如图 3-90 所示，扭杆弹簧是由弹簧钢制成的杆件，其两端制成花键、方形、六角形等形状，以便一端固定在车架上，另一端固定在悬架的摆臂上。摆臂与车轮相连，当车轮跳动时，摆臂绕扭杆轴线摆动，使扭杆产生扭杆弹性变形，以保证车轮与车架的弹性联系。

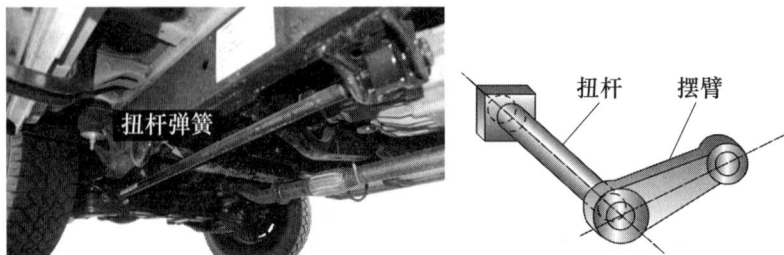

图 3-90　扭杆弹簧的结构和原理

5. 减振器

减振器结构如图 3-91 所示，减振器吸收弹性元件（弹簧、缓冲胶等）起落时的振动能量，使车辆迅速恢复平稳状态，改善汽车行驶的平顺性。减振器是利用内部液体流动来消耗振动能量的。减振器缓冲胶套在减振器活塞杆上，用来缓冲振动，减振器防尘套可以防止灰尘进入造成活塞杆磨损，如图 3-92 所示。遇到路面有沟有坎时，要提前减速，而不要硬生生地冲过去，否则容易损坏减振器、弹簧、悬架等部件。

图 3-91　汽车减振器　　　　　图 3-92　防尘套和缓冲胶

减振器和弹性元件是并联安装的。如图 3-93 所示，减振器上端用缓冲胶垫与平面轴承和车身连接，胶垫能减少路面传递到减振器的运动阻力，平面轴承用来保证转向时减振器能随转向轮转动。轿车减振器的下端通常安装在各车轮的转向节上。

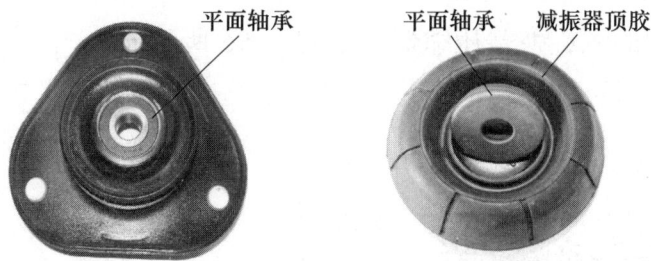

图 3-93　减振器缓冲胶垫

减振器可以分为摇臂式和筒式两种，筒式减振器又分为单向作用式和双向作用式，单向作用式减振器通常只是在伸张时起缓冲作用，双向作用式减振器在压缩、伸张两个行程都能起到缓冲作用。

双向作用筒式减振器工作原理如图 3-94 所示，压缩行程时，活塞下移使下腔室容积减少，油压升高。油液经过流通阀进入活塞上腔室。由于活塞杆占去上腔室一部分容积，故上腔室增加的容积小于下腔室减少的容积，使下腔室增加的容积小于下腔室减少的容积，下腔室油液不能全部流入上腔室，多余的油液则经压缩阀进入储油缸筒。在伸张行程时，下腔形成一定的真空，油液可以推开补偿阀进入下腔室。在压缩和伸张过程中，油液流动的阻尼力使减振器发挥了缓冲减振作用。

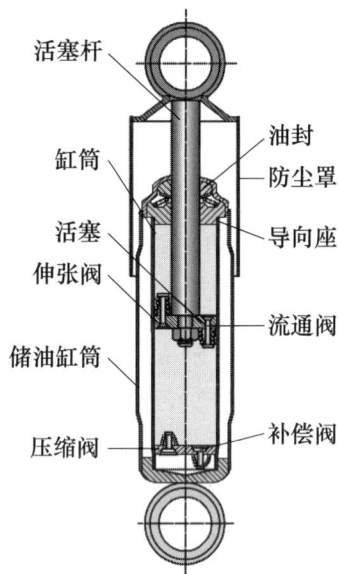

图 3-94　双向作用筒式减振器

6. 横向稳定杆

横向稳定杆又称防倾杆、平衡杆，是汽车悬架中的一种辅助弹性元件，其位置如图 3-95 所示。当转向或路面原因，一侧车轮与车身距离发生变化时，通过横向稳定杆的作用，可相应地改变另一侧车轮与车身的距离，减少车身的倾斜。

3-4　双向作用筒式减振器工作原理

二、悬架的拆装注意事项

1）拆装螺旋弹簧时，为防止弹簧弹飞零件或工具，作业时最好佩戴护目镜。

2）从车辆上拆下减振器时，需要将车辆停稳，用三角块塞住车轮。需要用千斤顶或垫块支撑车桥。

3）选择合适的螺旋弹簧压缩器，如图 3-96 所示。

图 3-95　横向稳定杆

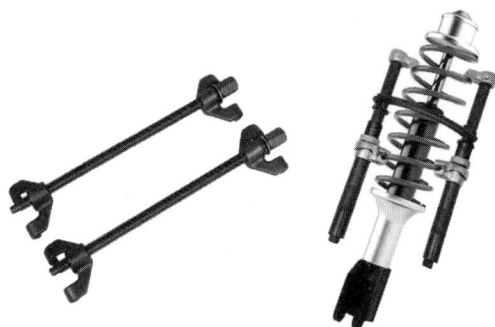

图 3-96　螺旋弹簧压缩器

4）选择专用的减振器自锁螺母拆装卡头和专用套筒，如图3-97所示。

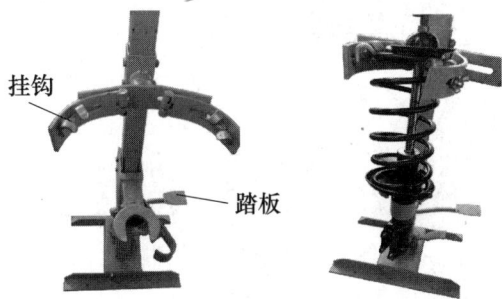

5）拆装麦弗逊式悬架的减振器时，可以使用专用台架，如图3-98所示，将总成固定到弹簧压缩工具上，要确保挂钩正确挂接，操作踏板压缩弹簧，从减振器杆上拆卸锁止螺母，拆卸支柱座。拆卸弹簧上座等零件。松开弹簧，拆卸弹簧和弹簧下座。

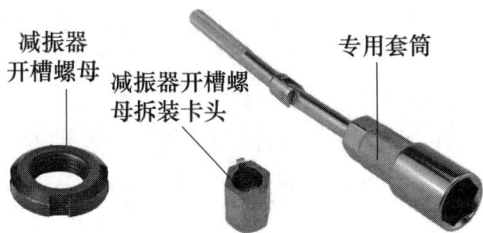

图3-97　减振器自锁螺母及拆装卡头和专用套筒　　图3-98　麦弗逊式减振器的分解

6）通常车辆更换前减振器后，车轮定位会发生变化，所以更换减振器后，必须重新进行车轮定位。

三、悬架的维修

（一）被动悬架的维修

3-4　汽车减震器的拆检

1. 减振器的维修

当减振器损坏后，车辆行驶在较坏的路面上时，减振器会发出异响，用手触摸减振器，正常的减振器会微热，损坏的减振器会烫手或不热。如图3-99所示，目测减振器若有轻微的漏油，还可以继续使用，如果严重漏油，则需要更换减振器。将拆下的减振器进行压缩和拉伸，应感觉到有阻力，拉伸的阻力要比压缩时的阻力大很多。

检查减振器的防尘套是否出现裂开，如果出现裂开或其他形式的损坏，必须更换新件。减振器内部如果出现泥沙，可能是因为防尘套不能起到防尘作用，需要仔细检查防尘套是否松旷或存在其他形式的损坏。

检查减振器缓冲胶垫、顶胶、胶套等是否出现损伤、龟裂及老化的现象。如果有，需要更换新件。检查减振器支承轴承是否出现损坏，转动减振器支承轴承应灵活，没有发卡的现象，如图3-100所示，否则应更换。

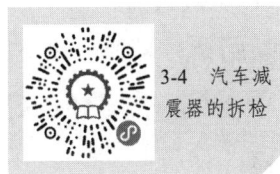

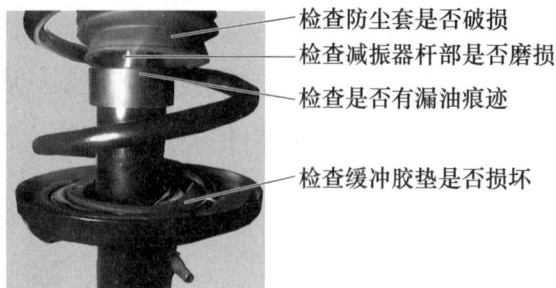

图 3-99 减振器的检查

检查防尘套是否破损
检查减振器杆部是否磨损
检查是否有漏油痕迹
检查缓冲胶垫是否损坏

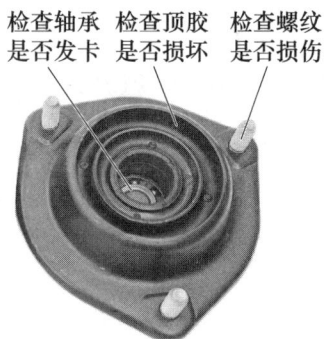

图 3-100 检查减振器顶胶和轴承

检查轴承是否发卡 检查顶胶是否损坏 检查螺纹是否损伤

2. 弹簧的检查

检查螺旋弹簧有无损坏与变形，并测量螺旋弹簧的自由长度和原厂手册标准是否一致，如果相差较明显，需要将其更换。检查螺旋弹簧上座、下座和上下座的胶垫是否出现损坏，如有损坏对弹簧座进行修复或更换。

3. 平衡杆的检查

平衡杆通常不会出现损坏，但是平衡杆及连杆有很多缓冲胶套，检查胶套是否出现损坏，如图 3-101 所示。检查平衡杆支承座的胶套是否磨损，检查时可以用撬棒撬动平衡杆，如果观察到明显间隙，则需要更换平衡杆支承座胶套。

检查平衡杆拉杆是否弯曲；检查平衡杆防尘套是否损坏，锁紧螺母是否松动；检查拉杆和平衡杆连接球头是否严重磨损，如图 3-102 所示。如出现上述损坏现象，应更换相应的部件。检查平衡杆拉杆和减振器塔柱连接球头、防尘套是否损坏，检查锁紧螺栓是否松动。

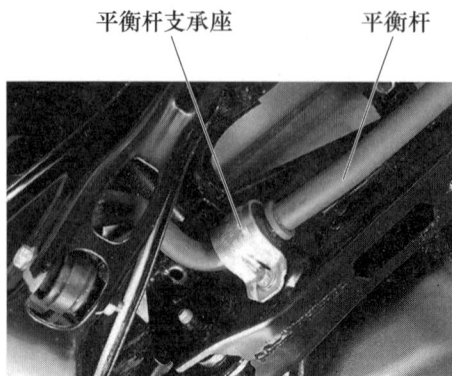

平衡杆支承座 平衡杆

图 3-101 检查减振器胶套和轴承

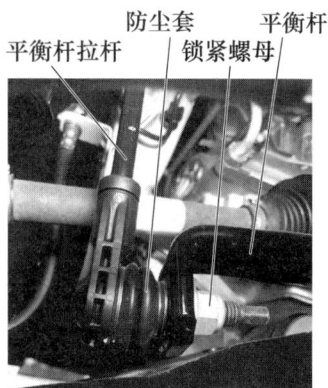

平衡杆拉杆 锁紧螺母 防尘套 平衡杆

图 3-102 检查平衡杆拉杆

检查后悬架锁闩连杆及胶套是否损坏，检查锁闩连杆是否弯曲变形，检查其连接螺栓是否松动，检查防尘套是否损坏，检查胶套，连接球头是否严重磨损，如图 3-103 所示。

图 3-103　检查后悬架锁闩连杆及胶套

（二）主动悬架的维修

1. 加速度传感器的维修

加速度传感器是一种能够测量加速度的传感器。通常由质量块、阻尼器、弹性元件、敏感元件和调节电路等部分组成。别克君威电子悬架控制系统包括三个壳体垂直加速度传感器和两个前轮垂直加速度传感器，三个壳体垂直加速度传感器分别位于左前、右前和后侧，两个前轮垂直加速度传感器位于滑柱上，如图 3-104 和图 3-105 所示。

图 3-104　右前壳体垂直加速度传感器

图 3-105　前轮垂直加速度传感器

1）将点火开关置于 OFF 位置，断开加速度传感器和悬架控制模块之间的线束，检查加速度传感器和悬架模块之间的 3 条导线应无断路，没有短路，否则更换线束，测量时的参考电路如图 3-106 所示。

2）将加速度传感器线束连接到悬架控制模块，而线束和加速度传感器之间保持断开，将点火开关置于 ON 位置，测量电源线和搭铁线之间的电压应为 5V，否则检查悬架控制模块的电源电路，或更换悬架控制模块。

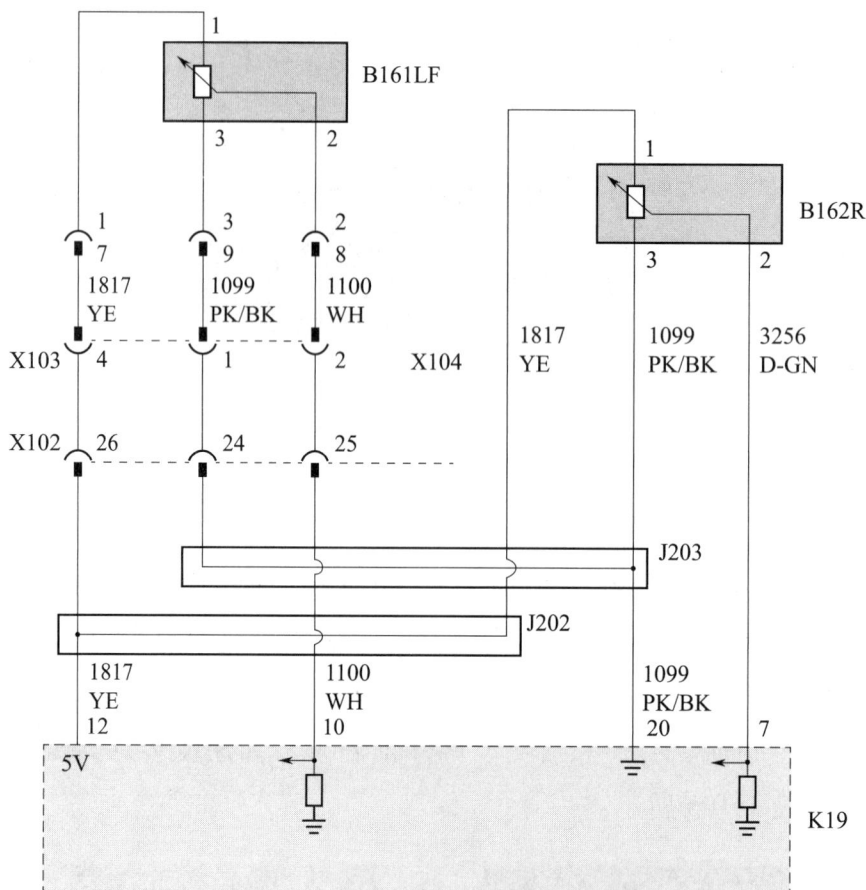

图 3-106　垂直加速度传感器电路

K19—悬架控制模块　B162R—后车身垂直加速度传感器　B161LF—车轮纵向加速度传感器

3）将点火开关置于 OFF 位置，用专用的连线连接加速度传感器及其线束，测量加速度传感器向悬架控制模块提供的信号，信号电压应为 0.5 ~ 4.5V。

2. 执行器的维修

别克君威电子悬架控制系统有四个集成在减振器内的减振器执行器（即 CDC 控制阀），悬架控制模块向各减振器执行器输入可变电流进行控制，其电流大小为 0~1.8A，执行器可以在几毫秒内回应悬架控制模块的指令。

1）检查减振器执行器位置是否存在明显漏油，如果漏油，则进行维修或更换。

2）将点火开关置于 OFF 位置，分别断开检查减振器执行器线束和减振器执行器及悬架控制模块之间的插接器，检查减振器执行器线束有无断路、有无短路，如图 3-107 所示。

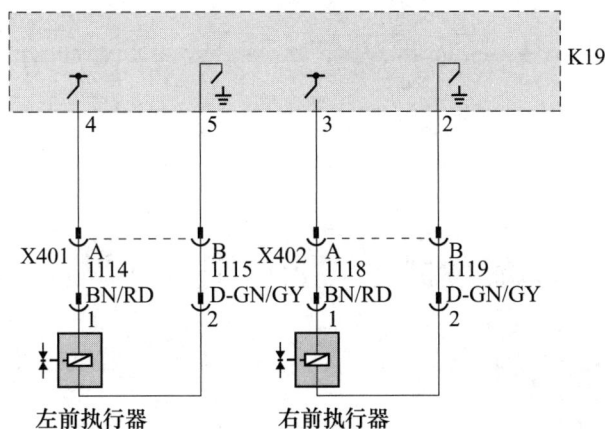

图 3-107　减振器执行器电路

K19—悬架控制模块

3）检查减振器执行器的电阻，电阻值应在 10~30Ω 之间，或根据原厂维修手册标准进行判断。

转向系统的工作原理与维修

一、转向系统的功用

　　汽车转向系统的功用是按照驾驶员的意愿控制汽车的行驶方向，在受到路面干扰时，与行驶系统配合保持汽车直线行驶。汽车转向系统分为机械转向系统、液压动力转向系统和电控动力转向系统等。机械转向系统的转向动力源完全靠人力操纵。汽车转向系统主要由于转向操纵机构、转向器、转向传动机构组成，如图4-1所示。

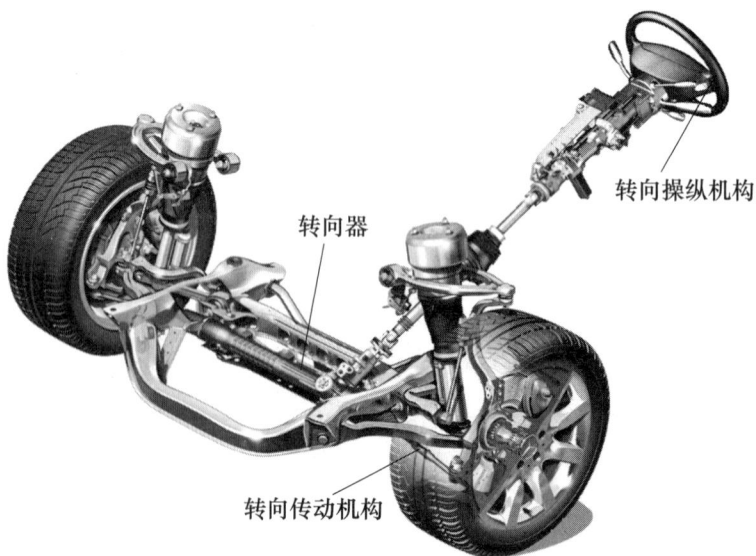

图 4-1　汽车转向系统

　　汽车转向系统还要求转向时必须轻巧灵敏，转向后车辆能自动回位，直行时不跑偏，车轮的振动及摆动不致使转向盘转动，转向时两轮的偏转角度应符合一定的规律。

二、转向原理

为了避免轮胎过快磨损，要求转向系统能保证在汽车转向时，所有车轮均做纯滚动。显然，这只有在所有车轮的轴线都相交于一点时方能实现，如图 4-2 所示。此交点 O 称为转向中心。由转向中心 O 到外转向轮与地面接触点的距离称为转弯半径。

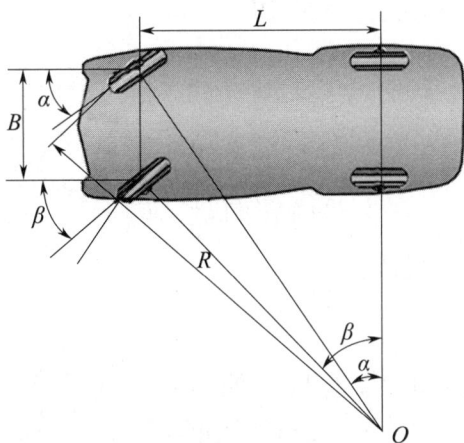

图 4-2 双轴汽车转向示意图

α—外转向轮偏转角　β—内转向轮偏转角　B—两侧主销中心距离　L—轴距　R—转弯半径

轿车的转向系统工作原理如图 4-3 所示，当需要转向时，驾驶员对转向盘施加转向力矩，该力矩通过转向柱，输入转向器。经过转向器的减速增力传给左、右横拉杆及转向节臂，使转向节和它所支承的转向轮偏转。货车和客车转向系统如图 4-4 所示，其中转向器将转向力矩传给转向摇臂、纵向拉杆、转向节臂传给左转向节，由于右转向节与左转向节之间用左、右转向节臂和横拉杆连接，故右转向节及支承的右轮也随之偏转相应的角度，从而实现了汽车转向。

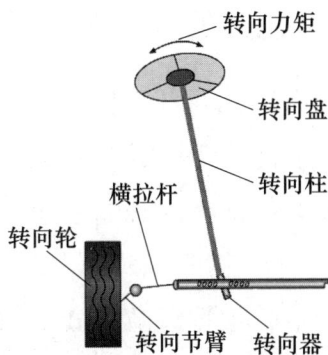

图 4-3 轿车转向系统原理图

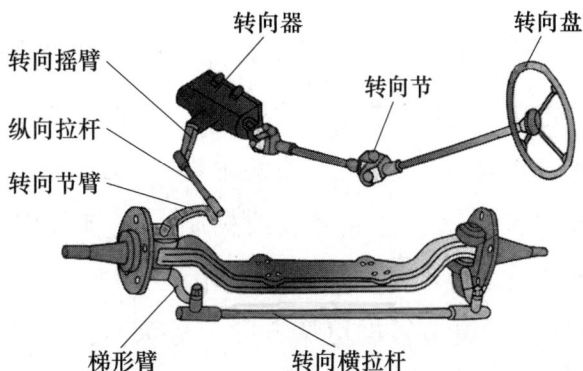

图 4-4 货车转向系统原理图

任务二　掌握机械转向系统的原理与维修

机械转向系统以人力作为转向能源，其中所有传力件都是机械的。机械转向系统由转向操纵机构、转向器和转向传动机构三大部分组成。

一、机械转向系统的工作原理

（一）转向操纵机构

汽车转向操纵机构用于将驾驶员的操纵力传给转向器，如图4-5所示。它主要由转向盘、转向柱和万向节、转向管柱等组成。

1. 转向盘

转向盘由轮毂、轮辐和轮圈组成，如图4-6所示。转向盘上装有喇叭开关，一些轿车的转向盘上还装有车速控制开关，以及发生碰撞时保护驾驶员的安全气囊等装置。

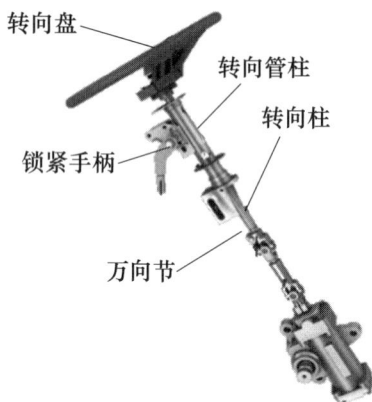

图 4-5　转向操纵机构的结构图

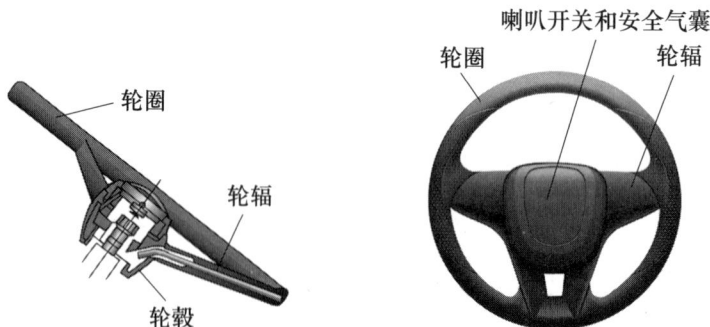

图 4-6　转向盘

轮辐一般有三根或四根辐条，如图4-7所示。轮毂有圆孔及花键槽，利用键和螺母将其固定在转向轴的轴端。转向盘内由成形的金属骨架构成，骨架外面一般包有柔软的合成橡胶或树脂，也有包皮革的，以使它具有良好的手感，防止驾驶员手心出汗时转向盘打滑。

转向盘调节根据可调方向，分为上下调节和前后调节，根据调节方式又可分为手动调节和电动调节，如图4-8所示。调节转向盘时座位不能离转向盘过近，如果手臂与腿都过分弯曲，驾驶员肌肉容易紧张，影响安全与健康。正常情况下只要不影响手脚操控，驾驶座椅离转向盘应预留适当的距离，这样驾驶时的视角更广大。

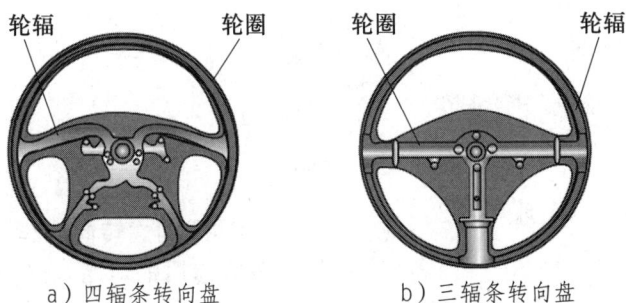

图 4-7 转向盘的轮辐

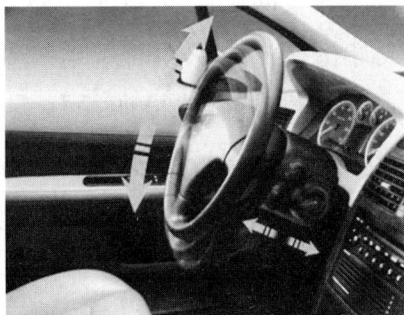

图 4-8 转向盘的调节

由于转向系统各传动件之间存在装配间隙，而且这些间隙将随着零件的磨损而增大。所以，在操控转向盘时，必须先消除这些间隙后，车轮才会开始偏转，转向盘为消除间隙转过的角度称为转向盘自由行程。

2. 转向柱和万向节

转向柱是连接转向盘和转向器的传动件，并负责传递它们之间的转矩，如图4-9 所示。它一般通过十字轴万向节或柔性万向节间接与转向器输入轴相连接。

3. 转向管柱

转向管柱呈管状，内壁两端一般装有轴承，支撑从它里面穿过的转向柱，转向管柱通过托架固定在车身上，如图 4-10 所示。乘用车通常装有能改变转向盘工作角度和转向盘高度的机构，以方便不同体型的驾驶员操纵。

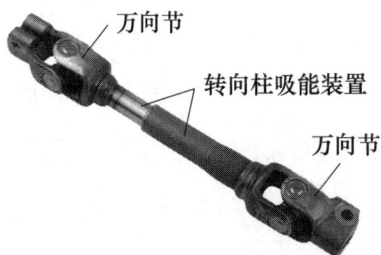

图 4-9 转向柱和万向节

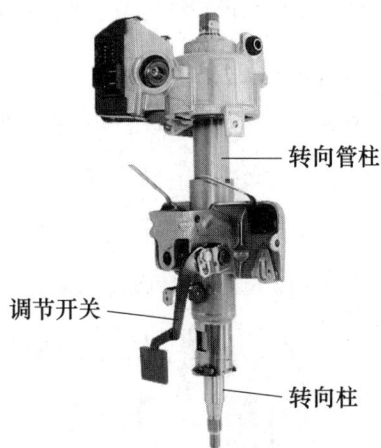

图 4-10 转向管柱

缓冲吸能式转向操纵机构具有吸收能量、减轻驾驶员受伤程度的作用，如图4-11所示。

缓冲吸能式转向操纵机构从结构上，能使转向柱和转向管柱受到冲击后轴向收缩、变形，吸收冲击能量，从而有效地缓和转向盘对驾驶员的冲击，减少驾驶员所受伤害的程度。常用的缓冲吸能式转向操纵机构有波纹管吸能式、钢球滚压吸能式、可分离式和网格管式等，如图4-12所示。

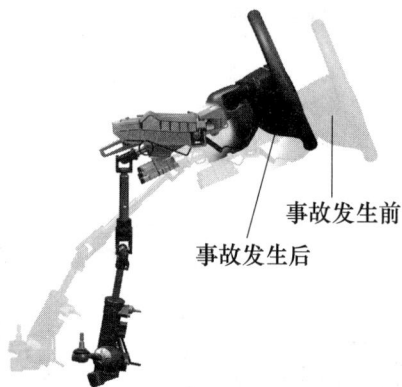

事故发生前
事故发生后

图4-11　缓冲吸能式转向操纵机构事故前后的对比

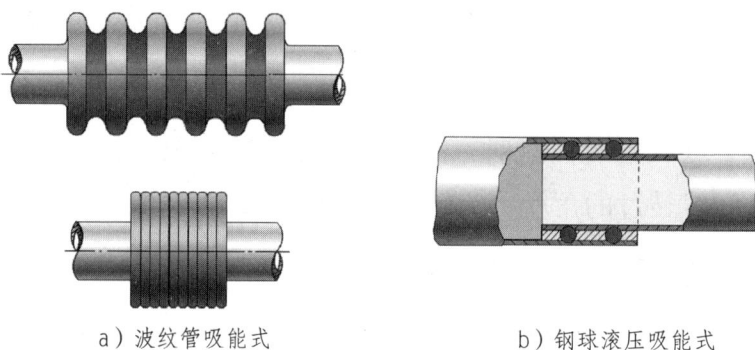

a）波纹管吸能式　　　　　　b）钢球滚压吸能式

图4-12　缓冲吸能式转向操纵机构

（二）机械转向器

转向器是完成由旋转运动到直线运动的一组齿轮机构，同时，它也是转向系统中的减速传动装置，并用于改变转向力矩的传动方向。目前较常用的有齿轮齿条式、循环球曲柄指销式、蜗杆曲柄指销式等。

1.齿轮齿条式转向器

齿轮齿条式转向器属于可逆式转向器，其正效率与逆效率都很高，自动回正能力较强。齿轮齿条式转向器主要是由齿轮和齿条啮合传动的，如图4-13所示。齿轮齿条式转向器是利用齿轮顺时针或逆时针的转动带动齿条左右移动，再通过横拉杆推动转向节，以达到转向的目的。转向器能增大驾驶员施加到转向盘上的力矩，并改变转向力和力矩的传递方向。齿轮齿条式转向器具有结构简单、轻巧、杆件少、操作灵敏等优点，目前轿车普遍采用齿轮齿条转向器。

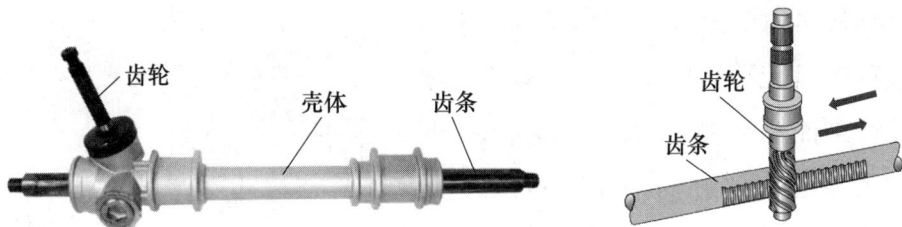

图 4-13 齿轮齿条式转向器外形和原理

为保证齿轮齿条无间隙啮合，如图 4-14 所示，补偿弹簧产生的压紧力通过压块将转向齿轮和转向齿条压靠在一起。弹簧的预紧力可以通过调整螺栓进行调整。

2. 循环球式转向器

循环球式转向器主要由钢球、螺母、螺杆、螺母外齿条、齿扇、摇臂轴和壳体等组成，如图 4-15 所示。循环球式转向器由两套传动副组成，一套是螺杆螺母传动副、一套是齿条齿扇传动副。当转动转向盘时，转向螺杆也随之转动，通过钢球将作用力传给螺母，螺母即产生轴向移动。同时，由于摩擦力的作用，所有钢球在螺杆与螺母之间滚动，形成"球流"。钢球在螺母内绕行两周后，流出螺母进入导管，再由导管流回螺母，随着螺母沿螺杆做轴向移动，其齿条带动齿扇运动，齿扇带动摇臂轴转动，从而使转向摇臂产生摆动，通过转向传动机构使转向轮偏转完成汽车转向。循环球式转向器最大优点是传递效率高，操纵轻便、工作可靠、使用寿命长。它的主要缺点是结构复杂、制造精度要求高、逆效率也高。

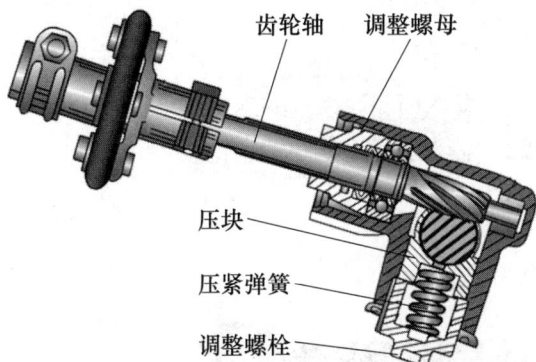

图 4-14 齿轮齿条式转向器间隙调整机构

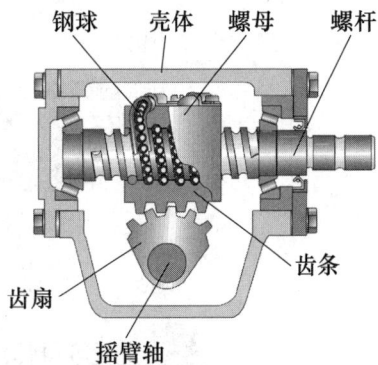

图 4-15 循环球式转向器

3. 蜗杆曲柄指销式转向器

蜗杆曲柄指销式转向器主要由转向器壳体、转向蜗杆、曲柄、指销和摇臂轴等组成，如图 4-16 所示。汽车转向时，驾驶员通过转向盘转动转向蜗杆，带动与其相啮合的摇臂轴曲柄端部的指销一起自转，同时以曲柄为半径绕摇臂轴轴线沿圆弧运动，并带动曲柄、摇臂轴摆动，实现汽车转向。蜗杆曲柄指销式转向器传动效率高、操纵轻便、磨损小、使用寿命长，但其逆传动效率

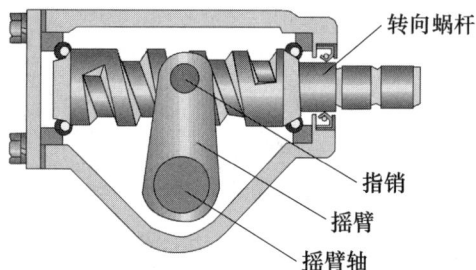

图 4-16　蜗杆曲柄指销式转向器

低，路面冲击力很容易反向传动至转向盘上，出现"打手"的感觉，因此它通常用于转向力较大的载货汽车上。

（三）转向传动机构

转向传动机构的功用是将转向器输出的力和运动传递到转向桥两侧的转向节上，使两侧转向轮偏转，且使两转向轮偏转角按一定规律变化，以保证汽车转向时车轮与地面的相对滑动尽可能小。

1. 转向直拉杆

转向直拉杆的作用是将转向摇臂传来的力和运动传给转向梯形臂，如图 4-17 所示。它所受的力既有拉力，也有压力，因此直拉杆都是采用优质特种钢材制造的，以保证工作可靠。在转向轮偏转或因悬架弹性变形而相对于车架跳动时，转向直拉杆与转向摇臂及转向节臂的相对运动都是空间运动，为了不发生运动干涉，上述三者间的连接都采用球销。很多轿车上不再设直拉杆。

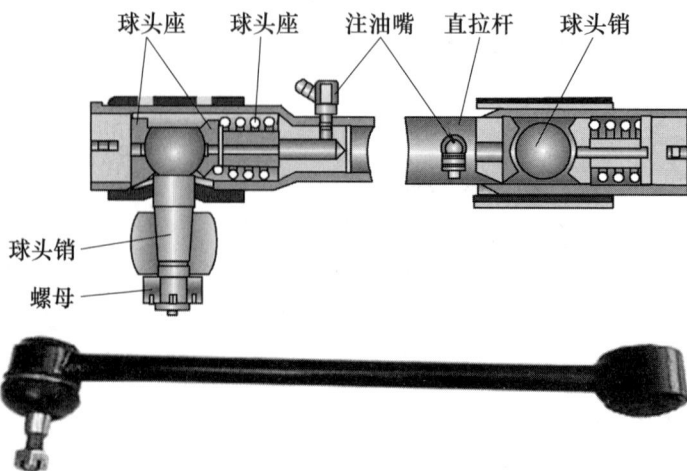

图 4-17　转向直拉杆

2. 转向横拉杆

齿轮齿条转向器的横拉杆可以安装在转向器两端，也可以安装在转向器中间位置，如图 4-18 所示。转向横拉杆由横拉杆和横拉杆接头等组成。横拉杆体用钢管制成，端面制有螺纹，与横拉杆接头连接。接头的螺纹孔壁上开有轴向切口，故具有弹性，安装到杆体上可用螺栓夹紧。由于左右横拉杆体两端是正反螺纹，因此，在旋松夹紧螺栓以后，转动横拉杆体可以向里或向外移动而改变其长度，用来调整前束值，如图 4-19 所示。

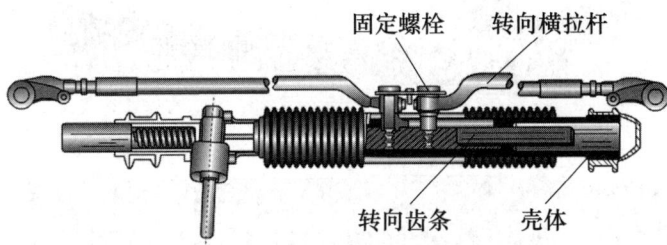

图 4-18 转向横拉杆位置

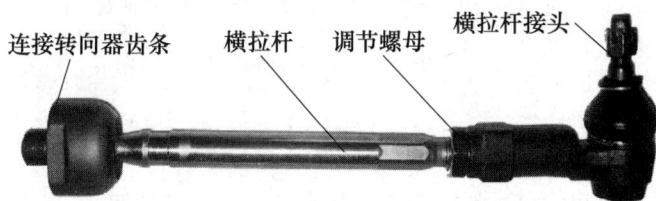

图 4-19 转向横拉杆

3. 转向梯形臂

转向直拉杆通过转向节臂与转向节相连，转向横拉杆两端经左、右梯形臂与转向节相连，如图 4-20 所示。转向节臂和梯形臂带锥形柱的一端与转向节锥形孔相配合，用螺母紧固后插入开口销将螺母锁住。转向节臂和梯形臂的另一端带有锥形孔，与相应的拉杆的球头销锥形柱相配合，同样用螺母紧固后插入开口销将螺母锁住。

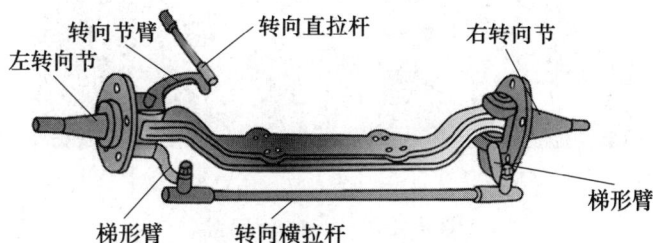

图 4-20 转向梯形臂

4.转向减振器

随着汽车车速的不断提高，现代汽车的转向轮有时会产生摆振，即转向轮绕主销轴线往复摆动，进而引起整车车身的振动，大大影响了汽车行驶的稳定性和舒适性，加剧了前轮轮胎的磨损。为此，越来越多的高速汽车在转向传动机构中安装了转向减振器。转向减振器一端与车身或前桥铰接，另一端与转向直拉杆或转向器铰接，其结构如图 4-21 所示。

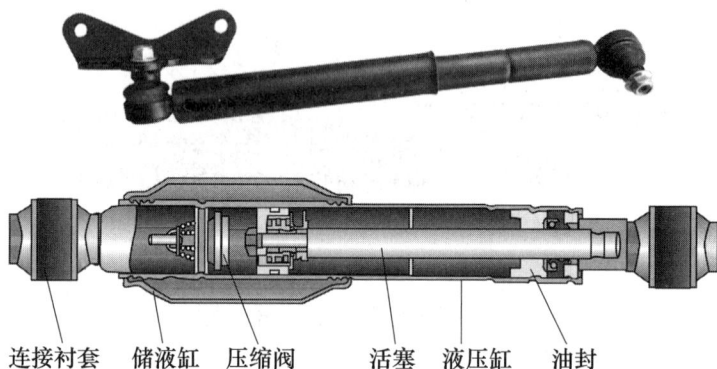

连接衬套　储液缸　压缩阀　　活塞　液压缸　油封

图 4-21　转向减振器

二、机械转向系统的拆装方法及注意事项

1）维修转向系统的转向盘、转向柱等部件时，需要断开蓄电池几分钟，并且避免敲击到安全气囊，以免损坏安全气囊或造成严重事故，具体可以参阅原厂维修手册安全气囊方面的相关规定。

2）转向盘没有回正时，不要将点火开关置于 ON（IG）位置。

3）检查转向盘是否处于中间位置，如果转向盘没有在中间位置，可以按图 4-22 所示方法拆下转向盘紧固螺栓或螺母，取下转向盘重新对中。

a）转向盘固定螺栓位置　　　b）转向盘固定螺栓拆卸方法

图 4-22　调整转向盘

4）拆装转向横拉杆时，需要使用两把呆扳手，一把呆扳手卡住转向横拉杆，用另一把呆扳手拧松转向横拉杆拧紧螺母。如图 4-23 所示，松开转向横拉杆球头锁紧螺母时，需要使用球头固定工具卡住球头。

图 4-23　拆装转向横拉杆球头的球头固定工具

三、机械转向系统的维修

1. 转向盘自由行程检查

一般来说，转向盘从相应于汽车直线行驶的中间位置，向任一方向的自由行程最好不超过 15°。当零件磨损严重到使转向盘自由行程超过 30° 时，必须进行调整。

1）使汽车前轮处于直线行驶位置。

2）将检查器的刻度盘和指针分别夹持在转向轴管和转向盘上，或如图 4-24 所示安装转向参数测试仪。

3）如图 4-25 所示，向左、向右侧轻轻推动转向盘，在转向盘外圆周上测量手感变重时（即轮胎开始转动），记下指针所划过的角度，就是转向盘自由行程。如该值在规定值之内，说明状况正常。

图 4-24　安装转向参数测试仪

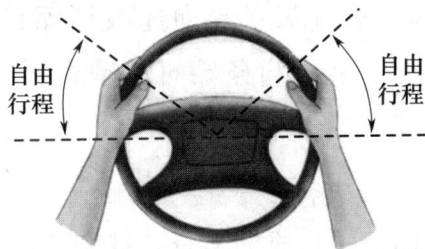

图 4-25　检查转向盘的自由行程

2. 转向盘自由行程过大的调整

1）检查轮毂轴承和转向节主销的间隙是否过大，出现此种情况，应调整。

2）检查转向节臂以及横、直拉杆的接头是否松动，如图 4-26 所示，检查时应对横拉杆进行拉动或撬动来检查其间隙，接头处应紧固，否则需要更换。

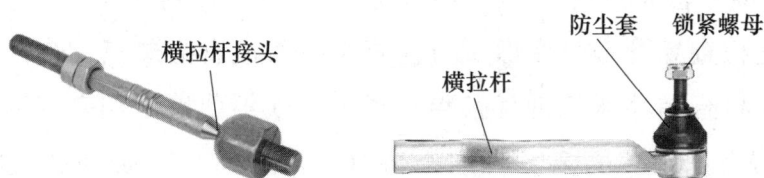

图 4-26　检查横拉杆接头和检查横拉杆球头

3）检查转向传动副的磨损是否过大。

4）机械式齿轮齿条式转向器和液压助力式的齿轮齿条式转向器的转向自由行程调整方法基本相同，主要是通过调整转向器传动副的啮合间隙来进行的。如图 4-27 所示，松开锁紧螺母，向里转动调整螺钉，使啮合间隙减小，自由行程变小；反之则增大。调整后路试，转向盘应自动回位不发卡。

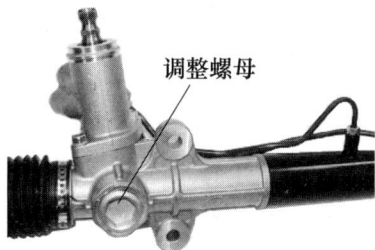

图 4-27　转向器自由行程调整螺母

3. 齿轮齿条式转向器部件维修

1）分解清洗后，检查转向齿轮与齿条的接触面有无磨损与损坏，转向器壳体上是否有裂纹，注意转向器上的零件不允许焊接或矫正，只能更换。

2）检查转向齿条是否挠曲，齿面是否磨损或损坏，齿条背面是否磨损或损坏。齿条挠度极限值为 0.15mm。如挠度超过规定值，则应更换齿条。要注意清洁齿条时，不可使用钢丝刷。

3）检查转向齿条衬套（图 4-28）是否磨损严重或存在其他形式的损坏。

4）检查转向齿条导向座或压缩衬套是否磨损或损坏，检查齿条导向座弹簧是否弹性减弱。如有不良情形，则予以更换。

图 4-28　横拉杆接头

4. 循环球式转向器部件维修

（1）摇臂轴总成的检查　如图 4-29 所示，检查花键和螺纹，花键损坏总和不得超过一条花键齿，螺纹损坏不得超过一整圈，否则应更换。轴颈若漏油，应检查圆度和圆柱度误差，若误差在规定范围之内，可通过更换轴承解决，若超过规定范围应先磨轴，再更换轴承。

检查齿扇，不得有缺齿、断齿现象，齿面不得有大面积斑点、烧蚀和台阶，否则应更换。调整螺钉，螺纹损坏不得超过一圈，否则应更换。

（2）螺杆螺母总成检查　如图 4-30 所示，将螺杆倾斜 45°，螺母应旋转自如，否则，先检查导管是否变形，再检查螺纹滚道有无斑点和烧蚀现象。如果都没有，则应检查循环球是否有破碎、严重磨损等现象。如果有则应更换。检查轮齿，不得有缺齿、断齿，齿面不得有大面积斑点、烧蚀和台阶，否则应更换。

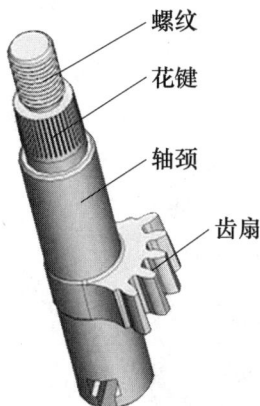

图 4-29 检查花键和螺纹　　　　图 4-30 螺杆螺母总成的检查

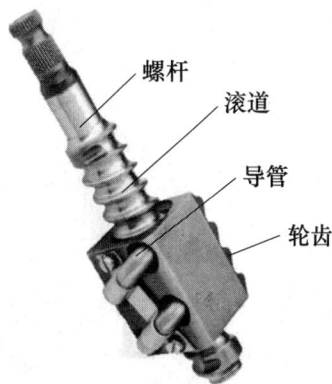

（3）轴承的检查　检查轴承的内、外圈和钢球不得有斑点、烧蚀，钢球应无破碎和缺损现象，否则更换轴承总成。

任务三　掌握液压助力转向系统的原理与维修

一、液压助力转向系统的工作原理

1. 液压助力转向系统的类型

动力转向装置按照传能介质不同可以分为液压助力转向和气压助力转向两类。其中机械液压助力转向发展最早，技术成熟、成本低廉，工作时无噪声，操作滞后时间短，而且能吸收来自不平路面的冲击，因而普及率高。气压助力转向系统主要用于采用气压制动的货车和客车。

机械液压助力转向是在传统的机械转向系统的基础上增加一套液压转向加力装置而构成的，一般由储油罐、转向助力泵、油管等部件构成，如图 4-31 所示。液压转向助力泵由发动机或助力电动机驱动，产生转向助力液压，经控制阀向转向动力缸提供一定压力和流量的工作油液。

2. 转向助力泵

转向助力泵是液压助力转向装置的动力源，其作用是将发动机的机械能变为驱动转向动力缸工作的液压能，再由转向动力缸输出的转向力，驱动转向轮转向，如图 4-31 所示。转向助力泵的结构类型有多种，常见的有齿轮式、转子式和叶片式，目前最常用的是双作用叶片式转向助力泵。

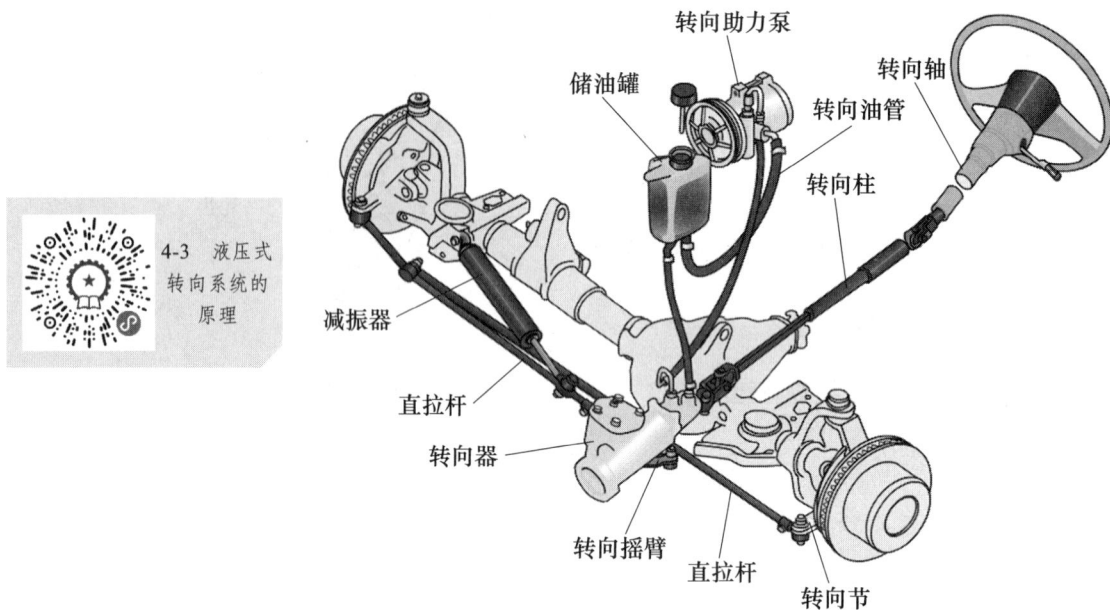

图 4-31　液压助力转向系统

双作用叶片式转向助力泵的工作原理如图 4-32 所示。当转子顺时针方向旋转时，叶片在离心力及高压油的作用下紧贴在定子的内表面上，其工作容积开始由小变大，从吸油口吸进油液；而后工作容积由大变小，压缩油液，经压油口向外供油。转子每旋转一周，每个工作腔都各自吸、压油两次。转向助力泵一般带有流量控制阀，它位于转向助力泵进油口和出油口之间，它可以限制转向助力泵的最大流量。

图 4-32　转向助力泵的结构和原理

电动液压转向助力泵（图 4-33）用于电动液压转向助力系统，这种系统和机械液压液力转向助力系统都有液压机构，采用电动转向助力泵不会消耗发动机的动力，发动机的油耗会更低。

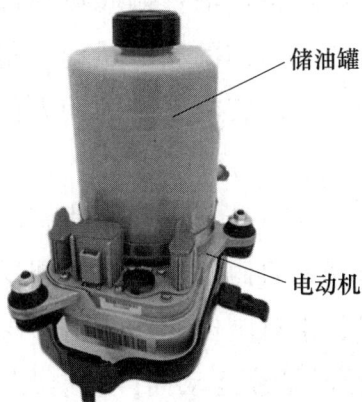

图4-33 电动转向助力泵的结构

3.动力转向器

常见的动力转向器包括齿轮齿条式动力转向器和循环球式动力转向器，轿车常用齿轮齿条式动力转向器，如图4-34所示，它是在机械式齿轮齿条转向器的基础上将动力缸活塞与齿条制成一体，结构简单。

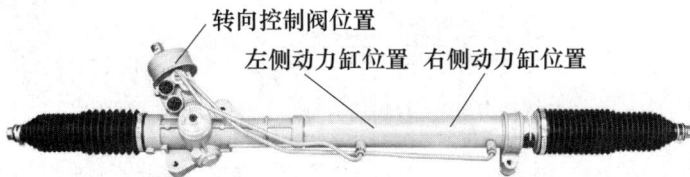

图4-34 齿轮齿条式动力转向器的结构

动力缸利用液压来扩大传送到转向传动机构上的转向力，动力缸缸体即转向器壳体，动力缸活塞即齿条活塞。如图4-35所示。当转向助力泵经转向控制阀向左侧动力缸提供液压时，液压推动活塞向右移动，右侧动力缸内的油液经过油管回到储油罐。

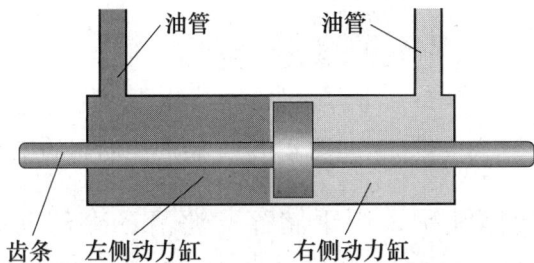

图4-35 动力缸工作原理图

转向控制阀是用来控制液压助力装置的油液流动方向的阀。它起到了控制转向助力装置的工作形式的作用。常用的控制阀按结构类型可分为滑阀式和转阀式两种转向控制阀，通过阀芯、阀体的相对运动，实现油路和油压的控制，从而推动动力缸中的活塞运动，实现转向系统的助力作用。其中转阀式控制阀在动力转向系统中运用较多。

转向控制阀工作原理如图 4-36 所示，汽车直行时（或转向盘保持不动时），阀芯处于中间位置，液压油毫无阻碍地流经控制阀返回到储油罐，转向盘转动时，转向齿轮轴通过带动阀芯相对阀体运动，由于阀的控制边口变化，液压油将进入转向器的动力缸内，推动活塞运动而产生推力。

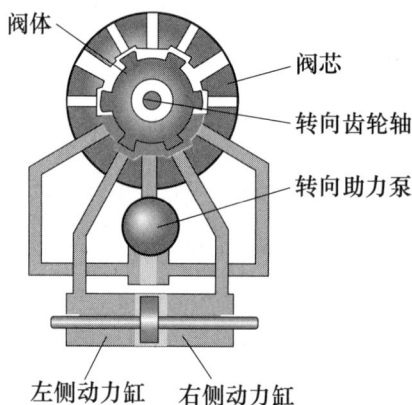

a）直行或转向盘保持不动时

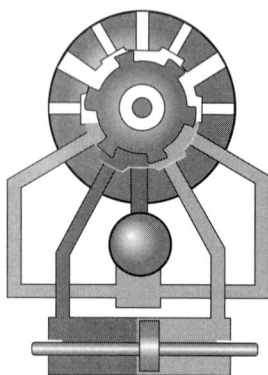

b）向右转

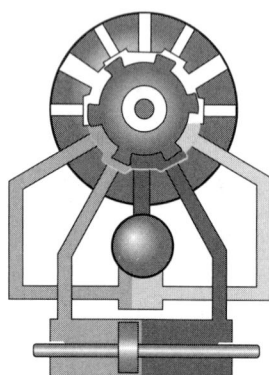

c）向左转

图 4-36　转向控制阀的工作原理

液压助力转向系统储油罐，用于储存、滤清、冷却助力装置的油液。必须定期检查储油罐的液面和油液质量。应查阅原厂用户手册，定期更换转向液压油。如图 4-37 所示，正常情况下储油罐液面应该处于"Max"（上限）与

"Min"（下限）之间，如果液面低于"Min"位置时，应加至"Max"位置。转向油管用于将压力油液从转向助力泵输送给转向控制阀、转向器等，并将回油最终导回储油罐。

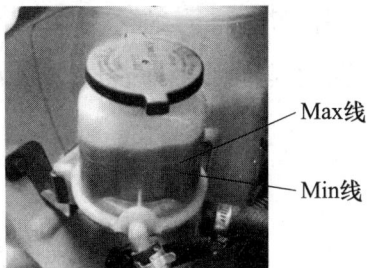

Max线

Min线

图 4-37 储油罐

二、液压助力转向系统的维护与调整

1. 转向液压油液位和油质的检查

1）检查储油罐液位是否合适。

2）检查转向液压油是否变质，转向液压油更换周期一般为两年或者 4 万 ~6 万 km。

3）检查及清洗转向储油罐，防止堵塞。

2. 转向助力泵及管路检查

1）检查液压系统管路有无漏油及管路有无老化。若有漏油或老化，应更换相应管路。检查管路有无与其他地方接触而发生摩擦的情况。

2）检查转向助力泵传动带有无裂纹、断裂等，若有裂纹应更换。

3）用手指下压转向助力泵传动带，检查传动带的松紧度，可通过传动带张紧轮调节到合适的松紧度。

任务四 掌握电控动力转向系统的原理与维修

一、电控动力转向系统的工作原理

电控动力转向系统根据动力源不同又可分为电控液压式动力转向系统和电控电动式动力转向系统。目前常见的是电控电动式动力转向系统。如图 4-38 所示，电控液压式动力转向系统是在传统的液压动力转向系统的基础上，增设了控制液体流量的电磁阀、车速传感器和电子控制单元等。电子控制单元根据检测到的车速信号，控制电磁阀，使转向动力放大倍率实现连续可调，从而满足高、低速时的转向助力要求。

电动电动式助力转向系统简称 EPS，它在转向盘固定不动时，可减少发动机损耗，增大输出功率，相比传统液压助力系统节能 0.3 ~ 0.4L/100km；电动式助力转向系统能实现在各种行驶条件下转向盘所得到的操作力都是最佳值；电动式助力转向系统还具有体积小，质量轻的优点。

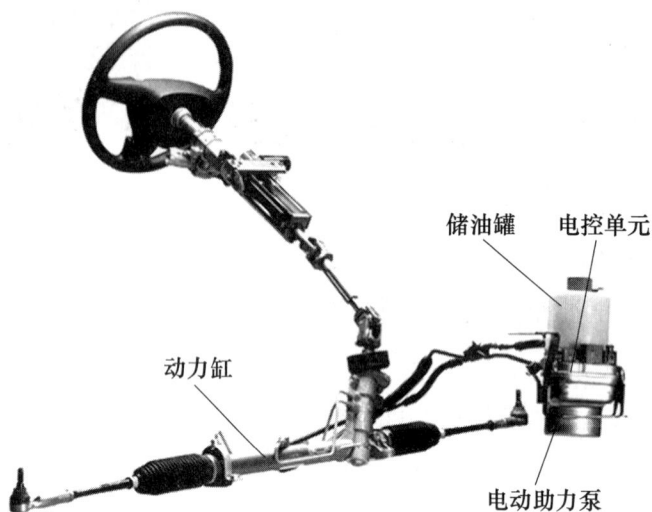

图 4-38 电控液压动力转向系统

（一）电控动力转向系统的类型

电动式助力转向系统电动机可以安装在转向齿轮上或转向齿条上，如图 4-39 所示。转向助力系统具备电控单元，可以对转向助力的大小进行调节，可以让低速转向轻便，高速转向沉稳。

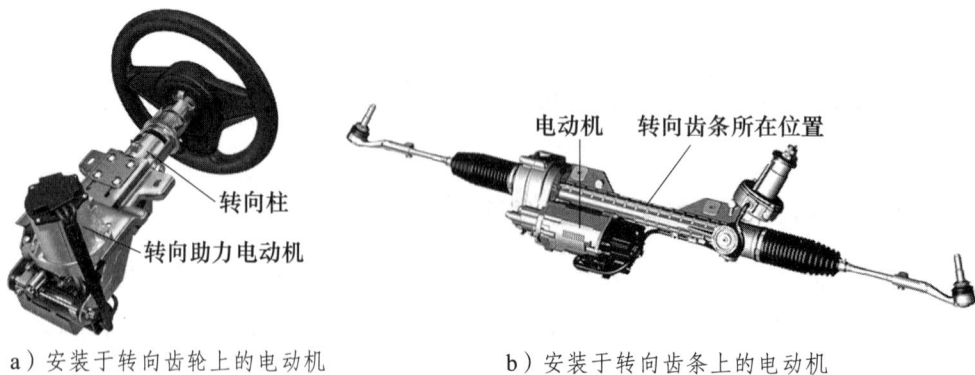

a）安装于转向齿轮上的电动机 b）安装于转向齿条上的电动机

图 4-39 电动式动力转向系统的类型

（二）电控动力转向系统的组成

电动式动力转向系统的控制原理，如图 4-40 所示，电动助力转向系统通常由转矩传感器、电动机、ECU、电控单元、车速传感器等组成。当驾驶员转动转向盘时，电控转向助力系统开始工作。安装于转向柱上的转向盘转角传感器将检测到的转向盘的旋转角度和旋转角速度，以电信号的方式送至控制单元。在此同时，作用在转向盘上的力矩经过驱动小齿轮传递，转向小齿轮旋转，转向力矩传感器检测到旋转力矩并将其传给控制单元。根据转向力、发动机转速、车速、转向盘转角、转向盘转速以及存储在控制单元中的特性曲线图，控制单元计算出必要的助力力矩并控制电动机开始工作。由电动机带动驱动小齿轮提供转向助力，从而驱动转向齿条。

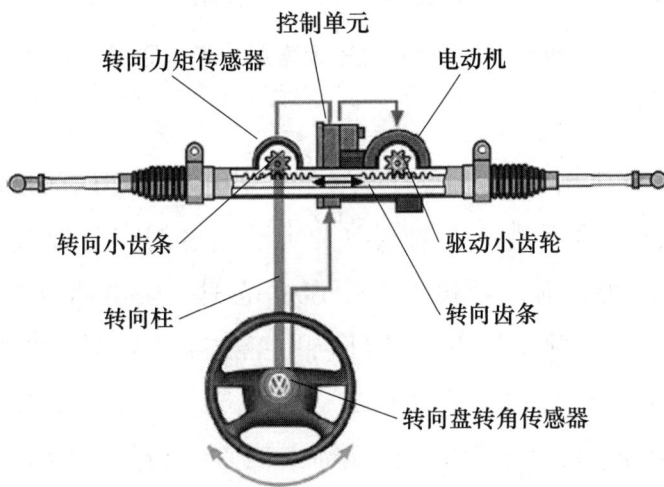

图 4-40 电控动力转向系统的组成

控制单元除了控制转向助力以外，还能控制转向系统主动回正和保持车辆直线行驶的性能。

1. 转向力矩传感器

转向力矩传感器能检测转向轴与转向器之间的相对力矩，及转向轴的转动方向，将参数转变成电子信号并输出到 ESP ECU。很多车型转向力矩传感器采用双传感器结构，因此可在出现故障时提高安全使用效率。如果在运行过程中识别出两个传感器的偏差超过允许限值，系统就会根据两个传感器数值中更可靠的信号继续计算，并确保整个 EPS 功能正常运行。

丰田车系多采用分相型转向力矩传感器，它是直接测量扭转杆扭转的变形量，并将其转为电信号。如图 4-41 所示，转向力矩传感器由分相器 1、2 及扭转杆组成。分相器 1 的转子部分固定于转向主轴，分相器 2 的转子部分固定于小齿轮轴，在扭转杆扭转后，两个分相器单元产生一个相对角度。

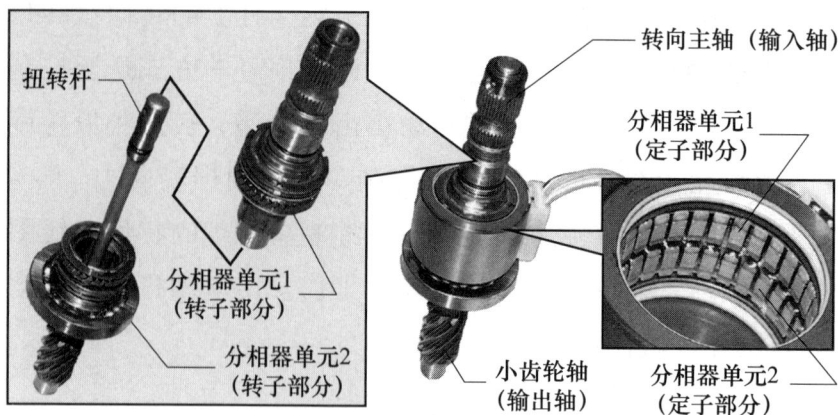

图 4-41　转向力矩传感器的工作原理

2. 电动机

电动式转向系统所用的电动机是将汽车专用电动机加以改进而来的。有的电动机转子外圆表面开有斜槽，有的则改变定子磁铁的中心处或端部的厚度。电动机工作有一定速度范围，若超出规定速度范围，则由离合器使电动机停转，并消除电动机惯性的影响。同时，当转向系统发生故障时，离合器分离，此时恢复手动控制转向，保证汽车正常行驶。无电刷转向电动机结构如图 4-42 所示，由于它本身不带有整流作用，所以需要内置转角传感器，通过电路切换对应转角信号的电流，结构复杂且成本高。

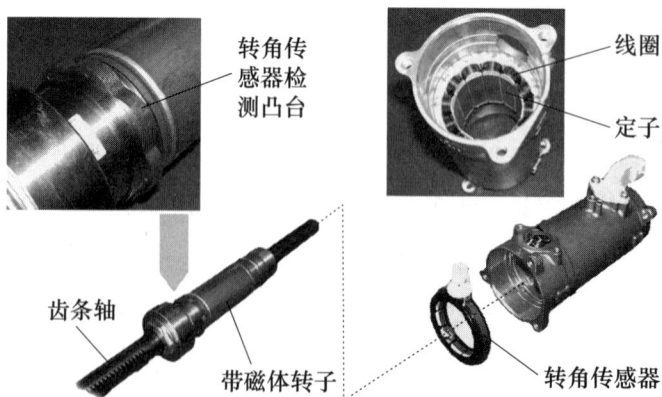

图 4-42　无电刷转向电动机

电动机位置传感器的测量原理与转向力矩传感器相同。转向力矩传感器设计用于探测较小的扭转角度，而电动机位置传感器设计用于探测较大的扭转角度。为提高使用效率，电动机位置传感器也采用双传感器结构。

3.电磁离合器

图 4-43 所示是一种电磁离合器的结构示意图,主要由电磁线圈、主动轮、从动轮、压板等组成。电磁离合器用于保证电动助力只有在预定的车速范围内起作用（有的车轮设置为 40km/h），电磁离合器还能消除电动机的惯性对转向的影响。当动力转向系统发生故障时,离合器还会自动分离,可利用常规转动系统实现转向。

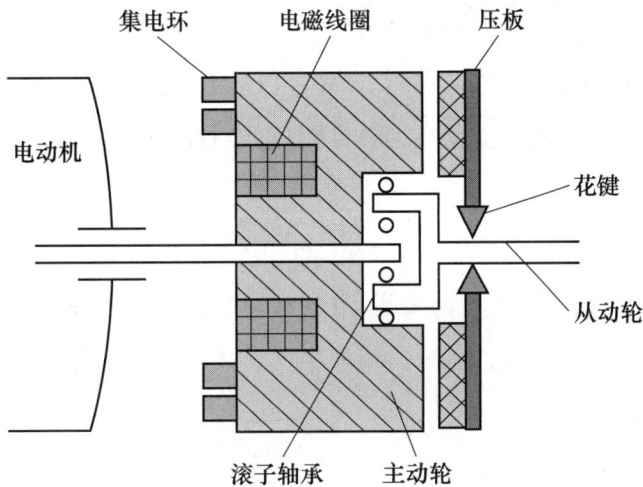

图 4-43　电磁离合器结构

4.减速机构

减速机构主要由蜗轮和蜗杆构成,蜗杆的动力来自于电磁离合器和电动机,经蜗轮减速增矩后,传送给转向轴,然后再通过转向机构其他部件传送给转向轮,以实现转向助力。

也有的减速机构由正时带传动机构和球螺纹驱动装置组成,如图 4-44 所示,电动机轴直接驱动转向传动机构的小齿轮,通过传动带和大齿轮使球螺纹驱动装置的螺母进行转动。该螺母带有一个滚子返回通道,在通道两端分别有一个连接

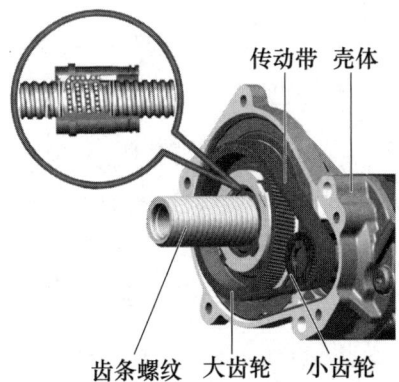

图 4-44　减速机构

齿条的球形螺纹放入滚子和从中取出滚子的机械机构。因此滚子在一个封闭的"循环回路"内移动。由于螺母无法沿齿条方向移动,因此在球形螺纹内移动的滚子会向齿条施加一个纵向方向的作用力。

5. 控制单元

EPS ECU 除了接收传感器信息进行运算处理以外，它还能监测动力转向系统温度。EPS ECU 内集成有一个温度传感器，EPS ECU 利用来自内部温度传感器的电压、电流和输入信号计算出转向系统温度的估计值。如果 EPS ECU 检测到转向系统温度过高，就会限制流向动力转向电动机的电流，电动机辅助动力量减少则转向系统温度会降低，可以防止对动力转向部件的热损坏。

二、电控动力转向系统的维修

当电控动力转向系统出现故障时，组合仪表内亮起 EPS 故障警告灯，提醒驾驶员电控动力转向系统出现故障，此时转向助力消失。如果更换了新的 EPS 转向器，还必须进行四轮定位。

1. 转向电动机的检查

2016 别克威朗 EPS 控制系统电路如图 4-45 所示，转向电动机安装在转向器

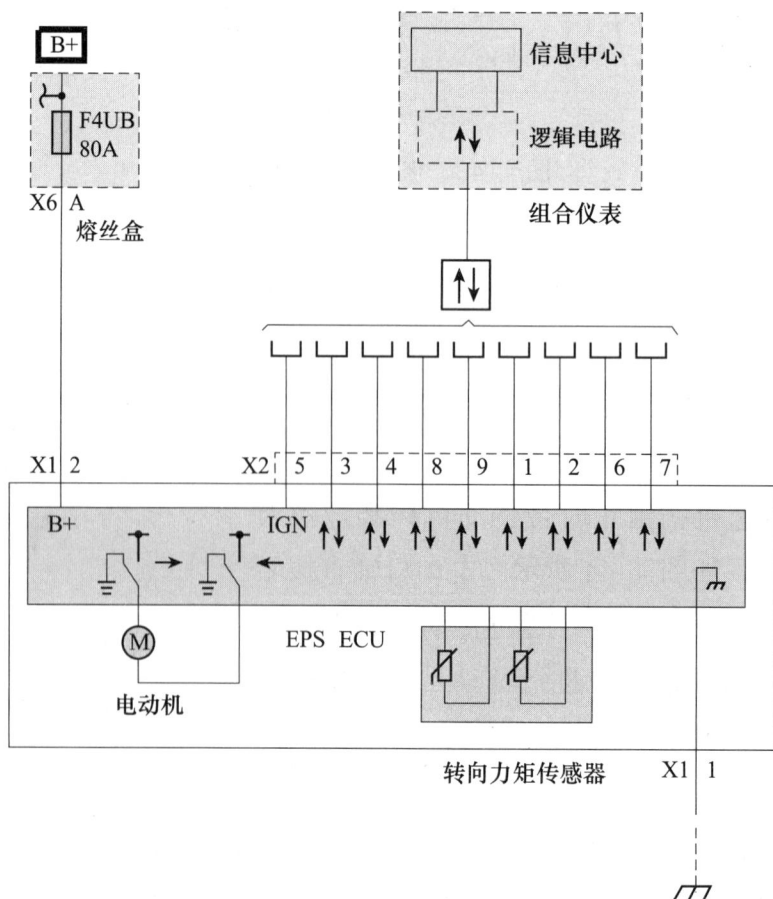

图 4-45　威朗 EPS 控制系统电路图

内部，它通过两条线连接 EPS ECU。EPS ECU 持续监测电动机的电压和电流量，当电动机所需要的电流量和电压与实际的电流量和电压的差值超过一定范围时，EPS ECU 存储故障码，同时点亮故障警告灯，此时电控动力转向控制系统不提供助力。

1）将点火开关置于"OFF"位置，关闭所有车辆系统，断开 EPS ECU 的 X1 线束插接器，所有车辆系统断电可能需要 2min 时间。

2）检测搭铁电路端子 1 和搭铁之间的电阻，看是否小于 10Ω，如不是则进行搭铁端子修理。

3）用测试灯检查 B+ 端子，确认 B+ 电路端子 2 和搭铁之间的测试灯点亮，如不亮则检查熔丝及相关电路。

4）检查电动机连接线束应无断路和短路，插接器应无松动或其他形式的损坏。

5）更换转向器总成。更换转向器后进行相应的设置，检查应没有相应的故障码，故障灯不再点亮。试车时，动力转向系统应恢复助力效果。

2. 转向沉重的检查

1）检查动力转向系统是否存在故障码，系统是否因过热产生保护限制了辅助力。

2）转向沉重除了受转向系统影响，还同时受到轮胎、悬架、车身等影响。所以，应检查轮胎压力和规格是否正常。

3）举升车辆，检查转向横拉杆是否卡滞或磨损。

4）检查转向器是否卡滞或磨损。

5）检查如无上述故障，更换转向器总成。

制动系统的工作原理与维修

任务一 制动系统的认知

一、制动系统的功能

制动系统主要的功能包括以下方面：使行驶中的汽车按照驾驶员的要求进行强制减速甚至停车；使已停驶的汽车在各种道路条件下稳定驻车，不会自动滑移，如图 5-1 所示；使下坡行驶的汽车速度保持稳定，以确保行车安全。

图 5-1 驻车

二、制动系统的组成

汽车制动系统一般由行车制动系统和驻车制动系统组成。行车制动系统主要用于汽车行驶时的减速和停车，它的主要组成如图 5-2 所示。它是由制动踏板、

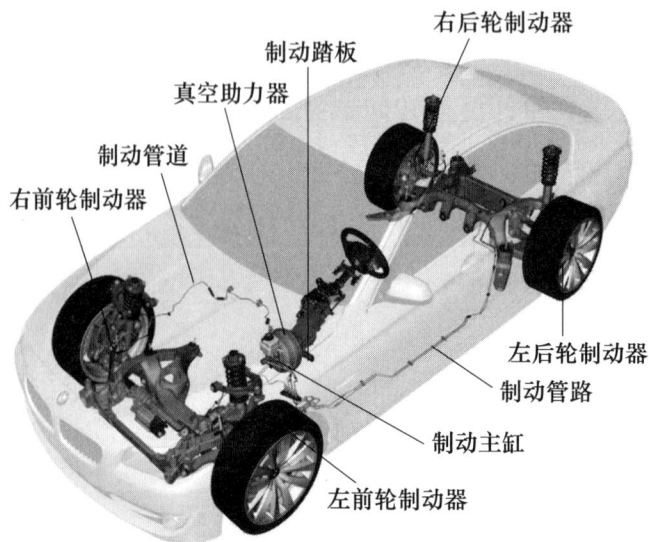

图 5-2 行车制动系统的组成

制动主缸、制动管路、真空助力器和车轮制动器组成的，由驾驶员用脚操纵制动踏板，通过液压或气压将踏板力传到制动器，利用制动器内旋转件与固定件之间的机械摩擦作用，使旋转的车轮减速或停止转动。

驻车制动系统俗称手刹，它用于使停驶的汽车驻留原地或辅助坡道起步。驻车制动系统一般由驾驶员用手操纵，部分车辆为了节省扶手箱的位置，设置为用脚操纵。驻车制动系统由操纵机构、拉索和制动器组成，如图 5-3 所示。有些车辆使用电子驻车系统，操作驻车开关，就可以实现驻车或解除驻车。

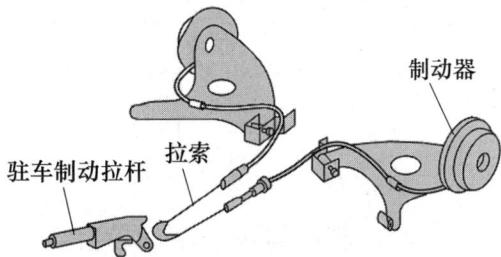

图 5-3　驻车制动系统

三、制动系统的工作原理

汽车制动系统原理是利用与车身相连的非旋转元件和与车轮相连的旋转元件之间的相互摩擦力，来阻止车轮的转动或转动的趋势，进而将运动着的汽车的动能转化为热能耗散到大气中。

汽车制动系统按传动介质可以分为两种，一种是液压制动系统，另外一种是气压制动系统。液压制动系统工作原理如图 5-4 所示，驾驶员踩下制动踏板使制动主缸建立油压，制动主缸内的制动液通过制动管路输送到每个制动轮缸，制动轮缸推动制动衬块夹紧制动盘，从而达到制动的效果；气压制动则是以高压气体为制动介质，再通过管路送到各个制动轮缸达到制动效果。

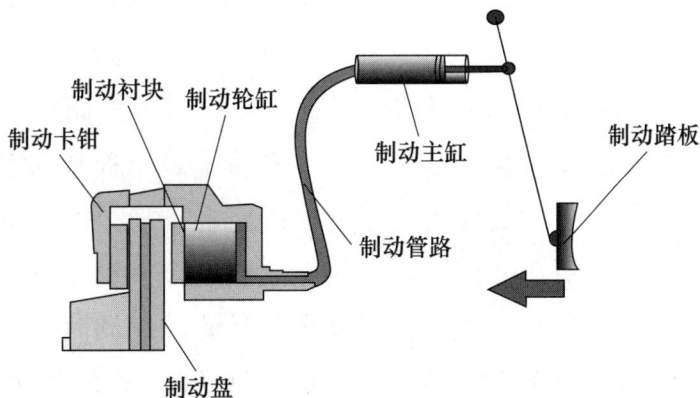

图 5-4　液压制动系统工作原理图

一、盘式制动器的结构

常见的车轮制动器分为盘式制动器和鼓式制动器。盘式制动器摩擦副中的旋转元件是以端面工作的金属圆盘，称为制动盘。制动盘安装在轮毂上，它和车轮一起旋转。制动时，制动活塞推动制动钳移动，制动衬块夹紧制动盘。制动衬块与制动盘发生摩擦，迫使车轮减慢或停止旋转。盘式制动器主要零部件包括制动盘、制动衬块、制动轮缸、制动钳、制动钳支架等，如图5-5所示。

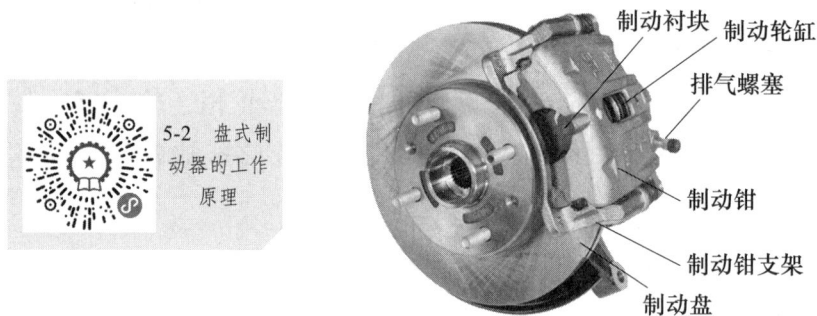

5-2 盘式制动器的工作原理

图5-5 盘式制动器

盘式制动器散热快、重量轻、构造简单、无需调整，特别是耐高温性能好，制动效果稳定，而且不怕泥水侵袭，所以很多轿车前后轮都使用盘式制动器。盘式制动器的不足之处在于摩擦片直接作用在圆盘上，没有自动摩擦增力作用，制动效能较低。

盘式制动器根据其固定元件的结构形式可分为钳盘式制动器和全盘式制动器。全盘式制动器主要应用在重型车辆上。它将金属背板和摩擦片都做成圆盘形，其接触面积大。钳盘式制动器按制动钳固定在支架上的结构形式可分为定钳盘式和浮钳盘式。如图5-6所示，定钳盘式制动器制动钳不能沿制动盘轴线方向移动，其内的两个活塞分别位于制动盘的两侧。制动时，制动液由制动主缸经进油口进入钳体中两个相通的液压腔中，将两侧的制动衬块压向与车轮固定连接的制动盘，从而产生制动力。

浮钳盘式制动器如图5-7所示，其制动钳通过导向销与车桥相连。制动时，制动液通过进油口进入制动轮缸，推动活塞及其上的摩擦块向右移动，并压到制动盘上，进而使得轮缸连同制动钳沿销钉向左移动，直到制动盘右侧制动衬块也压到制动盘上，夹住制动盘并使其产生制动力。

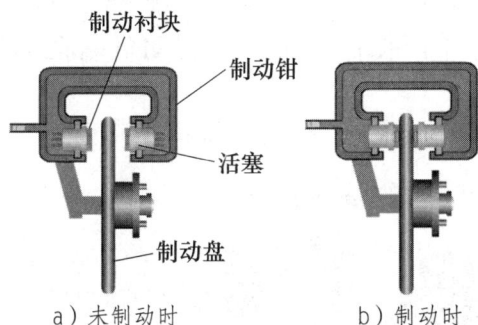

a）未制动时	b）制动时

图 5-6 定钳盘式制动盘

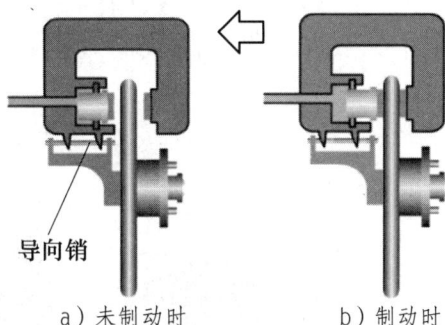

a）未制动时	b）制动时

图 5-7 浮钳盘式

1. 制动盘

制动盘是盘式制动器的摩擦偶件，除应具有作为构件所需要的强度和刚度外，还应有尽可能高而稳定的摩擦系数，以及适当的耐磨性、耐热性、散热性和热容量等。

制动盘的结构分为实心型、通风型和复合型两种。如图 5-8 所示，通风型制动盘可降低温升 20%~30%。目前市场上大多数轿车均采用通风型制动盘，其厚度在 20 ~ 22.5mm 之间。通风型制动盘在圆周方向或制动盘内有很多散热孔，制动盘中心散热孔会加剧制动摩擦片的磨损，降低制动摩擦片的耐用性。制动盘中心有螺栓孔，通过螺栓固定在轮毂上。复合型制动盘用于部分轿车的后轮，其中心部分是制动鼓，用于驻车制动。

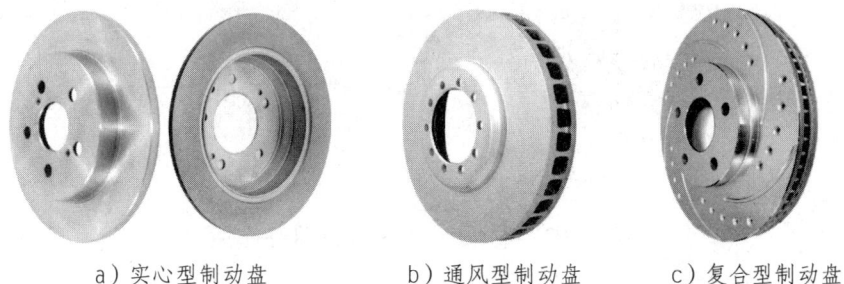

a）实心型制动盘	b）通风型制动盘	c）复合型制动盘

图 5-8 制动盘

2. 制动轮缸

制动轮缸是向制动盘施加作用力的部件，制动主缸产生的液压最终作用在轮缸内部的活塞上，活塞会推动制动衬块夹紧制动盘，其结构如图 5-9 所示。制动轮缸壳体因其形状是钳型，所以称之为制动钳。制动钳支架与转向节通过螺栓连接，它是制动器的基础件。浮钳式制动钳浮装于制动钳支架上，可相对支架进行移动。制动钳壳体内有一个或两个工作缸，装有活塞，活塞的一端有橡胶密封圈和防尘罩，两块制动衬块通过保持弹簧装在支架上，制动盘装在前轮轮毂上。

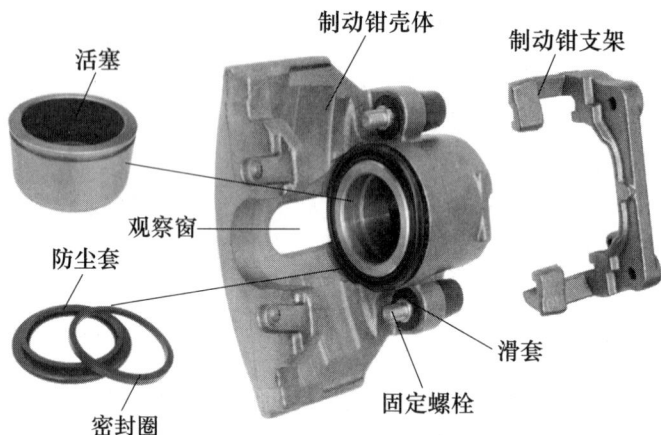

图 5-9　制动轮缸

盘式制动的活塞可以自动向前移动，来保持制动盘和制动衬块之间恒定的间隙。如图 5-10 所示。制动时，活塞将压力作用到制动衬块上时，油封的矩形截面形状被压力改变，当松开制动踏板时，油封返回其原始形状，活塞仅缩回足以保持制动盘和制动衬块之间设定的距离的大小。

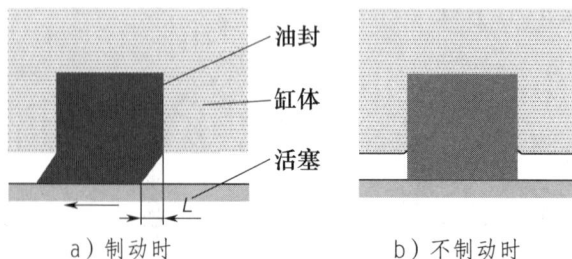

图 5-10　制动轮缸油封的回位作用

3. 制动衬块

制动衬块俗称刹车片，一般由钢板、黏接隔热层和摩擦块构成，钢板要经过涂装来防锈，隔热层是由不传热的材料组成，目的是隔热。如图 5-11 所示，摩擦块由摩擦材料、黏合剂组成，制动时它被挤压在制动盘上产生摩擦力，从而达到使车辆减速制动的目的。由于摩擦作用，摩擦块会逐渐被磨损，磨损至磨损极限后就需要更换制动片。很多制动块上安装厚度传感器或者磨损指示板，通过仪表显示或声音来提醒需更换制动块，如图5-12所示。

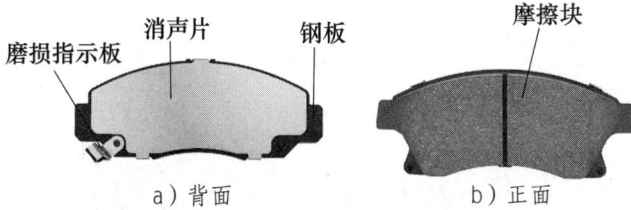

5-2 制动摩擦片的工作原理

图 5-11 制动衬块

图 5-12 带有传感器式的制动块

二、盘式制动器的拆装注意事项

1）将车停稳，使用举升机或千斤顶支起车身位置要合理。在拆卸轮胎前，锁止举升机或使用机械支架支撑车辆（图5-13）。

2）拆卸时可以参考原厂维修手册，可以参考5-14图。一般拆卸制动轮缸的步骤为：拆卸车轮；吸出或排净制动液；拆卸制动轮缸上制动软管；拆卸制动滑销和固定螺栓，取下制动轮缸；拆卸制动衬块、消声片及支承板等。

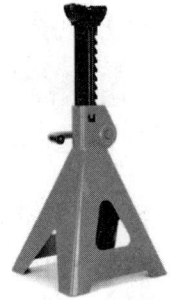

图 5-13 机械支架

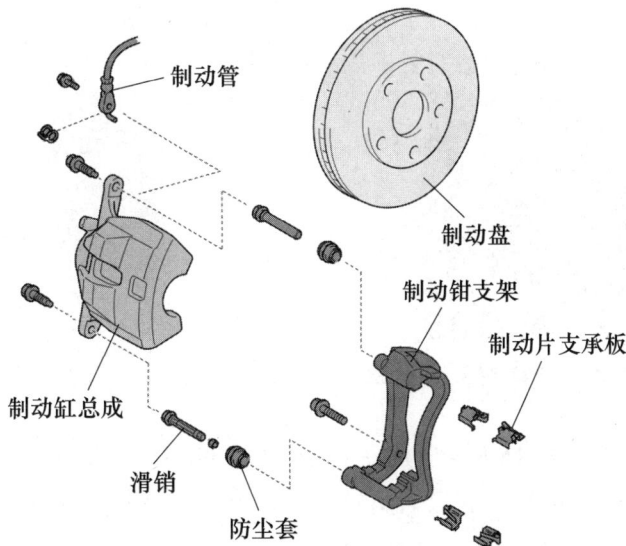

图 5-14 卡罗拉左前轮制动器

3）如图 5-15 所示，拆卸时注意支承板的安装方向，安装时要确保每个制动衬块支承板都安装至正确的位置和方向。

4）如果仅仅是更换制动衬块，可以不拆卸制动钳支架，只需将制动钳翻转。拆下制动轮缸并用绳索固定好，使制动软管不受拉伸或折弯。不能脱开制动软管，否则制动液会流出，造成空气进入软管等不良后果，如图 5-16 所示。

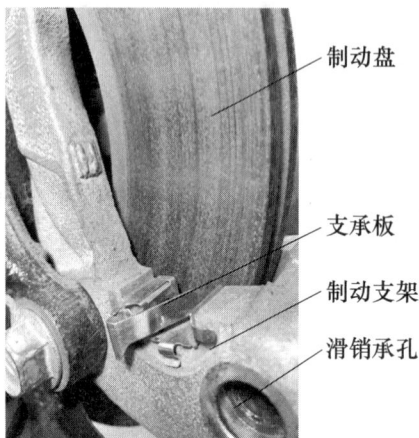

图 5-15 支承板位置

图 5-16 翻转制动钳

5）用胶布缠绕在螺钉旋具刃口处，拆下制动轮缸防尘套定位环和制动轮缸防尘罩，如图 5-17 所示。用台虎钳夹住制动轮缸壳体，用压缩空气从制动器钳体中压出活塞，为防止活塞受损，可以在活塞前方放置一块木块，如图 5-18 所示。

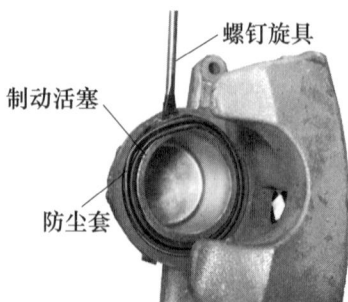

图 5-17 拆下制动轮缸防尘罩

图 5-18 压出活塞

6）在制动钳安装前转动制动盘，应转动灵活无发卡现象，否则应该检查轮毂轴承和半轴等是否异常。安装制动钳后，再次转动制动盘，应转动轻松，用弹簧秤测试，阻力应该不大于 120N，如图 5-19 所示。

a）未安装制动钳时　　　　　　b）安装制动钳时

图 5-19　制动盘转动阻力的测试

7）安装新制动衬块前，为了防止推进活塞时，制动液从制动系统储液罐中溢出，应在此之前使用类似图 5-20 所示的抽吸工具抽吸少量的制动液。否则，可能引起制动液外溢，损坏车身表面油漆。

8）如果推入活塞困难，在推入活塞的同时松开排气螺塞以便排放一些制动液，如果拆下了排气螺塞，在安装完制动衬块后，需要给制动管路排放空气。安装新制动衬块后，需要检查制动液液位。因为新制动衬块较磨损后的旧制动块厚，所以要使用压入工具，将活塞推入，如图 5-21 所示。

图 5-20　制动液抽吸工具

9）安装制动衬块时，在制动衬块两端与制动钳支架接触部位，在制动衬块背面与制动块垫片接触部位，在上下滑销上，滑套内部（图 5-22）等有较大摩擦力的部位涂上润滑脂。要注意不能让制动盘和制动块沾到润滑脂，否则制动效能将降低。

制动活塞

制动活塞压
入专用工具

图 5-21　压回制动轮缸活塞

下滑销　防尘套　制动钳支架

图 5-22　制动器下滑销位置

10）在拆装制动器过程中，注意不能往轮胎紧固螺栓上涂敷油液，不能让润滑油或润滑脂沾到轮胎上或制动衬块摩擦片表面。

11）安装制动卡钳后，将变速器置于空档或 P 位，起动发动机，停车时用力将制动踏板踩到底数次，让制动轮缸及制动块处于适当的位置。制动器维修完毕后应进行路试。

更换制动块后，为了磨合制动衬块和制动盘以确保它们的性能和寿命，必须通知用户在安装新制动块后的 200km 内避免紧急制动或长时间的制动。

三、盘式制动器的维修

1. 制动盘的维修

1）检查制动盘有无异常磨损或损坏。如图 5-23 所示，制动盘在长期的使用中会出现有较深伤痕、高温烧损、裂纹等异常损坏，如存在以上情况，应将其维修或更换。

a）较深的伤痕   b）高温烧损   c）裂纹

图 5-23　制动盘的异常损坏

2）检查制动盘的厚度和平行度的检查。距制动盘端面外边缘 10mm 位置，沿圆周 8 个等分点处，用千分尺测量制动盘厚度，如图 5-24 所示。卡罗拉轿车制动盘厚度标准值为 24.5mm，极限值为 22.4mm，最大值与最小值的差值即为平行度，8 个测量值中厚度之差不能大于 0.015mm，否则需要维修或更换制动盘。

3）检查制动盘轴向圆跳动。制动盘轴向圆跳动过大，会使制动踏板抖动和摩擦片磨损不均匀，两边制动盘的轴向圆跳动相差过大，也会使制动时两边制动器的制动力不一致，导致制动跑偏。因此，需要对制动盘端面进行轴向圆跳动检测。

如图 5-25 所示，将百分表支架固定在减振器或转向节上，调整支架臂的位置，使百分表的测量头放置在距制动盘边缘大约 10mm 的位置。转动制动盘至少一周，百分表指针的波动范围即是盘面的轴向圆跳动量读数，制动盘轴向圆跳动量应小于 0.05mm。制动盘轴向圆跳动量过大时，应该对轮毂进行检修。

图 5-24 检查制动盘厚度及平行度

图 5-25 检查制动盘的轴向圆跳动

2. 制动轮缸的维修

1）检查制动轮缸中是否有液体渗漏，如果是密封环渗漏，选择专用维修包中的零件进行更换。

2）检查活塞和制动轮缸座孔是否生锈或有划痕，如有损伤，更换制动轮缸。

5-2 盘式制动器的检查或更换

3）检查浮钳式制动钳移动是否灵活，检查及润滑导向销及衬套。清洗制动钳壳体时应使用无水乙醇，如果使用汽油清洗，可能会造成防尘套或油封损坏。

3. 制动衬块的维修

制动衬块摩擦片属于易损零配件，在使用过程中磨损过甚，会减弱制动效果。通常情况下，一副全新的摩擦块厚度在 15mm 左右，如果摩擦块磨损到小于 5mm 时，需要更换。如图 5-26 所示。更换磨损的制动块，同一车轴上的两块制动块一同更换，而且消声垫片和磨损指示板必须连同制动块一起更换。

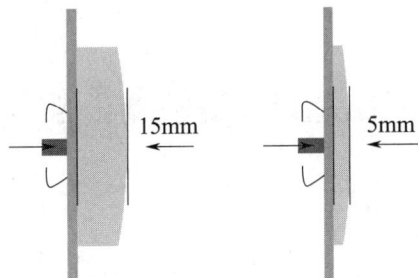

图 5-26 制动衬块摩擦片磨损情况对比

测量制动衬块摩擦片厚度，通常有两种方法。一种是卸下制动衬块，使用游标卡尺测量厚度。另一种是使用制动衬块摩擦片厚度尺就车测量，如图 5-27 所示，当制动衬块只有 2~3mm 后，就必须更换制动衬块。

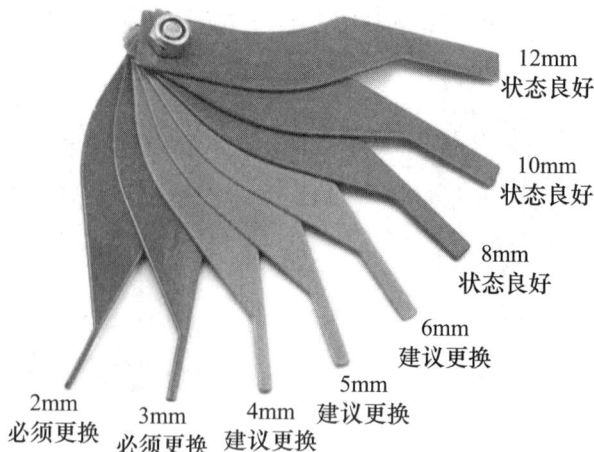

图 5-27　制动衬块摩擦片厚度尺

4.检查制动管

1）检查制动管固定是否良好，卡子是否缺失，检查制动管接头等部分是否有液体渗漏，如图 5-28 所示。

2）检查制动管路是否有凹痕或者其他损坏。

3）检查制动软管是否扭曲、磨损、开裂、隆起等。

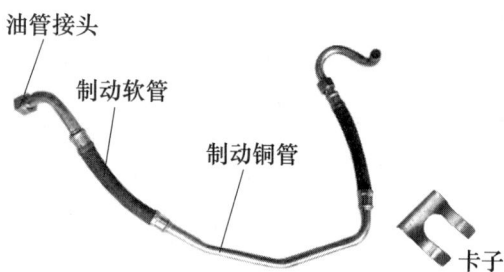

图 5-28　制动管路和卡子

4）如果需更换前轮制动器软管，要注意不要弯曲或损坏制动管路，不要让任何异物进入制动管路。

任务三　掌握鼓式制动器的结构与维修

一、鼓式制动器的结构

鼓式制动器在制动过程中散热性能和排水性能差，容易导致制动效率下降，一般用于轿车后轮及大型车辆。

鼓式制动器的结构和原理如图 5-29 和图 5-30 所示，鼓式制动器主要由制动鼓、制动蹄片、制动轮缸、复位弹簧等组成。汽车行驶时，制动鼓安装在车轮上，它和车轮一起旋转，而制动蹄片是固定在制动底板上的，此时不工作。当驾驶员踩下制动踏板时，在制动轮缸的作用下，制动蹄片上端向外张开，制动鼓被抱紧，制动鼓和制动蹄片发生摩擦，迫使车辆降速或停车。

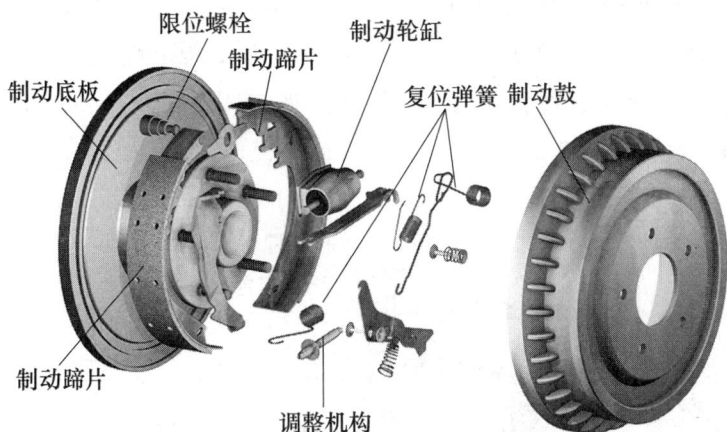

图 5-29　鼓式制动器的结构

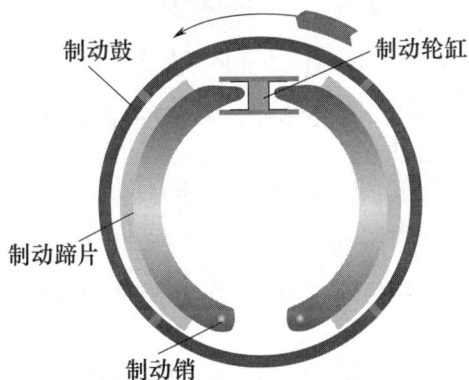

图 5-30　鼓式制动器的原理

5-3　鼓式制动器的工作原理

1. 制动鼓

如图 5-31 所示，制动鼓为制动器旋转部分，它通过 4 个或更多个螺栓固定在制动轮毂上。制动鼓通常为浇铸件，对于受力小的制动鼓也可以用钢板冲压而成。制动鼓除了要求具有一定的强度和刚度外，还应有尽可能高而稳定的摩擦系数，以及适当的耐磨性、耐热性、散热性和热容量等。

2. 制动轮缸

鼓式制动器制动轮缸的作用是将使制动蹄张开。

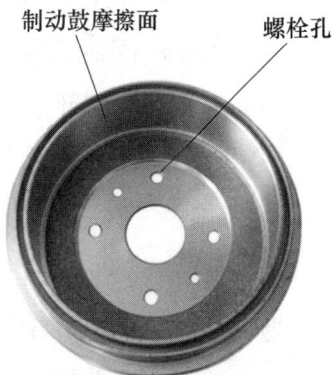

图 5-31　制动鼓

鼓式制动轮缸主要分为双活塞式和单活塞式两类。鼓式制动器双活塞式轮缸结构如图 5-32 所示，它由缸体、活塞、油封和排气螺塞等组成。缸体位于两个制动蹄之间，它是用螺栓固定在制动底板上，缸内有两个铝合金制成的活塞，两个刃口相对的活塞油封由弹簧压靠在两个活塞上，以保持两皮碗之间的进油孔畅通。活塞油封是可以保持制动轮缸缸体和活塞之间的油密封的橡胶部件。活塞外端与制动蹄配合，缸体两端防尘套用于防止尘土和水分进入，以免活塞与缸体腐蚀而卡死。

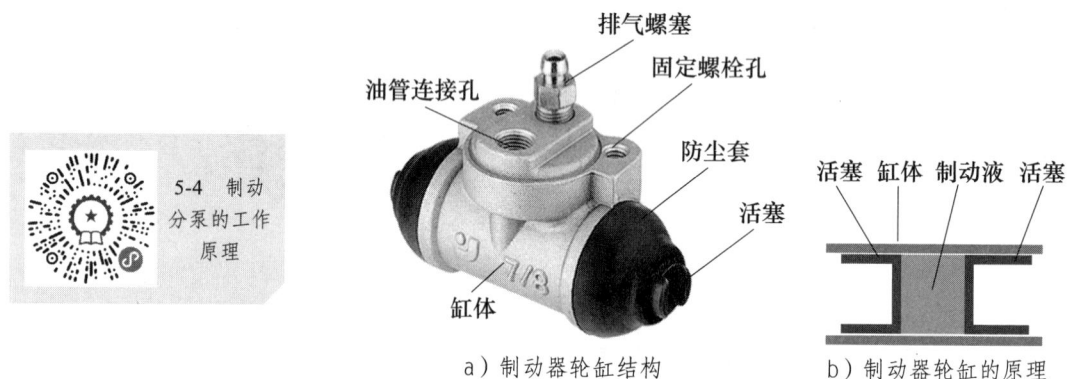

a）制动器轮缸结构　　　　　　b）制动器轮缸的原理

图 5-32　制动轮缸的结构和原理

当汽车制动时，制动轮缸受到制动液压力的作用，活塞在液压力作用下顶出活塞推动顶块，使制动蹄片张开，压向制动鼓产生制动作用。当松开制动踏板，制动液压力消失，在复位弹簧作用下活塞恢复原来位置，同时，制动蹄片与制动鼓脱离即解除制动。

3. 制动蹄片

制动蹄片是制动器的固定部分，制动蹄常用钢板冲压后焊接而成，制动摩擦片采用黏接或铆接的方式固定在制动蹄上，如图 5-33 所示。制动摩擦片属于消耗品，当磨损到极限位置时必须更换，否则将降低制动效果，易造成安全事故。

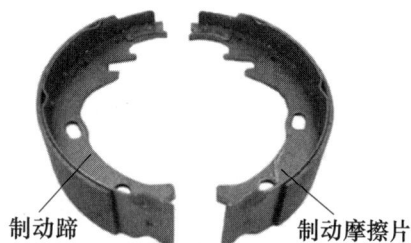

图 5-33　制动蹄片

4. 间隙调整机构

制动蹄片在不工作时，制动蹄片与制动鼓应保留合适的间隙，一般为 0.25～0.5mm。如果间隙过小，就不易保证彻底解除制动，造成摩擦副拖摩；如果过大，制动踏板行程就会太长。制动器工作过程中，制动蹄片上摩擦片的不断磨损将导致制动器间隙逐渐增大，会影响制动效果。因此，需要调整制动鼓和制动蹄片之间的间隙。鼓式制动器调整间隙的方法有手动调整和自动调整。

使用装有限位摩擦环的制动轮缸，就可以通过运用制动踏板调整制动间隙。如图 5-34 所示，限位摩擦环压入轮缸后，与轮缸壁摩擦力可达 400～500N。因为限位摩擦环和特殊结构的活塞之间有一定的间隙△，所以在轻踩制动踏板时，制动轮缸无法带动摩擦环移动，制动间隙也未能调整。一次完全制动后，轮缸液压将活塞连同摩擦环推出，解除制动后，因为限位摩擦环与轮缸之间存在大的摩擦力，制动蹄片只能回复到活塞处于新位置的限位摩擦环接触为止，因此，摩擦环与缸壁之间的这一不可逆转的轴向位移，补偿了制动器的过量间隙，自动调整到间隙设定值。

有些制动器在推力板上安装楔杆来自动调整间隙，如图 5-35 所示。该鼓式制动器两个制动蹄之间有一制动压杆相连，楔杆的水平弹簧使楔杆与制动压杆之间产生摩擦，防止楔杆下移，楔杆的垂直弹簧的弹力使楔杆有下移的趋势。若制动间隙正常时，楔杆静止不动。

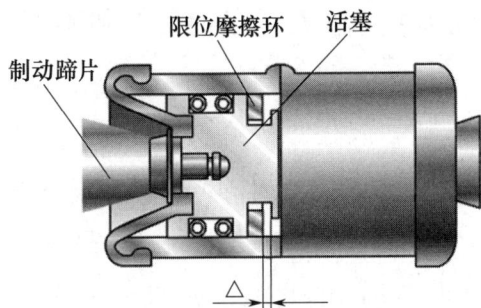

图 5-34 带摩擦限位环的轮缸

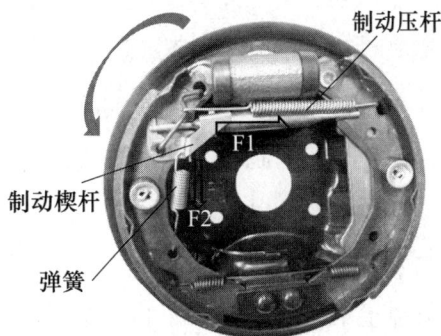

图 5-35 鼓式制动器制动蹄自调装置

制动间隙的自动调整是在驻车制动器处于完全松开状态，行车制动发生作用时进行的。当制动间隙大于规定值时，制动蹄张开的行程加大，垂直弹簧的弹力 F_2 也增大，此时，F_2 大于 F_1，迫使楔杆下移。同时，制动压杆的水平弹力也被加大，摩擦力 F_1 也相应增大，楔杆与制动压杆在新的位置上处于静止状态。

常见鼓式制动器手动调节制动间隙装置由推杆、调节螺母和推杆套等组成，如图 5-36 所示。调节螺母左端通过螺纹与推杆螺栓连接，右端套在推杆套上。

调节螺母靠左端带有一个齿轮，通过取下制动底板上的防尘胶套，可以用螺钉旋具拨动调节螺母的轮齿。拨动调节螺母上的轮齿，就可以改变推杆与调节螺母的位置，也就会改变推杆螺栓和推杆套的距离，即可改变制动间隙。

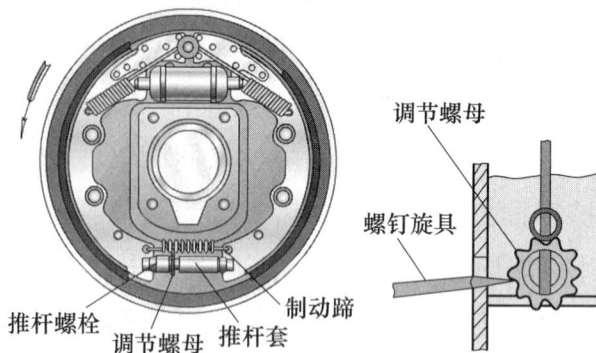

图 5-36　手动调节制动间隙装置

二、鼓式制动器的拆装注意事项

1）如果鼓式制动器内有驻车制动器，拆卸前应该解除驻车制动。同时，做好防护措施，防止车辆翻倒或移动。

2）汽车行驶一定里程后，如果只需要检查制动蹄片的状态，可以把制动器的堵盖卸下，从观察处检查而不必拆卸制动器，摩擦衬片的厚度一般不能小于1mm。

3）由于生锈制动鼓被卡在后桥法兰中，制动鼓很难拆卸。可以将螺栓拧入两个检查孔中将制动鼓顶出。如果制动蹄片和制动鼓之间的间隙太小，拆卸制动鼓前，应先使制动蹄回位。例如，天津威驰轿车后轮制动器可以通过调整孔，用螺钉旋具拨动调整轮来调大制动蹄片和制动鼓之间的间隙，如图 5-37 所示。

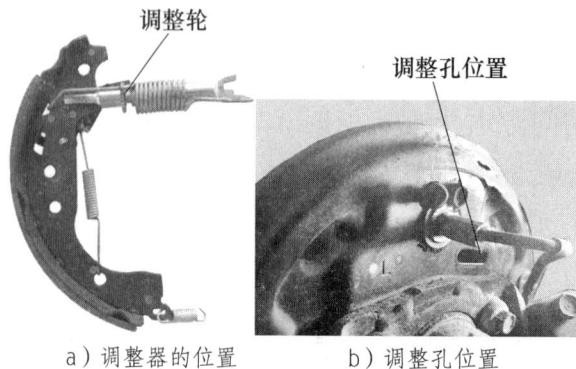

a）调整器的位置　　　　b）调整孔位置

图 5-37　制动鼓和制动蹄片间隙调整位置

4）拆下复位弹簧时，用尖嘴钳夹住复位弹簧向外拉，安装时使用螺钉旋具将复位弹簧挂入相应的孔中，如图5-38所示。

图5-38 拆下复位弹簧

5）按以下顺序可以拆下制动蹄片。拆下定位销，拆卸带调整器的制动蹄片，脱开驻车制动器拉索，拆下调整器，如图5-39所示。

图5-39 拆下制动蹄片

6）如果需要拆卸制动轮缸，在完成作业后，需要排除制动管路中的空气。制动鼓拆下后，不能踩制动踏板。

7）安装前用砂纸彻底清理制动蹄片和制动鼓内表面上的油污及灰尘。

8）在制动蹄片安装前，在滑动面上抹涂少量高温润滑油脂，注意不要让润滑脂沾到制动蹄摩擦片和制动鼓上。滑动面包括推杆、推杆套和制动蹄接触部位，驻车制动拉杆上销钉和制动蹄接触部位，自动调节拉杆与制动蹄接触部位等等。

9）所有工作完成后，起动发动机，用力踩制动踏板五次左右，让制动蹄片与制动鼓的间隙自动调整到正常值，或者手动调整制动蹄片与制动鼓的间隙到正常值。

10）检查和确认制动鼓无卡滞，制动正常后，将车从升降机上放下来并进行制动试验。告知驾驶员，新制动蹄片需要磨合一定的里程，驾驶时需留足制动时间。

三、鼓式制动器的维修

1. 制动鼓的维修

制动鼓由于其工作时温度高，压力大，散热条件差，因而制动鼓易出现变形、磨损、裂纹等故障。制动器拆卸后，应对其进行严格检查，具体方法如下。

1）彻底清洁制动鼓，除去灰尘和污物。

2）检查制动鼓制动表面的划痕、凹槽及裂纹。对于较轻的表面划痕，用细砂纸抛光平即可；对于带有中等严重程度的划痕或凹槽，可在车床或制动鼓镗床上进行加工修复；如划痕后凹槽较深，必须更换制动鼓。制动鼓一旦出现裂纹，必须更换。加工制动鼓时必须注意，同轴的两侧制动鼓的尺寸应一致。

3）如制动蹄片的一端磨损严重，或制动蹄片磨损不均匀，需要检查制动鼓的磨损状况和圆度。如图 5-40 所示，用内径游标卡尺在制动鼓工作表面的周围上多处测量制动鼓的内径（磨损量极限为 1~2mm）。当测量的直径超过允许的最大值时，应更换制动鼓。当制动鼓变形产生锥度或失圆而加工余量足够时，应对其进行加工修复或更换。

2. 制动轮缸的维修

1）检查防尘套是否损坏，如果防尘套损坏，灰尘很容易在活塞和缸体上停留，容易造成制动轮缸泄漏；如图 5-41 所示，拉开每个轮缸的防尘套，观察防尘罩后面是否有较多的制动液，如果有，说明制动液通过活塞密封圈向外泄漏。

图 5-40　测量制动鼓圆度

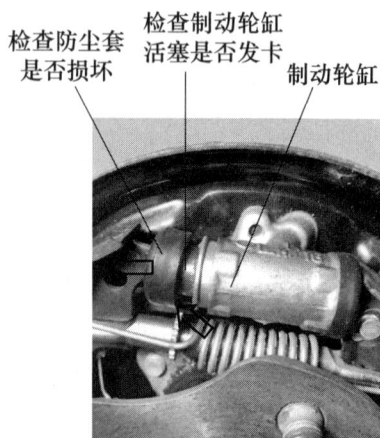

图 5-41　检查制动轮缸

2）左右推动轮缸活塞，应灵活而不发卡；检查排气螺塞防尘帽是否缺失，排气螺塞是否堵塞，固定螺栓是否松动。制动器轮缸存在泄漏痕迹，通常需要更换。

3.制动蹄片的维修

1）如图5-42所示，用粉笔涂制动鼓的内表面，然后用制动蹄片进行配合研磨，如果接触面很不均匀，则应更换制动蹄片；使用砂纸清理制动蹄衬片上的灰尘和油污；检查摩擦片有无裂纹、松动和其他形式的损坏；在磨损最严重的多个位置测量摩擦片的厚度，摩擦片厚度的使用极限通常为1mm，测量每个制动蹄的摩擦片厚度，当磨损超过或接近使用极限时，应予以成对换新。

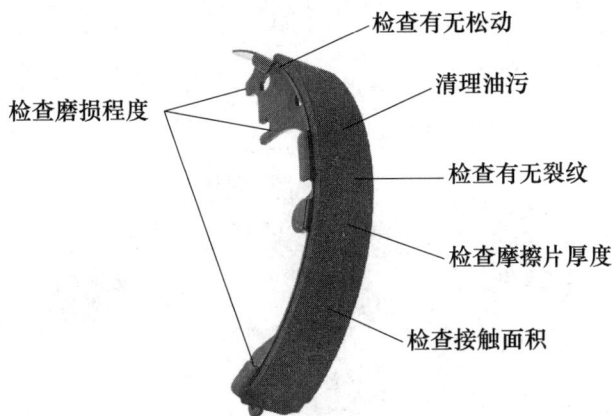

图5-42 制动蹄片的检查

2）检查制动蹄有无裂纹，如果有裂纹需要更换制动蹄片；检查制动蹄与背板和固定件之间的接触面是否严重磨损，如有严重磨损需要更换制动蹄片。

4.其他零部件维修

1）检查全部复位弹簧和压紧弹簧有无以下现象：有无伸长圈或收缩圈，有无扭转弯曲变形，钩环是否损坏，弹簧是否变色等，弹簧出现上述任何一种情况，均应予以更换。

2）检查制动鼓和制动蹄片间隙调整机构是否损坏。如图5-43所示，检查调整螺母及螺杆各螺牙有无损坏，确保调整螺母旋动不阻滞或卡住。每次拆卸时，均要清洁和检查调整螺母总成，对损坏的零件应加以更换。

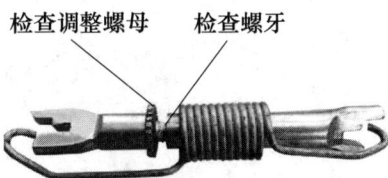

图5-43 制动蹄片的检查

3）制动器底板检查。检查制动底板有无破裂或弯曲的迹象，若有任何一种损坏都必须更换。

任务四 掌握制动传动装置的结构与维修

一、制动传动装置的结构

制动传动装置的作用是将驾驶员或其他动力源的作用力传到制动器，同时控制制动器的工作，从而获得所需要的制动力矩。常见的制动传动装置分为液压式和气压式，轿车常用液压制动传动装置。如图 5-44 所示，液压制动传动装置由制动踏板，制动主缸、储油罐、制动轮缸、制动管等组成。

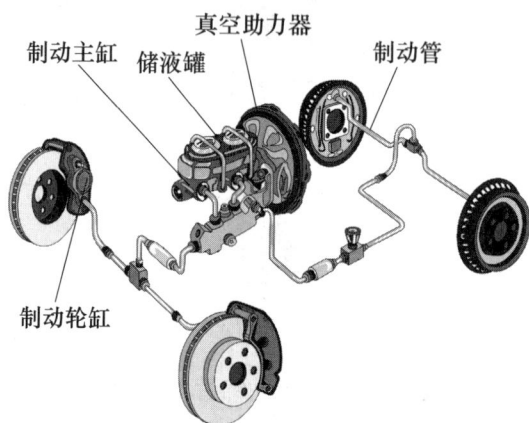

图 5-44　制动传动装置的组成

目前采用液压式制动传动装置的汽车都是采用双管路制动传动装置，双管路液压制动传动装置是利用彼此独立的双腔制动主缸，通过两套独立管路，分别控制前后车轮的制动器，从而提高制动时的可靠性和行车安全性。常见的液压传动装置布置形式如图 5-45 所示，前后轴布置形式简单，但可靠性不高，对角布置形式比较常见，有利于提高车轮的制动稳定性，双回路布置形式只能应用

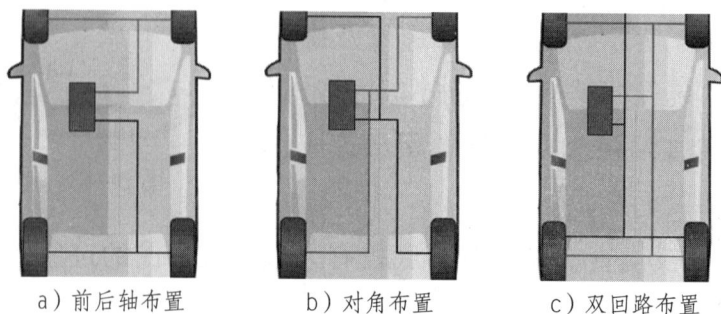

a）前后轴布置　　　　b）对角布置　　　　c）双回路布置

图 5-45　液压传动装置的布置形式

于每个车轮制动器有偶数个制动轮缸的车辆上。

液压传动装置工作原理如图 5-46 所示，制动踏板为省力杠杆，制动轮缸的面积大于制动主缸，液压传动系统在传动过程中对驾驶员施加的制动踏板力进行了增大，使传递到制动轮缸及制动蹄上的力大于踏板力。

1. 制动踏板

制动踏板是驾驶员对制动系统施加制动力的元件，制动系统对于制动踏板一般有踏板力和踏板行程两个方面的要求，踏板行程包括自由高度、自由行程和行程余量等参数，如图 5-47 所示。例如，2016 年款别克威朗制动踏板自由高度约为 160mm，自由行程约为 10mm，要求施加在制动踏板上的力为 445N 时，踏板行程余量约为 85mm。

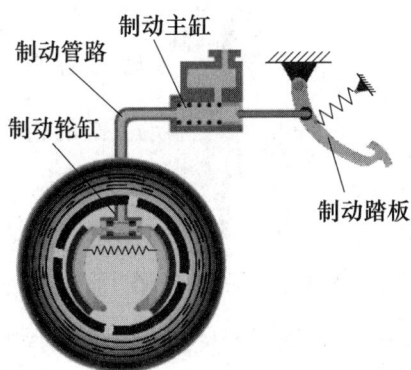

图 5-46 制动传动装置的工作原理

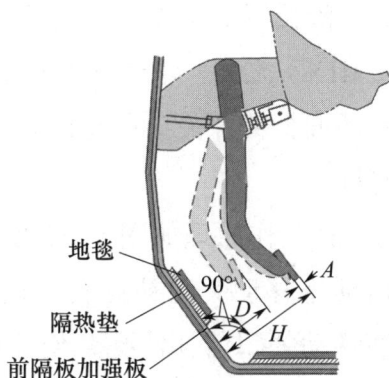

图 5-47 制动踏板结构与行程

H—自由高度 D—行程余量 A—自由行程

在不制动时，为防止制动卡滞，制动主缸的推杆和活塞之间应该保持一定间隙。制动时，为了消除这一间隙所需要的踏板行程称为制动踏板自由行程。

5-4 制动踏板自由行程的调整

2. 制动液

制动液是制动系统液压压力的传动介质，制动液对制动系统的可靠性具有决定性意义。常用的制动液包括植物油制动液、合成制动液及矿物油制动液，其颜色通常为琥珀色，如图 5-48 所示。制动液需要吸水性差而溶水性好，保证渗入制动液中的水分能均匀混合，否则在制动液中形成水泡，将大大降低汽化温度。制动液在长时间使用后，会因吸收空气中的水分导致沸点下降，在工作过程中更容

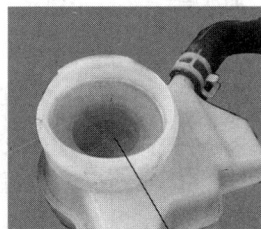

图 5-48 制动液

易出现气阻现象，所以制动液有一定的使用期限，需定期更换。

制动液还应该具有高沸点、不易溶解空气、低冰点、化学性能稳定和耐老化，不侵蚀金属、塑料和橡胶件，有良好润滑性能等特点。制动液要符合 DOT3 或 DOT4 标准，在使用过程中切忌将不同型号的制动液混合使用，否则会导致制动液失效，最好使用原厂维修手册中推荐使用的制动液。

3. 制动主缸

制动主缸俗称制动总泵，它位于制动踏板和制动管路之间，它的作用是将踏板输入的机械力转换为液压力。储液罐通常安装在制动主缸上，如图 5-49 所示，储液罐内制动液位置应位于上刻度（MAX）、下刻度（MIN）之间。液位不足时，储液罐上的制动液报警开关会点亮仪表内的制动液报警灯。

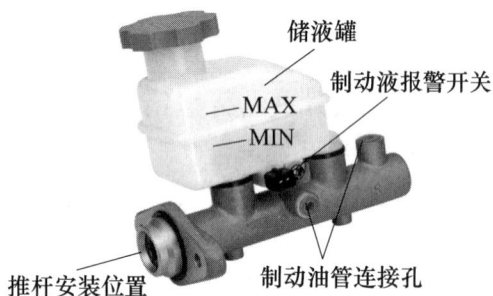

图 5-49　制动主缸的结构

制动主缸工作原理如图 5-50 所示，踩下制动踏板，作用于推杆的力传到后活塞，后活塞移动关闭补偿孔，使液压升高。该液压和弹簧作用在前活塞上，使前活塞移动关闭前补偿孔，使前腔液压升高。前后腔压力升高的制动液经前后管路进入前后车轮制动器工作缸，产生制动作用。放松制动踏板时，活塞复位较快，储液罐中油液经补偿孔、活塞和活塞皮碗间小孔（图 5-51）进入工作腔，以免形成真空。当活塞完全复位时，制动管路中流回工作腔的多余制动液经补偿孔流回储液罐。

5-4　制动主缸的工作原理

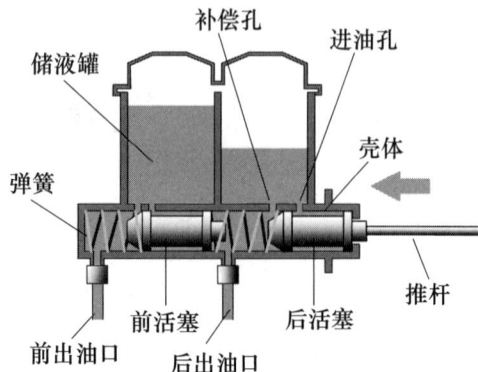

图 5-50　制动主缸的工作原理

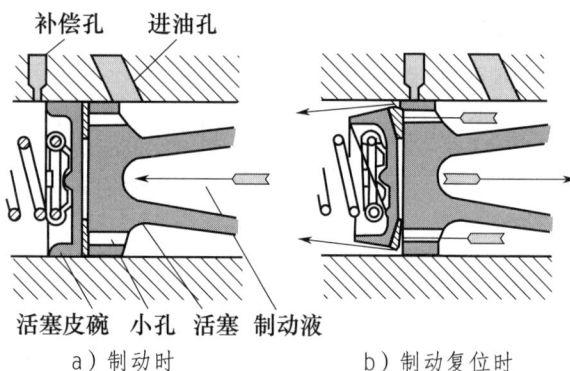

a）制动时　　　b）制动复位时

图 5-51　制动主缸活塞小孔

4. 真空助力器

为了缓解用力踩制动踏板给驾驶员带来的疲劳，很多制动系统采用了真空助力器来助力。真空助力器安装位置如图 5-52 所示。它和制动主缸安装在一起，用推杆连接制动踏板，通过真空管连接真空源。真空助力器利用的真空源是发动机活塞下行带来的真空或真空泵产生的真空，用来增加驾驶员施加于踏板上的力。

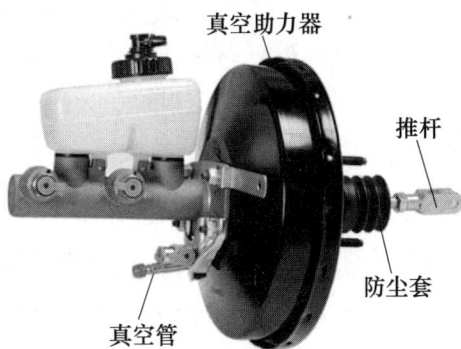

图 5-52　真空助力器

真空助力器真空管路的单向阀位于发动机进气歧管和真空助力器之间，有的单向阀安装在真空助力器上，有的单向阀内置于真空管路中。单向阀的作用是保证发动机或真空泵停转后，真空助力器内的真空能维持一定的时间。

真空助力器工作原理如图 5-53 所示，前气室和后气室由前后壳体及中间膜片组成。没有踩下制动踏板时，控制阀处于非工作状态，前后气室相通，并与大气隔绝。发动机运转后或真空泵开始工作后，前后两腔内都有一定的真空度。

制动时，如图 5-54 所示，推杆和控制阀向左移动，使前、后气室隔绝，外界空气经控制阀进入后气室，随着空气的进入，膜片两侧出现压差而产生推力，膜片座推动顶杆向左移动。此时，顶杆上的作用力为踏板力和真空助力器膜片推力之和，真空助力器的推力较踏板力大得多，从而使制动主缸输出的液压力成数倍增高。

5-4　制动助力器的工作原理

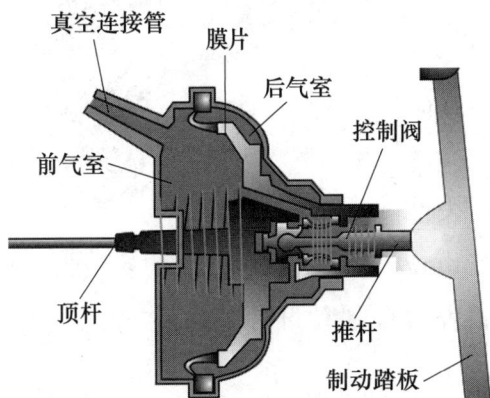

图 5-53　真空助力器不制动时状态

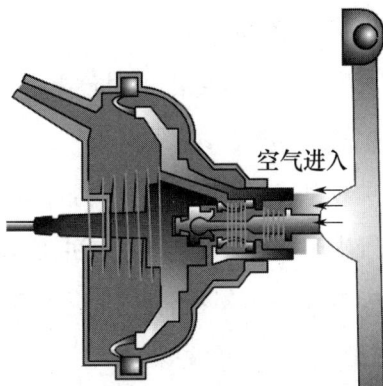

图 5-54　真空助力器制动时状态

二、制动传动装置的拆装注意事项

1）制动液有毒，排放制动液时，只能使用专用容器存放。

2）拆卸制动主缸前，吸出储油罐中的制动液。从制动主缸上拆下制动管路时，为了防止制动液溅洒，要用毛巾或抹布包住管路。

3）制动液有腐蚀作用，不允许将制动液洒漏到车辆漆面。如果制动液洒漏到任何涂漆表面上，应立即将其清洗干净。

4）制动液应保存在密封容器中，因为制动液具有吸湿性，能够吸收周围空气中的湿气。不要使用已经吸收了湿气的制动液和脏污的制动液，否则容易引起制动性能下降。

5）从制动主缸上拆下制动液管后，立即用塞子或胶带堵住各连接管的出口，以防止杂物或灰尘进入。

6）拆装制动主缸、制动轮缸过程中，要小心不要弯曲或损坏制动管路，如果弯曲了制动管路会使装配时比较困难。

7）制动主缸安装后，应对制动踏板的行程进行检查，并视需要调整。

三、制动传动装置的维修

1. 制动踏板的维修

1）不起动发动机，多次踩下制动踏板，消耗真空助力器内的真空度。然后，轻踩制动踏板，检查制动踏板自由行程是否正常。如不正常，可以在与制动踏板相连的推杆上进行调整。

2）用手拉动制动踏板，检查制动踏板和制动踏板支架之间的衬套（其位置如图 5-55 所示）是否严重磨损，如果磨损严重，应更换衬套或制动踏板总成。

3）检查制动灯开关是否正常，制动灯开关推广的凸出部分与限位衬块间隙应为 1.5~2.5mm，如图 5-56 所示，否则应进行调整；使用万用表检查制动灯开关的性能。

5-4 制动总泵与真空助力器的拆装

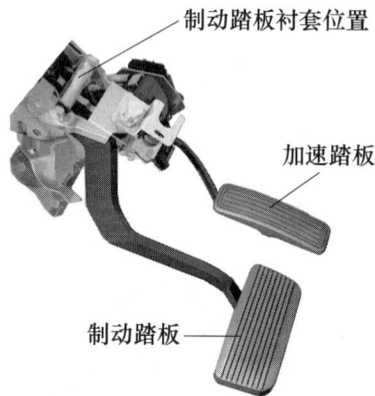

制动踏板衬套位置

加速踏板

制动踏板

图 5-55　制动踏板衬套位置

2. 制动液的检查和空气排除

（1）制动液的检查　制动系统在长期工作过程中，制动液因制动衬块或 / 和

制动蹄片磨损，制动管路泄漏等原因，会造成制动液减少，因而需定期检查制动液液面情况。制动液面应位于储油罐上"MAX"与"MIN"刻度线之间。若液量不足，应首先对液压系统进行全面泄漏检查，然后再补充制动液至规定液位。添加时需要注意，制动液具有腐蚀性，不能接触到车身油漆表面。

1.5～2.5mm

图 5-56　检查制动灯开关

检查制动液，应该清澈透明或呈琥珀色、无杂质、无沉淀和悬浮物。如果制动液变黑、混浊或有沉淀物等现象时，应清洗储油罐然后更换制动液。使用专业检查仪器，检查制动液的含水率，如图 5-57 所示。当含水率等于或超过 3%（质量分数）时，应该更换制动液，更换制动液的流程和制动液排除空气流程类似。

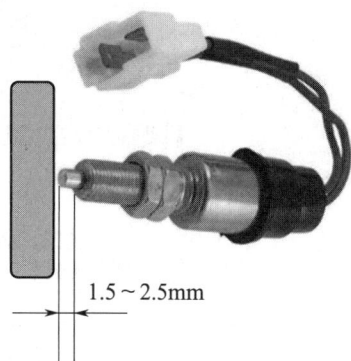

检测仪

储油罐

图 5-57　检测制动液含水率

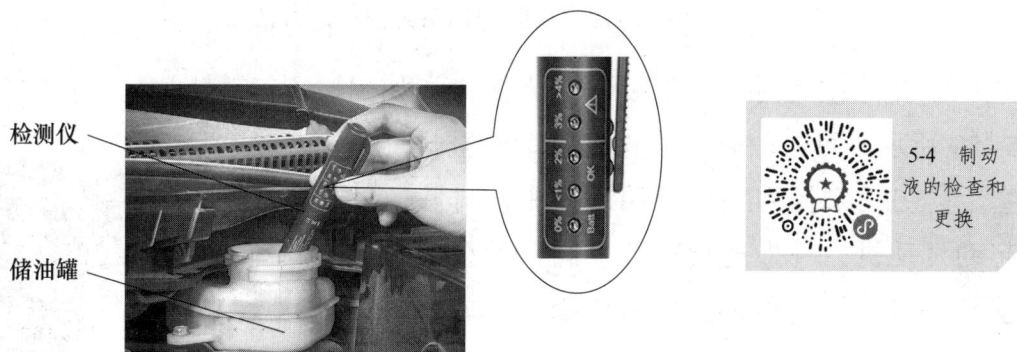

5-4　制动液的检查和更换

（2）制动液中空气的排除　如果更换或拆装了制动主缸、制动轮缸、制动管等，或怀疑制动管路中有空气，则需要排除制动管路中空气。如果管路中空气未排尽，起动发动机，踩下制动踏板，此时制动踏板的阻力会过小，出现"软绵绵"的感觉。

1）对制动系统进行排气前，将变速杆移至 P 位或空档位置，并塞好车轮。

2）须使用厂家规定的制动液。排气时注意检查储油罐液位，整个加注过程中始终要保持制动液在下限记号之上，以防空气侵入回路。

3）如图 5-58 所示，通常根据制动主缸的位置，由远到近排除各轮缸的空气，或根据车辆的原厂维修手册的规定顺序排除空气。

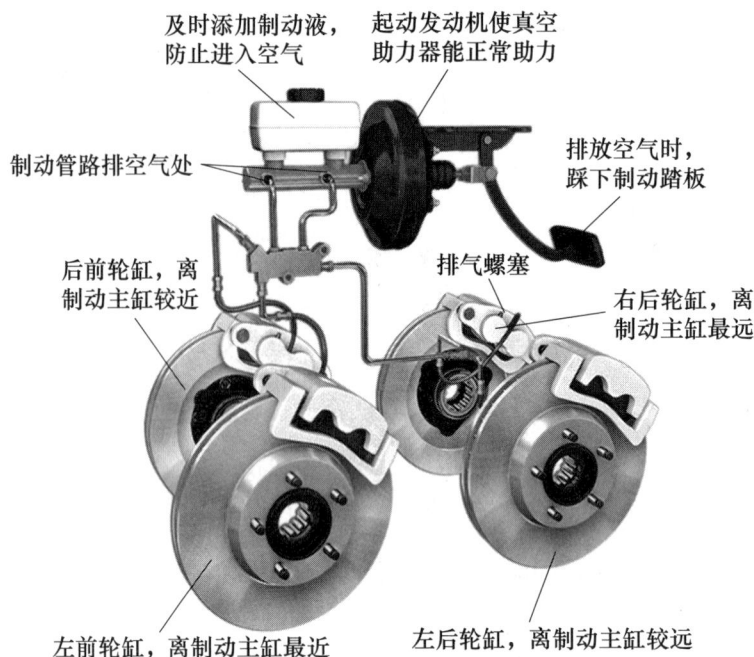

及时添加制动液，
防止进入空气

起动发动机使真空
助力器能正常助力

制动管路排空气处

排放空气时，
踩下制动踏板

后前轮缸，离
制动主缸较近

排气螺塞

右后轮缸，离
制动主缸最远

左前轮缸，离制动主缸最近

左后轮缸，离制动主缸较远

图 5-58　排除制动系统空气的方法

4）排除空气时，一般要求两人操作。如图5-59所示。可将软管一头接在制动轮缸排气螺塞上，另一端插到一个透明容器中。排除空气起动发动机，一人连续踩几下制动踏板，对制动管路内空气加压，然后踩住踏板不放。另一人将制动轮缸上排气螺塞旋出至少一整圈，空气即随制动液一起排出。若排出的制动液有泡沫，应旋紧排气螺塞，继续踩几下制动踏板重

图 5-59　排放制动轮缸中的空气

复上述操作，直到排出的制动液没有泡沫为止，旋紧排气螺塞。

3. 制动主缸的检查

目视检查制动主缸应无明显的漏油或其他形式的损坏。制动主缸内部常见的损坏是活塞皮碗磨损，活塞皮碗磨损后造成制动液回流，踩下制动踏板后，制动轮缸的压力不能保持，制动液不受控制地流回主缸，造成制动失效或制动效果不良。

停稳车辆，检查制动系统应无明显漏油，起动发动机，踩下制动踏板，保持踏板 3min，如果制动踏板下降大于 10mm，说明需要更换制动主缸。拆下制动主缸相连的油管，在出油口连接压力表，起动发动机，踩下制动踏板，观察压力

表是否能保持一定压力，如果不能保持压力，则需要更换制动主缸。

轿车的制动主缸出现故障通常需要更换。对于有些允许维修的制动主缸，通常需要更换制动主缸内所有的密封件。主动制动维修过程中，可以使用干净的制动液将所有元件清洗干净，然后用干燥的压缩空气吹净所有通道及有关零部件，将零件摆放好，参考图 5-60 所示。装配前，在制动主缸孔壁和相关零件上涂抹制动液。注意零件不能掉落，也不能敲击制动主缸及其内部元件，以免零件遭受冲击损坏。如果拆卸前活塞组件困难，可通过出油液排出孔慢慢加入压缩空气将活塞缓慢压出。

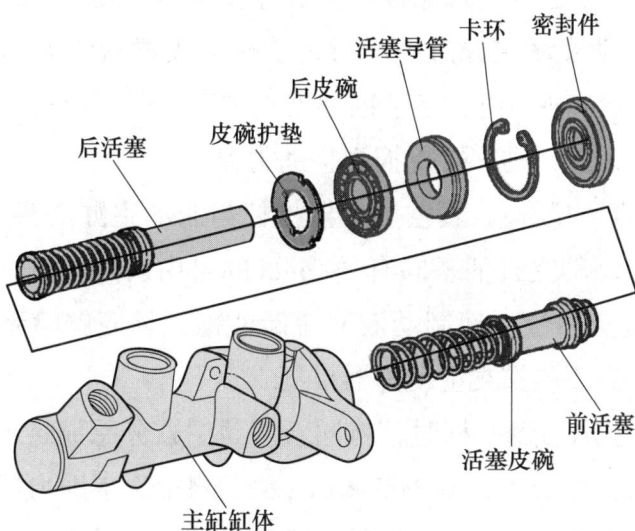

图 5-60　制动主缸内部零件

检查制动主缸和活塞间的间隙，应小于 0.15mm；检查制动主缸缸孔壁面，应光滑无锈蚀；检查储油罐，应干净无损坏。

4.真空助力器的维修

真空助力器是制动系统的重要部件，其性能的好坏会直接影响汽车的行车安全。因此，对真空助力器的性能及故障应做到及时的检查，对新更换的真空助力器应做到合理地调整。真空助力器常见的故障现象是制动踏板费力。引起此故障的原因通常有：进气歧管真空度不足、真空管路泄漏或破损、膜片漏气，真空助力器空气滤芯堵塞，制动踏板推杆长度调整不当等。当真空助力器出现壳体破损或有裂纹、推杆弯曲或损坏、漏气、失去助力功能时，应更换真空助力器。

（1）检查真空助力器助力性能。让发动机处于停机状态，踩压制动踏板数次，以消除真空助力器的全部残余真空度。检查每次踩下制动踏板高度一致。踩下踏板后，起动发动机，制动踏板应该继续下沉。否则需要检查真空助力器、真空源及真空管路。

（2）检查真空助力器气密性。检查时，先将发动机怠速运转，然后关闭发动机并等待 5min，再踩踏板施加制动，至少在一个踏板行程中应有助力作用。如果在第一次踩踏板时没有助力作用，则可能是真空助力器的真空管路存在泄漏故障。

真空助力器气密性检查可以用以下方法进行检查：在真空助力器和单向阀之间安装真空表；起动发动机并怠速运行，使压力表显示值为 60kPa 左右，记录该值后将发动机熄火；30s 内，正常助力器真空度下降不超过 2.7kPa。否则应检查真空管路，如果正常，则需要更换真空助力器。

（3）真空助力器的调整。真空助力器推杆与制动主缸活塞之间间隙的调整。真空助力器推杆与制动主缸活塞间有 2~3mm 的自由间隙，只有这样，才能在解除制动时使活塞完全回位，使制动液回流储油罐，彻底解除制动。换上新的制动主缸分总成时，需要调整真空助力器推杆。

检查并调整真空助力器推杆时，将同新制动主缸分总成封装在一起的附属工具放置在真空助力器总成上，如图 5-61 所示；测量真空助力器推杆和附属工具之间的间隙（标准间隙为 0mm）。如果上述间隙过大或过小，则需用专用工具固定推杆并用套筒螺钉旋具转动推杆头部，以调整推杆长度，如图 5-62 所示。调整后需再次检查推杆间隙。

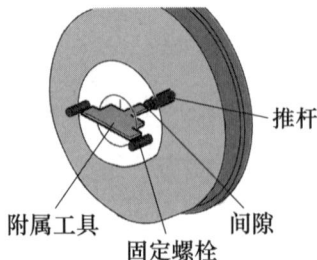

图 5-61　将附属工具安装在真空助力器上　　　　图 5-62　调整助力器推杆

（4）真空助力器推杆 U 形夹长度的检查和调整。真空助力器如果经过拆卸，需要检查其推杆 U 形夹的长度。如图 5-63 所示，测量推杆 U 形夹的长度 L，如果不在原厂维修手册规定范围内，应拧松推杆锁止螺母，转动 U 形夹进行调整。

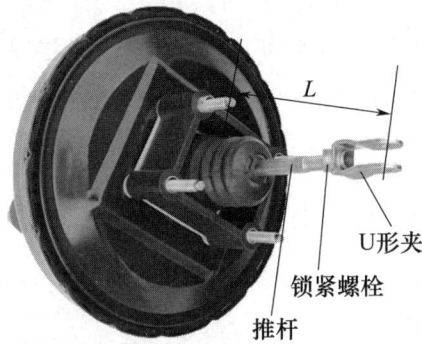

图 5-63　测量真空助力器推杆 U 形夹长度

任务五　掌握驻车制动系统的结构与维修

一、驻车制动系统的结构

汽车驻车制动系统有以下功能：使已停驶的汽车在各种道路条件下驻车；在行车制动失灵的情况下，作为应急制动；驻车制动系统还可以辅助坡道起步。按驻车制动器在汽车上安装位置的不同，驻车制动系统分为中央制动式和车轮制动式。中央制动式驻车制动系统的制动器安装在传动轴上，这种驻车制动系统多用于使用气压制动的载货汽车。按照驻车制动器的结构，可分为鼓式驻车制动器和盘式驻车制动器。

车轮制动式驻车制动系统组成如图 5-64 所示，这种驻车制动系统和行车制动系统共用制动器，操纵驻车制动拉杆便可以通过拉索将制动力传到制动器中。

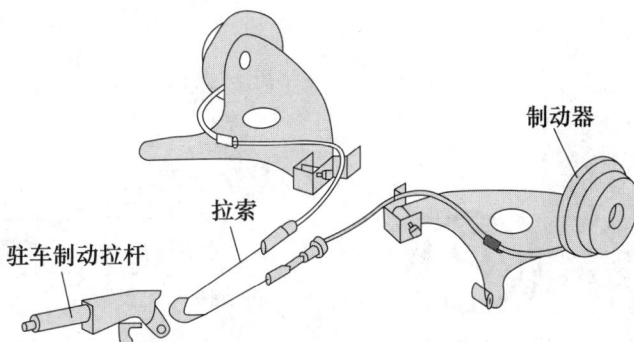

图 5-64　车轮驻车制动系统

1. 驻车操纵手柄

驻车制动系统按照操纵方式的不同，可分为手动式驻车制动器、脚动式驻车制动器及电动式驻车制动器，最常见的是手动式驻车制动器。

驻车手柄设置了棘爪和棘轮，棘爪可以卡住棘轮，拉紧手柄后可以保持在固定的位置。在拉起手柄时，棘轮和棘爪能清晰地听到哒哒的响声（通常 6~9 响），便于操纵时判断。想放松手柄时，需要先按下按钮，将手柄向上拉，然后放下手柄。

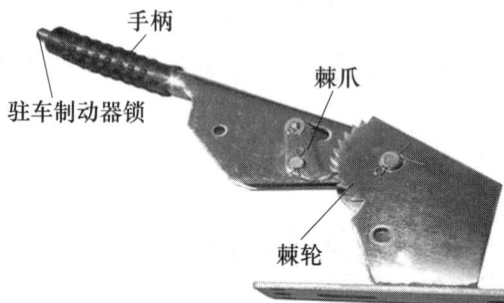

图 5-65 驻车手柄的棘爪棘轮

电动驻车是传统驻车系统的升级品种。它是利用电控单元控制驻车制动电动机夹紧或松开驻车拉索，用按钮 P 代替了驻车手柄。驻车制动指示灯位于汽车的仪表内，如图 5-66 所示，该指示灯点亮说明驻车拉杆已经被拉起。汽车行驶时，一定要放松驻车手柄，驻车制动指示灯保持熄灭状态。

2. 驻车拉索

驻车拉索是将驻车手柄的力传递到驻车制动器（后轮制动器），平衡器可以平衡左右车轮制动行程，其结构如图 5-67 所示。拉紧或松开驻车制动时，拉索既不能松弛也不能受阻碍。因此，拉索不得有磨损或腐蚀，不得有扭结或卡住现象。

图 5-66 电动驻车开关和驻车制动指示灯

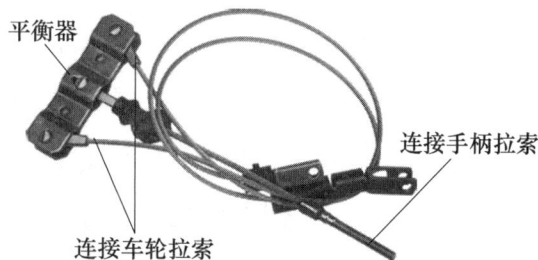

图 5-67 驻车拉索

3.鼓式驻车制动器

小型汽车大多采用车轮制动式驻车制动器,鼓式驻车制动器有两种类型,一种是与行车制动器共用制动鼓;另一种是采用"外盘内鼓"复合型制动盘,它上面的驻车制动器单独使用制动盘中间的制动鼓部分。

如图 5-68 所示,驻车制动时,驻车手柄将力通过拉索传到车轮制动器内驻车制动杠杆下端,驻车制动杠杆绕上支点顺时针转动,其中间支点推动推杆左移,使后制动蹄(右侧)压向制动鼓。驻车制动杠杆上端左移使前制动蹄(左侧)压向制动鼓。

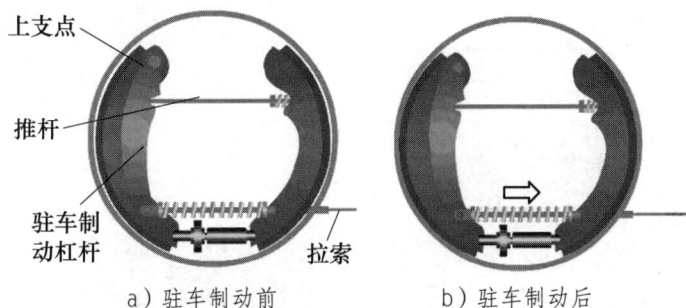

a)驻车制动前　　　　b)驻车制动后

图 5-68　驻车制动原理

5-5　鼓式驻车制动器的原理

4.盘式驻车制动器

盘式驻车制动器主要应用在采用四轮盘式制动器的轿车上,其传动部分与鼓式驻车制动器相同。盘式驻车制动器制动钳的原理和结构如图 5-69 和图 5-70 所示,驻车制动时,拉索拉动操作杆,操作杆拨动输入轴及推杆,推杆转动促使螺母左右移动致使制动缸内活塞移动,从而使制动衬块压靠在制动盘上,完成驻车制动。放松制动拉杆时,操作杆在复位弹簧的弹力下复位。

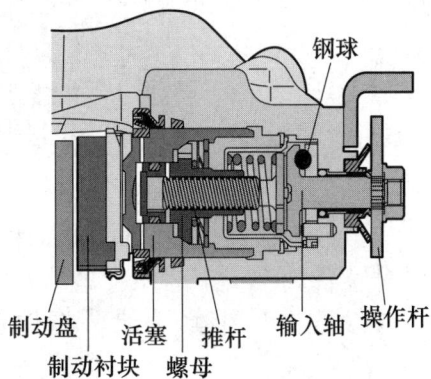

图 5-69　盘式驻车制动钳原理

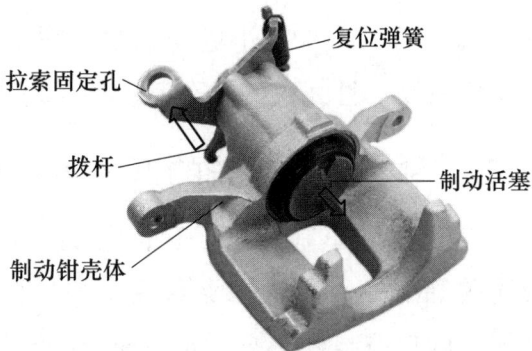

图 5-70　盘式驻车制动钳结构

5. 电子驻车制动系统

电子驻车制动系统由电子按钮手动操作，兼备自动控制功能。电子驻车制动系统常用的自动控制功能包括应急制动和自动车辆固定等功能。如图 5-71 所示电子驻车制动系统主要由驻车制动开关、驻车制动指示灯、电控单元（内部集成坡度传感器）、左侧和右侧后轮驻车制动电动机等组成。

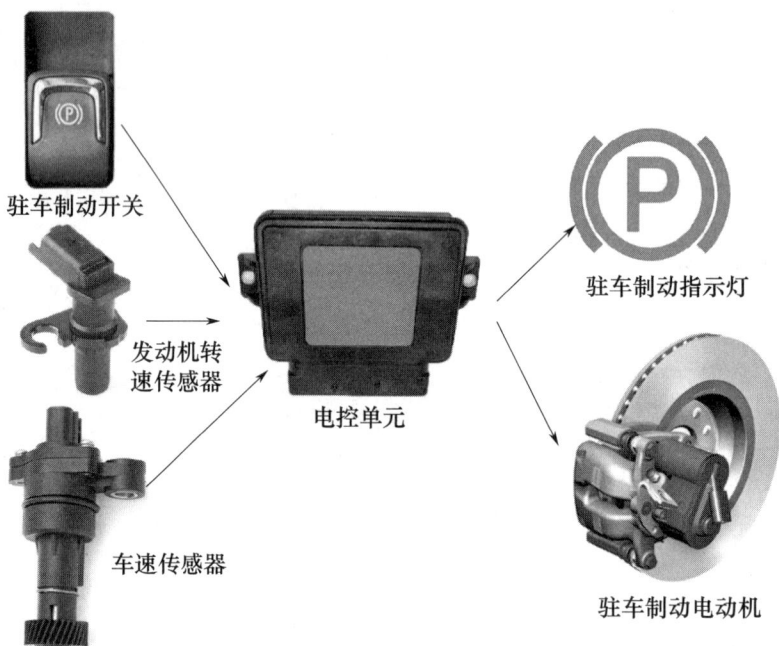

图 5-71　电子驻车制动系统的组成

按下驻车制动开关，位于如图 5-72 所示位置的驻车制动电动机开始工作，左右后轮两侧驻车制动电动机分别推动制动钳活塞施加压力至制动盘，直到后轮锁止。此时，位于仪表板上的驻车制动指示灯亮起。通过再次按下驻车制动开关，电子驻车制动器将释放，且红色的驻车制动指示灯熄灭。

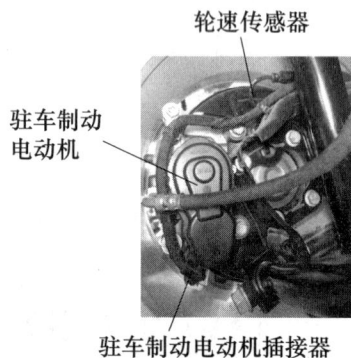

图 5-72　驻车制动电动机

二、驻车制动系统的拆装注意事项

1）更换驻车制动拉索时，需要注意左侧座椅外滑轨盖等附件，注意不要出现损坏，具体步骤可以参考原厂维修手册。将地毯翻起，拆卸控制台支架，如图 5-73 所示。

2）拆卸驻车制动杠杆总成，如图 5-74 所示，先从平衡器中分离左右两侧的 2 号和 3 号拉索，再将 1 号拉索总成从止动块上拆下。

3）在 3 号驻车制动拉索总成的底部插入一个弯颈扳手，如图 5-75 所示，分离卡子，将拉索从后制动钳总成上拉出，再拆卸 3 号驻车制动拉索总成。

图 5-73　拆卸控制台支架

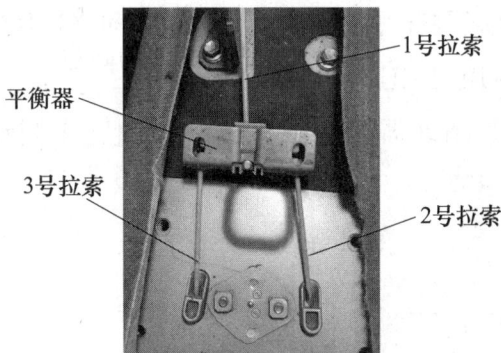

图 5-74　分离 3 号驻车制动器拉索

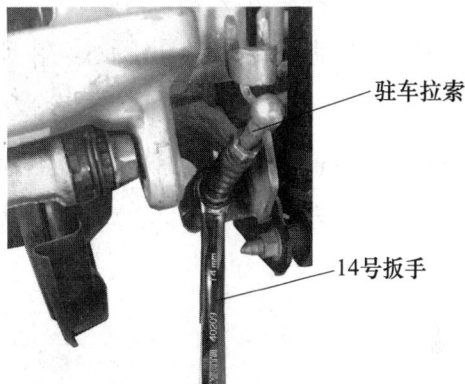

图 5-75　使用弯颈扳手分离卡子

三、驻车制动的检查与调整

1. 驻车制动手柄检查和调整

检查驻车制动手柄前，行车制动系统应正常。用力拉住驻车制动手柄，松开驻车制动器锁，将驻车制动手柄放回到关闭位置。握紧驻车制动手柄，慢慢地立起手柄，直至完全制动，拉起时听棘轮发出的咔嗒声，如果听到的咔嗒声不在 6～9 个之间或车辆原厂维修手册规定的范围，应调整驻车拉索。

如图 5-76 所示，调整前需要先拆下相关盖板和附件，拧松固定螺母后对调整螺母进行调整。调整后，当拉上驻车制动手柄时，咔嗒声的数字应在规定范

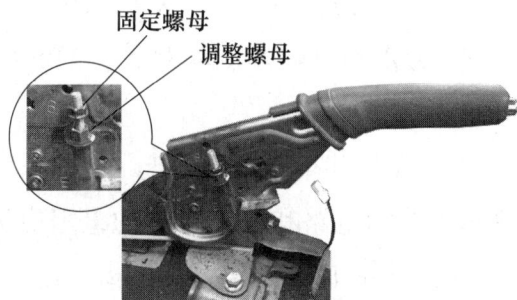

图 5-76　调整驻车拉索锁紧螺母

围内，车轮在双手尽力转动情况下应保持不动。释放驻车手柄后，车轮应能够自由转动，如听到轻微的接触声，可以视为正常。

调整时需注意检查棘轮每个齿尖是否磨损或损坏，如有磨损应更换。调整完毕后，检查后轮制动器应无拖转情况。

2. 挡块和操作杆之间间隙的检查

如图5-77所示，松开驻车制动手柄，使用塞尺检查两后轮制动轮缸上操作杆和挡块之间的间隙，此间隙应为0.5mm或更少，如果此间隙过大，应该更换制动钳总成。

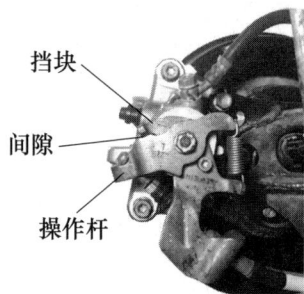

图5-77 制动轮缸操作杆和挡块之间的间隙

3. 驻车制动开关的检查

驻车制动开关电路如图5-78所示，拉起驻车手柄，接通驻车制动开关时，它发送信号至ABS ECU，从而使左右驻车制动器执行器激活，使驻车制动器接合或分离。检测驻车制动开关及电路方法如下。

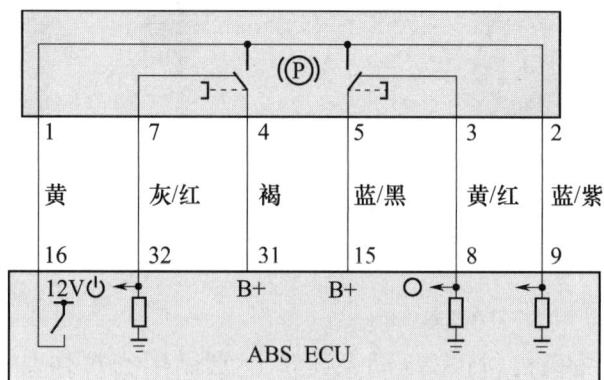

图5-78 驻车制动开关

1）检测驻车制动开关与ABS ECU之间的线路应无断路，点火开关处于OFF，分别断开驻车制动开关、ABS ECU的插接器，检测各控制电路端对端电阻应小于2Ω。

2）检测驻车制动开关与ABS ECU之间的线路应无相互短路及对地短路，检测每个控制电路和搭铁之间的电阻应为无穷大。

3）当驻车制动开关发出指令时，确认驻车制动电动机端子1和2之间的电压为11.5~12.5V。

4）拆下驻车制动开关，检测驻车制动开关的性能。

4. 驻车制动电动机的检查

电子驻车制动系统的驻车制动电动机电路如图5-79所示，在驻车制动电动机工作过程中，ABS ECU会检测其增加的电流消耗来对其进行监测，从而确定电动机的最终停止位置。检测驻车制动开关及电路的方法如下。

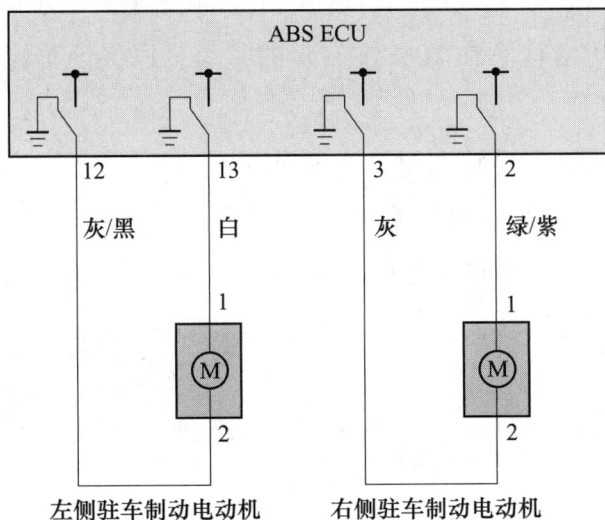

图 5-79 驻车制动电动机

1）点火开关置于"OFF"位置，断开左侧驻车制动电动机的线束插接器。

2）在其中一个控制端子和 12 V 电压之间安装一条带 25 A 熔丝的跨接线。

3）在另一控制端子和搭铁之间暂时安装一条跨接线。

4）反转跨接线至少两次，左侧驻车制动电动机应执行接合和分离功能。

5）按同样的方法检测右侧驻车制动电动机。

任务六 掌握制动防抱死系统的结构与维修

一、制动防抱死系统的工作原理

1. 制动防抱死系统的功用

制动时，如果车轮抱死，车轮在地面上的运动将由滚动转变成滑动。轮胎与地面摩擦会留下制动拖印，这样轮胎容易磨损，如图 5-80 所示。轮胎迅速磨损，产生大量的热量，轮胎发生爆胎的概率增大。

车辆制动时，车轮边滚动边滑动是最佳状态。如果车辆制动时车轮抱死后，车轮会失去转向能力。为了防

图 5-80 车轮滑动

止车轮在制动时抱死，目前汽车都应用了制动防抱死系统。ABS 就是制动防抱死系统的简称。ABS 在汽车制动时，自动控制制动器制动力的大小，使车轮不被抱死，处于边滚边滑（滑移率在 20% 左右）的状态，以保证车轮与地面的附着力在最大值。

当车辆制动的同时需要转向时，车辆如果无 ABS，汽车前轮将抱死，这会使汽车保持直线行驶，无法避让障碍物。汽车后轮抱死则会出现甩尾现象，如图 5-81 所示。无论汽车出现方向失控或车辆甩尾都是非常危险的。车辆如果带有 ABS，在制动的同时可以转向，就可以轻松避让障碍物。

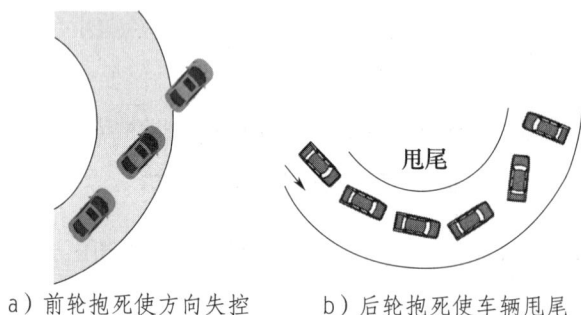

a）前轮抱死使方向失控　　　b）后轮抱死使车辆甩尾

图 5-81　车辆 ABS 制动效果

2. 制动防抱死系统的组成

如图 5-82 所示，制动防抱死系统是在原来制动系统的基础上增加了制动压力调节器、电控单元、轮速传感器及电路等元部件。不同厂家生产的 ABS 其工作原理大致相同。驾驶员踩下制动踏板，制动液进入轮缸，制动器产生制动力，车轮的转速下降。轮速传感器将车轮转速信号传给电控单元，电控单元根据轮

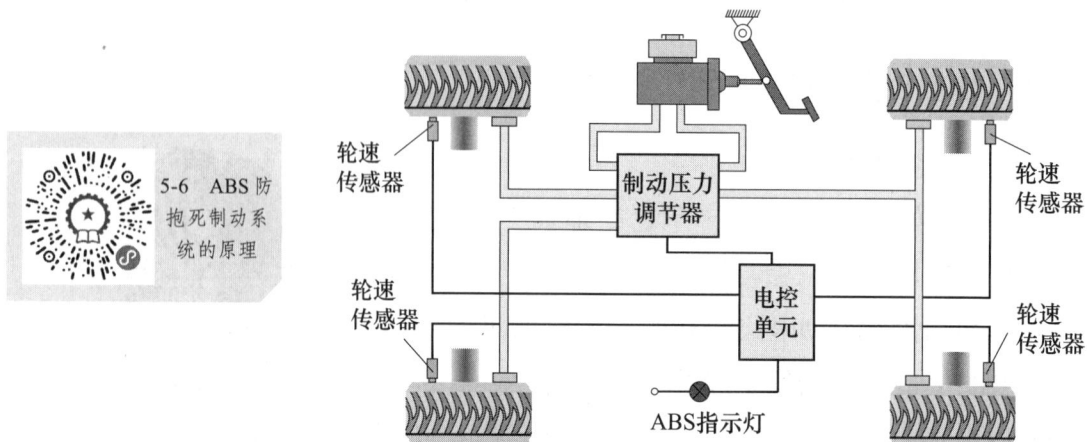

图 5-82　ABS 的组成

速信号及设置的程序发出控制信号给制动压力调节器，控制各个车轮制动器制动轮缸液压的大小，防止车轮抱死。

（1）轮速传感器。轮速传感器安装与车轮托架上，其结构与安装位置如图 5-83 和图 5-84 所示，它检测车轮的转速，并将车轮转速信号输入电控单元。目前大多数汽车，每个车轮都有一个轮速传感器。使用中需要注意传感器应该安装牢固，保持清洁，否则会影响信号的输出。

图 5-83　转速传感器结构　　图 5-84　前轮转速传感器安装位置

常见的轮速传感器分为电磁感应式、霍尔式和磁阻式等类型。电磁式轮速传感器结构如图 5-85 所示，它主要包括信号轮和传感器本体，信号轮有 N 个齿。信号轮旋转时，随着每个齿经过传感器本体时，便产生一个脉冲信号，ECU 根据此信号计算出车轮转速。霍尔式和电磁式轮速传感器外形基本相同，它也是包括信号轮和传感器本体。

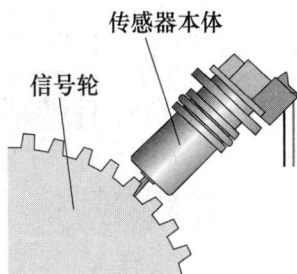

图 5-85　电磁式轮速传感器

霍尔式轮速传感器用霍尔效应制成，如图 5-86 所示，永磁体的磁力线穿过霍尔元件通向信号轮，信号轮转动时穿过霍尔元件的磁力线密度发生变化，因

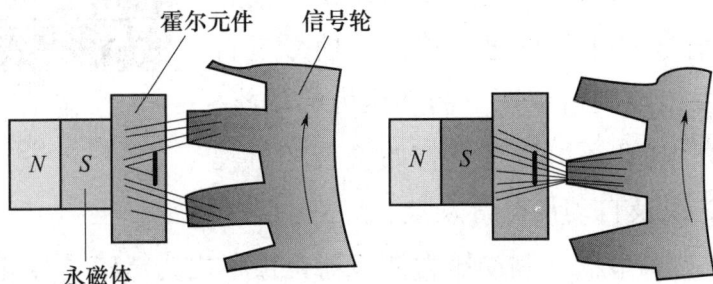

图 5-86　霍尔式轮速传感器

而引起霍尔元件电压的变化，霍尔元件输出的正弦波电压，此电压由电子电路转化成标准的脉冲信号。

如图 5-87 和图 5-88 所示，磁阻式轮速传感器是由传感器本体和磁性转子组成，磁性转子包括呈圆形排列的 48 组 N、S 磁极，与轮毂轴承内座圈安装在一起。磁性转子转动时，在传感器本体内的 2 个 MRE（磁阻元件）向 ABS 电控单元输出信号波形。

a）磁性转子　　　　b）传感器安装位置　　　　c）传感器本体

图 5-87　磁阻式轮速传感器实物图

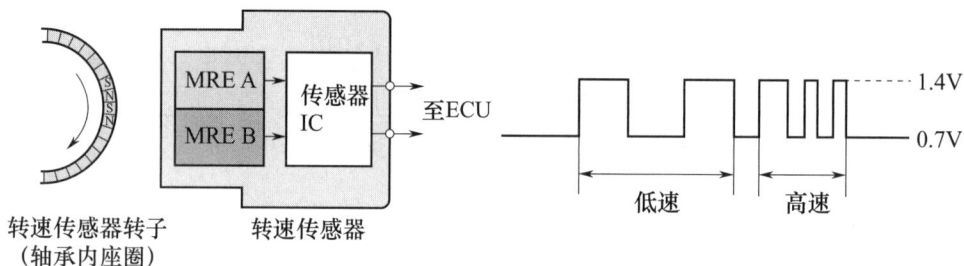

图 5-88　磁阻式轮速传感器工作原理

（2）电控单元。制动防抱死电控单元即 ABS ECU，它是由微处理器和其他必要的电路组成的，通常 ABS ECU 和制动压力调节器安装在一起，如图 5-89 所示。ABS ECU 具有接收轮速传感器和车速传感器等信号，并对轮速传感器等信号进行运输和处理，发出控制指令调节制动压力的功能。除此以外，ABS ECU 还可以进行初始检查和行驶中的定时检查，以及自动诊断等功能。

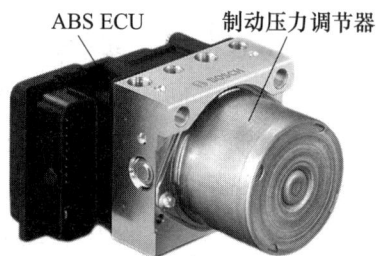

图 5-89　电控单元

（3）制动压力调节器。制动压力调节器也被称之为 ABS 泵，它根据 ECU 发出的控制信号，自动调节制动轮缸的制动压力。制动压力调节器包括多个电磁阀，1~2个回油泵及储液器等。制动压力调节器串联在制动主缸和制动轮缸之间，通过电磁阀直接或间接地控制制动轮缸的制动压力。根据调压方式可以将压力调节器分为循环式压力调节器和可变容积式压力调节器。

3.制动防抱死系统的工作过程

（1）常规制动状态。如图5-90所示，在制动的初始状态，车轮未达到抱死状态，ABS系统不工作，电磁阀中电磁线圈不通电，电磁阀处于"升压"的状态，制动主缸通过电磁阀与轮缸相通。此时，制动主缸中的制动液直接进入轮缸，4个车轮中的轮缸压力随制动主缸压力的升高而升高。

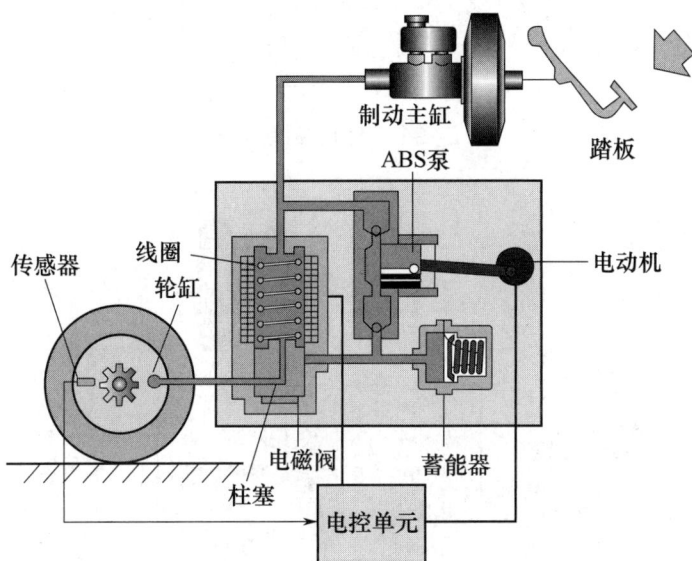

图5-90 ABS不工作

（2）保压状态。如图5-91所示，当电控单元通过轮速传感器判断车轮趋于抱死时，电控单元向电磁阀输入一个较小的保持电流，电磁阀处于"保压"位置，电磁阀使制动主缸、制动轮缸和通向蓄能器中的回油孔相互隔离，轮缸中的制动压力保持一定。

（3）减压状态。当制动力保持一定时，电控单元通过轮速传感器判断车轮滑移率超过一定值时，电控单元向电磁阀输入一个最大电流，电磁阀处于"减压"位置。如图5-92所示，此时，电磁阀使制动轮缸和通向蓄能器的回油孔相通，制动轮缸中的制动液流入蓄能器，制动轮缸中压力下降。此时，电控单元使电动机带动ABS泵工作，ABS泵将流回蓄能器的制动液加压后输入与制动主缸相通的管路中，为下一个制动周期做好准备。

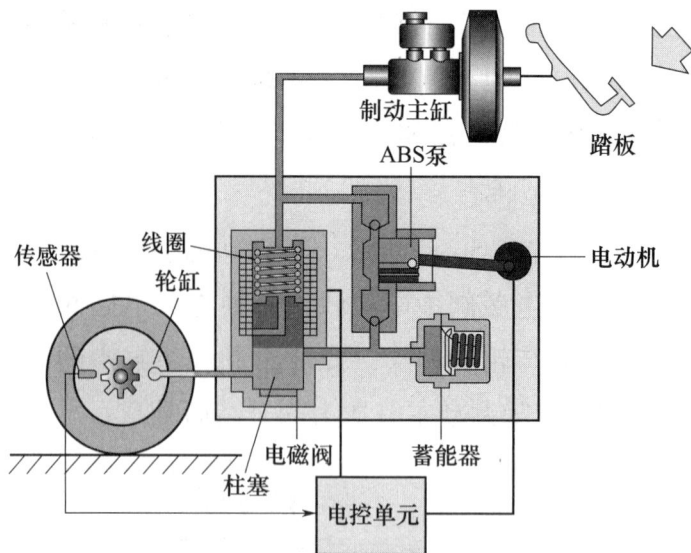

图 5-91　保压制动状态

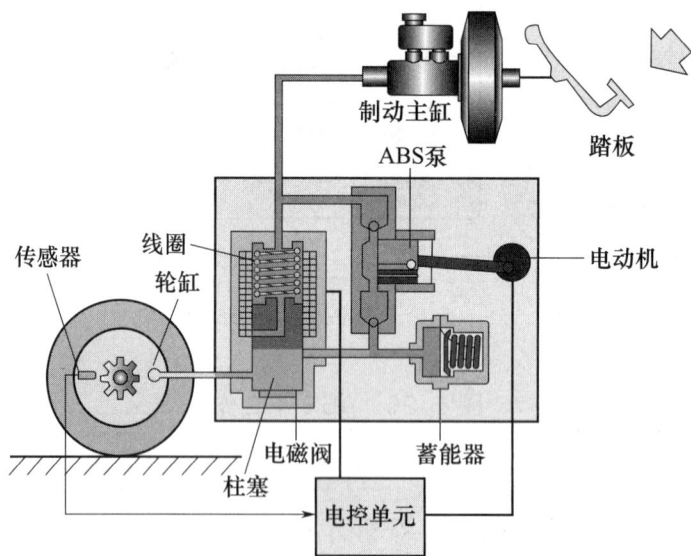

图 5-92　减压制动状态

（4）增压状态。当制动轮缸中制动液减少时，其液压压力也会降低，车轮的转速增加，当电控单元通过轮速传感器监测到车轮转速太快时，便会切断电磁阀的电流，使制动主缸的高压制动液再次进入制动轮缸，使制动力增加。

二、制动防抱死系统的拆装注意事项

1）防止制动液接触到眼睛和皮肤，一旦接触，必须用清水彻底清洗。防止制动液溅到涂漆表面。

2）拆装或更换过 ABS 泵，需要根据原厂维修手册规定流程进行排除空气，防止引起制动失效或制动效果不良。

3）拆卸轮速传感器时，不要碰伤轮速传感器本体，不要用撬棒撬伤轮速传感器信号轮，否则会引起轮速传感器损坏。

注意防止异物粘在传感器端部，每次拆下轮速传感器时，需要清洁轮速传感器的安装孔和传感器本体的表面。

4）在对高压蓄能器等进行拆卸维修前，需要按照原厂维修手册规定的程序进行泄压。ABS 绝大多数元件不能拆修，只能更换。

5）拆卸电气元件前，需要将点火开关置于 OFF 位置。

6）安装轮速传感器时，不要扭曲线束，需要注意将轮速传感器线束固定在相应的卡夹上，防止线束晃动引起新的故障。

三、制动防抱死系统的维修

1. 轮速传感器的维修

2016 款卡罗拉轿车轮速传感器电路如图 5-93 所示，检查轮速传感器时，需要检查以下几个方面。

1）如图 5-94 所示，检查轮速传感器的安装情况，看是否存在螺栓松动或间隙过大的情况。

2）拆卸轮速传感器，检查该传感器的端部应没有划痕或异物，如有应更换。

3）检查轮速传感器内部是否短路，分别检查该传感器的两个端子与搭铁之间的电阻值，应大于 10kΩ，否则应更换。

4）检查插接器应没有松动及其他异常。

5）断开 ABS 电控单元的插接器，分别检查轮速传感器和 ABS 电控单元之间的两条导线电阻值应小于 1Ω，分别检查轮速传感器线束中两条导线和搭铁之间的阻值，应大于 10kΩ，否则应该更换相应的线束。

6）连接好 ABS 电控单元的线束，在轮速传感器端检查线束的供电情况，2016 款卡罗拉轿车轮速传感器的供电为 8～12V。

7）目视检查轮速传感器信号轮或磁性转子是否出现损坏。

8）检查轮速传感器线束是否固定良好，绝缘胶套是否完整，如图 5-95 所示。

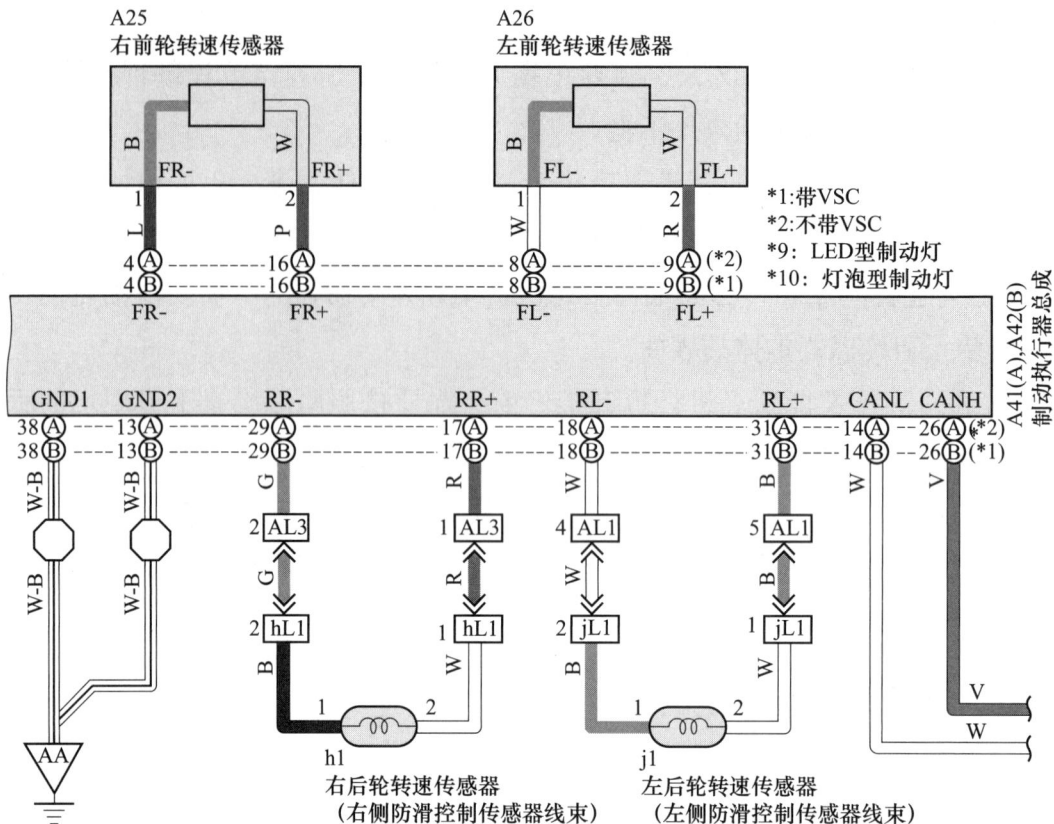

图 5-93 2016 卡罗拉 ABS 轮速传感器电路图

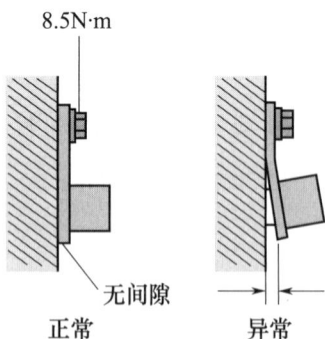

图 5-94 检查轮转速传感器的安装情况

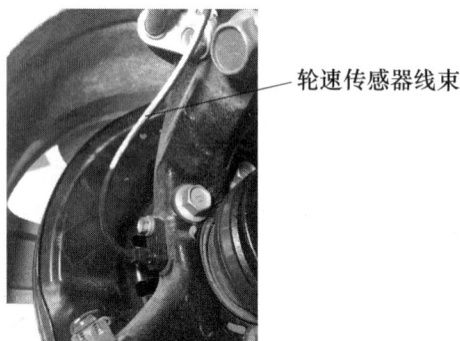

图 5-95 轮速传感器线束

2. ABS 故障灯的检查

ABS 故障灯位于汽车仪表内，如图 5-96 所示，正常情况下，打开点火开关置于 ON 位置，ABS 故障灯亮起，ABS 电控单元开始自检，当 3～5s 后 ABS 电控单元完成自检，如果 ABS 电控单元未发现故障，它会控制 ABS 故障灯熄灭，否则 ABS 故障灯会一直点亮。

图 5-96 ABS 故障灯

（1）ABS故障灯一直不亮的检查。如果ABS故障灯一直不亮，检查其他故障是否正常，检查组合仪表的供电和搭铁线是否正常，检查时参考ABS故障灯电路，如图5-97所示，当组合仪表的供电和搭铁正常时，可以按照以下步骤进行检查。

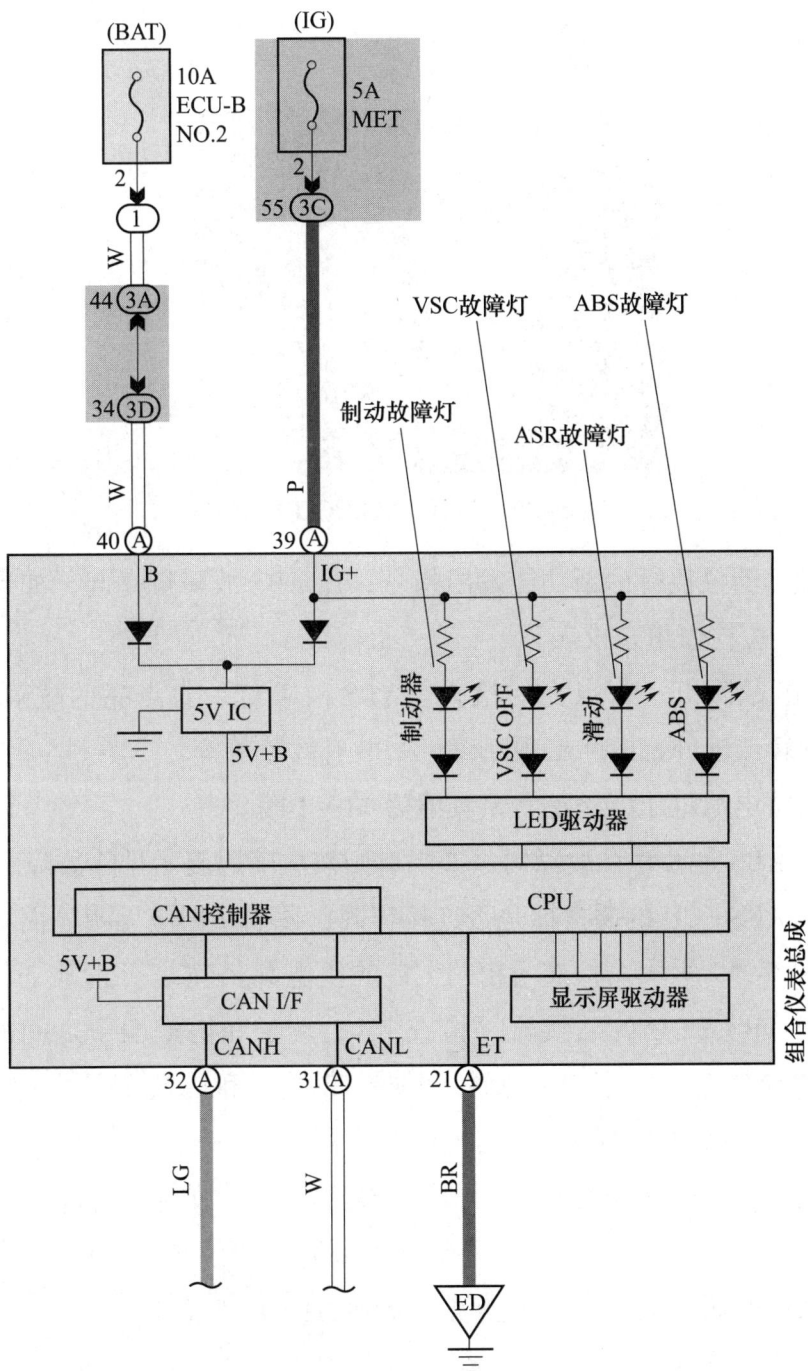

图5-97 ABS故障灯电路图

1）检查有无故障码，如有，按照故障码的提示，排除故障。

2）将点火开关关闭，断开 ABS ECU 的插接器，如图 5-98 所示，打开点火开关置 ON 位置，此时如果 ABS 故障灯亮起，则说明故障在 ABS ECU，需要更换 ABS ECU 总成。如果 ABS 故障灯依然不亮，进行下一步。

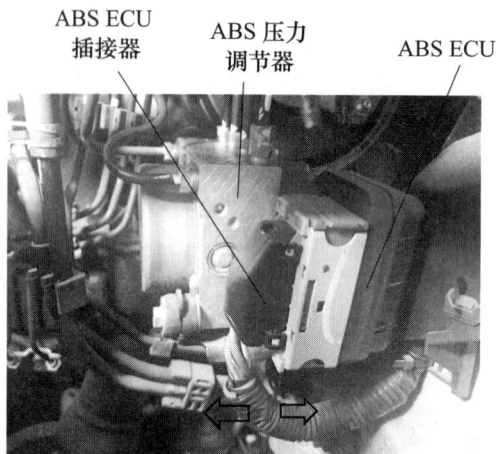

图 5-98 断开 ABS ECU 插接器

3）使用诊断仪执行诊断功能发出指令，让 ABS 故障灯亮起，如果 ABS 故障灯依然未亮，应检修组合仪表。

（2）ABS 故障灯一直点亮的检查。ABS 故障灯一直点亮的故障原因包括：ABS ECU 损坏或其外部电路出现断路，ABS 有故障等等。

1）检查蓄电池电压应该正常，其值为 11~14V。

2）检查 ABS 是否存在故障码，如果有则按故障码提示排除故障。

3）检查 ABS ECU 的插接器是否连接牢固，该插接器应无明显损坏。

4）如图 5-99 所示，检查 ABS ECU 的供电和搭铁是否正常。将点火开关关闭，断开 ABS ECU 的插接器，检查 BAT 端子和搭铁端子之间的电压应为 11~14V，将点火开关置于 ON 位置，检查 IG 端子和搭铁端子之间的电压应为 11~14V，否则检修相关电路。

5）使用诊断仪检查组合仪表总成功能是否正常，如不正常应该更换组合仪表组成。

6）如果 ABS 故障灯依然一直点亮，更换 ABS ECU 总成。

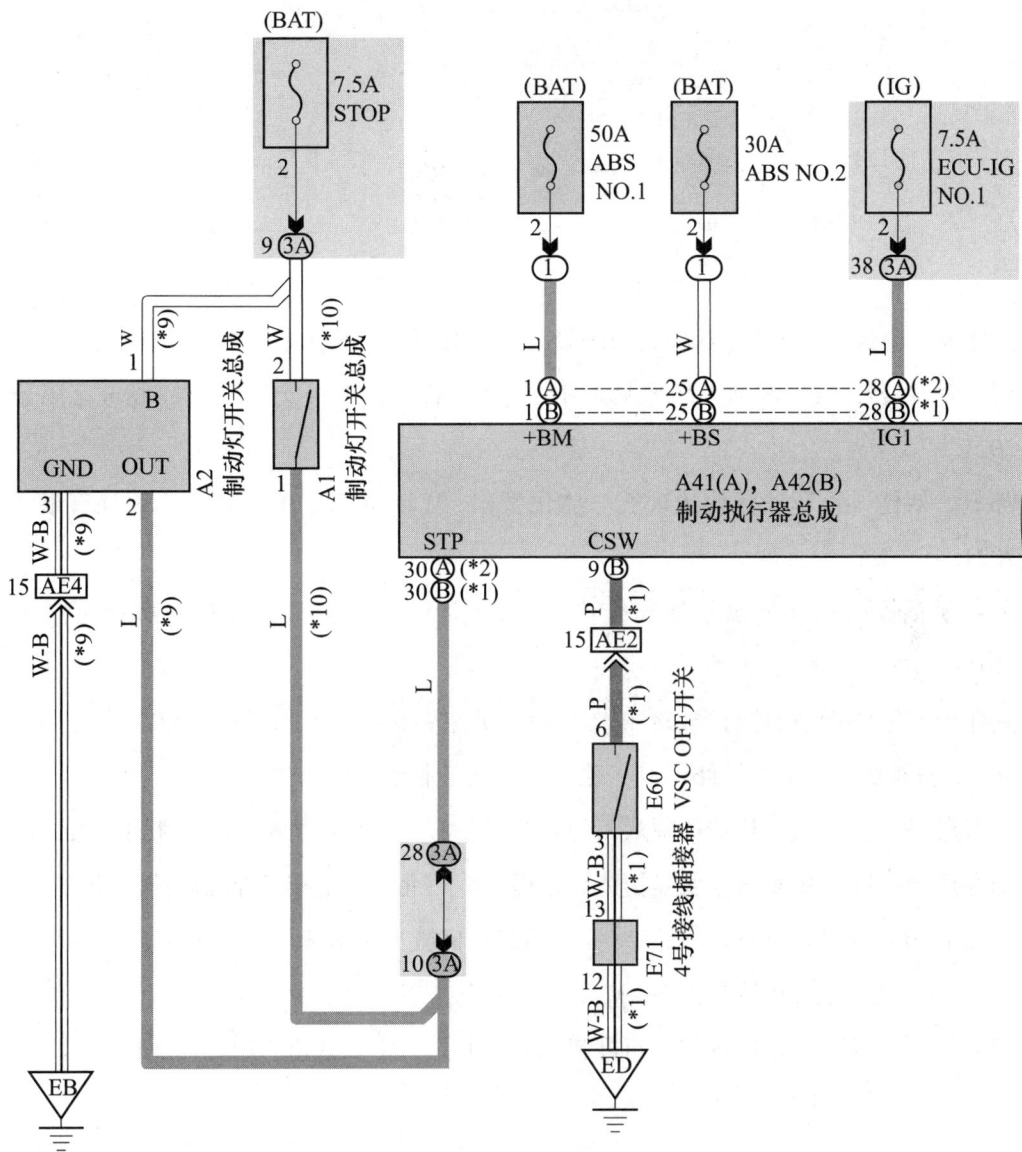

图 5-99 ABS ECU 供电和搭铁电路

参 考 文 献

［1］文定凤，杨长忠. 汽车底盘构造与维修［M］. 北京：机械工业出版社，2021.

［2］谢伟钢,韩鑫. 汽车制动系统维修［M］. 2 版. 北京：人民交通出版社股份有限公司，2021.

［3］郝魁，刘佳. 汽车底盘构造理实一体化教程［M］. 北京：中国铁道出版社有限公司，2021.

［4］曲英凯,刘强. 汽车底盘构造与维修［M］. 2 版. 北京：人民交通出版社有限公司，2018.

［5］刘建华. 汽车底盘构造与维修［M］. 3 版. 北京：机械工业出版社，2017.

［6］胡胜. 汽车底盘构造与维修［M］. 北京：机械工业出版社，2017.

［7］于海东，蔡晓兵. 汽车构造原理从入门到精通［M］. 北京：机械工业出版社，2020.

［8］刘春晖，苏朝辉. 图解汽车底盘构造与原理［M］. 北京：电子工业出版社，2017.

［9］李晶华. 汽车构造与原理［M］. 2 版. 北京：机械工业出版社，2016.

［10］张能武. 汽车原理构造与识图［M］. 北京：化学工业出版社，2018.

［11］蒋勇，冷永森. 汽车底盘构造与拆装［M］. 北京：中国铁道出版社，2016.

中等职业教育汽车专业理实一体化系列教材

ZHONGDENG ZHIYE JIAOYU QICHE ZHUANYE LISHIYITIHUA XILIE JIAOCAI

汽车底盘构造与维修

实训任务书

谢伟钢　黄成○主编

班级：_____

姓名：_____

机械工业出版社

CHINA MACHINE PRESS

目 录

CONTENTS

项目一 认识汽车底盘

学生姓名		班　级		学　　号	
实训场地		学　时		日　期	

➡ 实训内容及要求

熟悉汽车底盘的组成和底盘的总体布置。

➡ 实训器材及资料

实训车辆。

➡ 实训步骤

1. 观察实训车辆驾驶室内，（　　　　）是属于传动系统的部件，（　　　　）是属于转向系统的部件，（　　　　）是属于制动系统的部件。

2. 观察实训车辆，发动机支撑在底盘（　　　　）（选填传动系统、行驶系统、转向系统、制动系统，下同）的（　　　　）（填元件名称）上。

3. 观察实训车辆，写出动力传动路线（　　　），（　　　），（　　　），（　　　），（　　　）。（选填离合器、变速器、分动器、传动轴、主减速器和差速器、半轴等）。

4. 观察实训车辆，是（　　　　）（两轮驱动、四轮驱动），发动机是（　　　　）（前置、中置或后置），（　　　　）（前轮或后轮）驱动。

5. 写出下图中的前后车轮的类型，前轮是（　　　　），后轮是（　　　　）（从转向轮、驱动轮、转向驱动轮，从动轮中选填）。

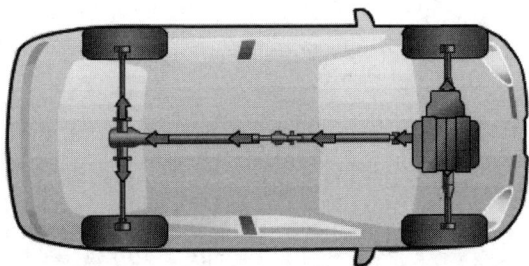

项目二　传动系统的工作原理和维修

任务一　掌握离合器的工作原理和维修

学生姓名		班　级		学　号	
实训场地		学　时		日　期	

➡ 实训内容及要求

熟悉传动系统中离合器的工作原理。

➡ 实训器材及资料

离合器台架，离合器相关维修手册，常用工具。

➡ 实训步骤

一、离合器的认知

1.在下图中标出发动机、变速器、离合器、传动轴、驱动轮等名称，根据下图画出发动机前置前驱传动系统简图。

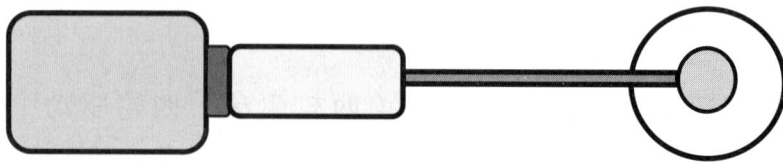

2. 观察实训车辆或台架，按压紧弹簧的种类及布置形式不同，实训车辆或台架的离合器属于（　　　　）离合器。（选填：膜片弹簧、周布弹簧）。

3. 将下图离合器元件的名称标注在图上，对照图上元件的名称和书上的其他图片，认识实训设备上的具体元件。

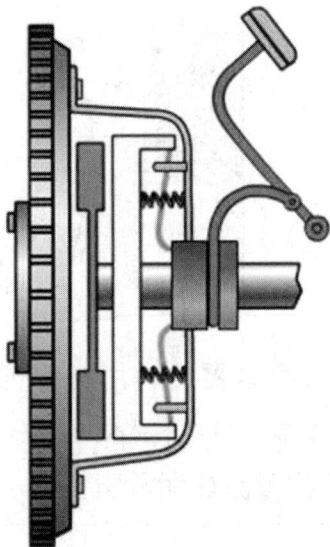

4. 分别将离合器踏板置于未踩、踩下到离合器片打滑，全踩下三种状态，转动发动机曲轴或飞轮，观察变速器输入轴，会发现它依此处于（　　　　）、（　　　　）和（　　　　）（选填：不转动、比飞轮转速较慢、与飞轮转速相同）。

5. 观察实训台架的离合器操纵机构属于（　　　　）（选填：液压式、机械式），该离合器操纵机构包括（　　　　）、（　　　　）、（　　　　）。

二、离合器的拆装

1. 离合器的压盘、飞轮等属于重物，为防止跌落砸伤脚趾，操作时应特别小心，最好穿上（　　　　）（选填：防砸安全鞋、防刺穿安全鞋、防酸碱鞋、防油鞋）。

2. 有些离合器从动盘摩擦片含有石棉纤维，吸入这种粉屑对身体有害，判断下列做法正确的是（　　　　）。

　　A. 使用湿抹布清理　　　　　B. 使用干刷子清理　　C. 使用压缩空气清理

3. 写出实训时需要准备的工具或设备（　　　　）、（　　　　）、（　　　　）、

（　　　　）等。

4. 安装离合器从动盘时，需要注意从动盘的安装方向，从动盘减振弹簧突出的一面（　　　　）。

5. 安装前，参考下图，检查飞轮和离合器盖之间的间隙为（　　　　）mm。

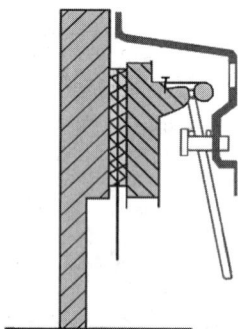

6. 离合器安装好后，检查离合器的自由行程为（　　　　）mm，通过调整（　　　　）可以调整离合器的自由行程。

7. 安装前，你需要在哪些位置涂抹润滑脂？

三、离合器的检修

1. 从动盘的检查（检查时，请参考维修手册）

（1）检查从动盘的磨损情况，目视从动盘摩擦片磨损（　　　　）（填 / 或不）均匀，新从动盘的厚度为（　　　　），测量从动盘的厚度为（　　　　）。

（2）检查从动盘（　　　　）（有 / 无）裂纹。

（3）检查铆钉（　　　　）（有 / 无）松动，使用（　　　　）（量具名称）测量铆钉深度为（　　　　）mm，（　　　　）（符合 / 不符合）要求。

（4）检查从动盘内花键（　　　　）（有 / 无）严重磨损。

（5）检查弹簧（　　　　）（有/不）松动，（　　　　）
　　（存在/不存在）断裂情况。

2. 飞轮的检查

（1）检查飞轮与离合器从动盘接触的平面其磨损程
　　度，（　　　　）（有/无）裂纹，使用（　　　　）
　　检查其（　　　　）（有/无）翘曲变形。

（2）检查飞轮与离合器从动盘接触的平面颜色（　　　　）（是/不）一致，
　　（　　　　）（有/无）过热烧损。

（3）检查飞轮齿圈（　　　　）（有/无）松动，检查齿圈上的齿（　　　　）
　　（存在/不存在）断裂或严重磨损的情况。

（4）检查飞轮上共有（　　　　）个安装离合器盖螺栓孔，孔内螺纹
　　（　　　　）（正常/不正常）。

3. 离合器压盘组件的检修

（1）检查离合器压盘的磨损情况，（　　　　）（有/没有）较为严重的沟槽，
　　（　　　　）（有/没有）烧坏变色的情况。

（2）检查传动钢片两个固定端（　　　　）（有/没有）松动。

（3）检查分离杠杆与分离轴承接触位置的磨损情况，（　　　　）（有/没有）
　　较为严重的磨损。

（4）通过你的判断，（　　　　）（需要/不需要）更换离合器压盘组件。

4. 分离轴承和分离拨叉的检修

（1）转动分离轴承，检查轴承（　　　　）（有/没有）漏油留下来的油迹，
　　快速转动（　　　　）（有/没有）发卡，（　　　　）（有/没有）发出沙沙
　　的声音。通过判断，（　　　　）（需要/不需要）更换分离轴承。

（2）检查分离轴承和分离拨叉上的弹簧，弹力（　　　　）（正常/减弱），弹
　　簧接触点的磨损（　　　　）（正常/严重）。

（3）检查分离拨叉和分离轴承的接触位置，磨损（　　　　）（正常/严重），
　　分离拨叉和支撑杆接触位置，磨损（　　　　）（正常/严重），分离拨叉
　　和工作缸推杆接触位置，磨损（　　　　）（正常/严重）。

任务二 掌握手动变速器的工作原理和维修

学生姓名		班　级		学　号	
实训场地		学　时		日　期	

➡ 实训内容及要求

熟悉手动变速器的工作原理和维修。

➡ 实训器材及资料

手动变速器台架，相关手动变速器的维修手册，常规工具，铜棒，长一字螺钉旋具，小型顶拔器，维修资料等。

➡ 实训步骤

一、手动变速器的认知

1. 观察实训用的手动变速器变速杆，该变速器有（　　　　）个前进档位，观察变速器输入轴和输出轴的位置，判断变速器是（　　　　）（三轴 / 二轴式）变速器。

2. 手动将变速器置于各个档位，通过手感判断各个档位的自锁功能，（　　　　）（正常 / 异常）。

3. 手动将变速器置于倒档，通过手感判断倒档锁功能，（　　　　）（正常 / 异常）。

4. 在空档时，拆下手动变速器盖，手动将档位分别挂入各个档位，挂入各档的阻力（　　　　）（大致相同 / 有些异常）。

5. 观察手动变速器操纵机构的组成，写出挂入倒档时，挂入档位的力从变速杆传动的路线。

变速杆 ---- →

6. 拆下手动变速器盖，分别手动将档位置于各个前进档和倒档，转动主动轴，写出各个档位动力传递路线。

7. 熟悉同步器各个元件的结构和作用，将其名称填写在横线上。

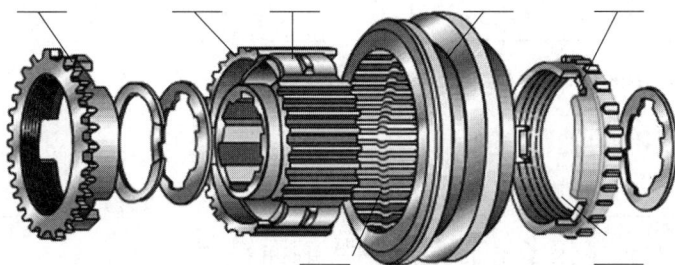

二、手动变速器的拆装

1. 准备原厂维修手册或用户手册或其他资料，实训用的手动变速器齿轮油液位（   ）（正常/异常），如果排干内部旧齿轮油，需重新添加（   ）L新齿轮油，查找维修资料，该车型手动变速器的齿轮油更换周期为（   ）。

2. 拆下变速器锁止机构，注意每拆下一处弹簧和钢珠，使用游标卡尺记录弹簧的自由高度和钢珠的直径，以免安装时混淆，记录如下。

3. 拆下变速器所有的轴承，拆卸轴承需要使用（   ）等工具。

4. 将手动变速器在壳体外组装，模拟手动变速器工作时的状态，该变速器空档时，有下列元件运转（   ）。

三、手动变速器的检修

（1）参考下表设计成一个检查表格，检查所有的齿轮，并判断是否需要更换。

名称	轻微的斑点	齿厚磨损长度	齿长磨损比例	其他损坏	更换/不更换
一档主动齿轮					
一档从动齿轮					
……					

（2）检查轴承与轴承座。

检查并记录所有的轴承与轴承座的配合间隙：＿＿＿＿＿＿＿＿＿＿＿

＿＿＿＿＿＿＿＿＿＿＿；检查并记录所有的轴承运转是否发卡：＿＿＿＿＿＿＿；

检查并记录所有的轴承滚子和轴承座的接触面：＿＿＿＿＿＿＿＿＿＿＿。

（3）检查输入轴和输出轴，不应有裂纹，轴颈及花键（　　　　）（有/没有）严重磨损，使用（　　　　）（量具名称）检查轴的径向圆跳动，不应超过0.05mm，否则应更换。

（4）检查同步器，将同步环压在各自齿轮的锥面上，按压转动同步环时要有阻力，用塞尺测量环齿与轮齿之间的间隙，该间隙为（　　　　）mm。

（5）检查变速器壳体（　　　　）（有/没有）裂纹，变速器轴承孔磨损过大应该更换，检查壳体接合面翘曲的变形，其平面度是（　　　　）mm。

（6）检查拨叉和拨叉轴。检查拨叉是否变形，磨损（　　　　）（正常/过度）。

任务三 掌握自动变速器的工作原理和维修

学生姓名		班　　级		学　　号	
实训场地		学　　时		日　　期	

➡ 实训内容及要求

熟悉自动变速器的工作原理和维修。

➡ 实训器材及资料

自动变速器台架，相关车辆维修手册，常规工具。

➡ 实训步骤

一、自动变速器的认知

1. 选择观察实训用的 1 种自动变速器或车辆的变速杆，该自动变速器的类型为（　　　　）（选填：AMT、AT、CVT、DCT）。

2. 实训车辆或自动变速器台架上的换档面板上分别有（　　　　）、（　　　　）、（　　　　）、（　　　　）等字母，其代表（　　　　）、（　　　　）、（　　　　）、（　　　　）等档位。

3. 标注下图中有标注线元件的名称，并将这种 CVT 前进档动力传递路线写在右框中。

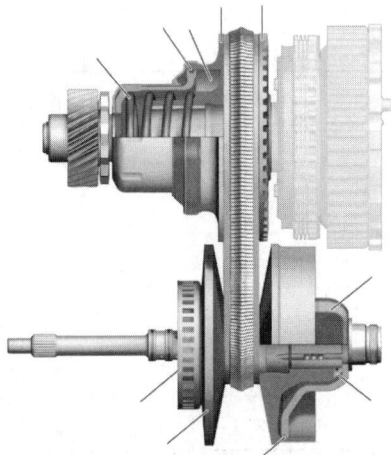

4. 根据教材中 AMT 变速器的图或者实训设备，写出 2 档换 1 档时，该 AMT 变速器换档执行机构是如何工作的？

5. 写出双离合器自动变速器 1 档动力传动路线。

6. 观察 AT 实训用解剖开的液力变矩器，按元件从前到后所在的位置顺序，写出液力变矩器由（　　　）、（　　　）、（　　　）和（　　　）等组成。（选填：泵轮、导轮、叶轮、涡轮、单向离合器、锁止离合器）

7. 行星齿轮机构由（　　　）、（　　　）、（　　　）、（　　　）组成。根据右上图完成下表中行星齿轮机构工作情况的填写。

固定件	主动件	从动件	转速变化	转向
太阳轮	行星架	齿圈	增速	同向

8. 写出教材中或实训用自动变速器 D2 档工作的离合器和制动器名称及动力传动路线。

9. 对照下图及实训用的自动变速器离合器，分析离合器毂各个部位分别和哪些位置接触？

二、自动变速器的拆装

1. 拆卸自动变速器时，所有零件应按顺序放好，以利装复。特别是分解阀体总成时，（　　　）应与（　　　）放在一起，必要时做（　　　）及（　　　）。（选填：阀门、中间板、弹簧、标记、记录）

2. 更换新的摩擦片时，在装配前必须将其放入 ATF 中进行浸泡（　　　）以上，原有的摩擦片也须浸泡（　　　）左右，再进行组装。（选填：20min、15min、10min、5min）

3. 所有密封圈、旋转件和滑动表面，在装配前都（　　　）涂抹自动变速器油。（选填：必须、不必）

4. 拆解自动变速器需要做好记录，以免安装时装配错误，拆卸时可以利用手机拍照等方式记录，并制作好类似如下表格，进行相关记录。

序号	拆卸部位	拆卸内容	需要注意的安装方向等	备注

三、自动变速器的检修

1. 检查和更换自动变速器油

（1）查找维修资料，该自动变速器油加注量为（　　　　）L。该自动变速器油的换油周期是（　　　　）月或（　　　　）km。

（2）检查自动变速器油油位（　　　　）（正常/不正常）。

（3）检查自动变速器油油质（　　　　）（正常/不正常）。

（4）不使用换油机给自动变速器换油，写下换油的步骤。

（5）使用换油机给自动变速器换油，写下换油的步骤。

2. 档位开关的检查

通过维修资料找到实训用的自动变速器档位开关电路图，检查空档开关的阻值，依次将档位挂入各个档位，检查电源线和各个档位信号线的电阻，将测量值记录在下面。

3. 油泵的检查

（1）检查油泵时，需要检查油泵齿轮间隙，间隙为（　　　　　）mm。

（2）检查油泵泵体间隙，间隙为（　　　　　）mm。

（3）用钢直尺和塞尺测量这两个齿轮的侧隙，侧隙为（　　　　　）mm。

4. 离合器的检查

（1）检查离合器毂，油道（　　　　　）（正常 / 不正常），（　　　　　）（有 / 无）变形等损坏。

（2）利用压缩空气，拆下离合器活塞，检查密封圈，（　　　　　）（正常 / 已损坏）。

（3）检查离合器钢片，所有钢片的厚度（　　　　　）（一致 / 不一致）。

（4）检查离合器的弹簧（　　　　　）（正常 / 已损坏），球阀（　　　　　）（正常 / 已损坏）

（5）将离合器钢片、摩擦片进行装配，测量装配后的间隙是（　　　　　），该间隙属于（　　　　　）（正常 / 不正常）。

任务四　分动器的认知

学生姓名		班　　级		学　　号	
实训场地		学　　时		日　　期	

➡ 实训内容及要求

熟悉分动器的工作原理。

➡ 实训器材及资料

分动器台架，相关车辆维修手册，常规工具。

➡ 实训步骤

1. 四轮驱动车辆安装了（　　　　），其可以将变速器输出的动力分配到前、后驱动桥。（选填：分动器、变速器）

2. 分动器可以采用（　　　　），也可以采用（　　　　）。（选填：链条传动、带传动、齿轮传动）

3. 很多车辆四轮驱动系统是采用（　　　　）来控制动力分配。（选填：干湿离合器、多片离合器）

4. 分动器用电脑通过电控机构控制动力分配到前后轴的比例，正常情况下，系统按照（　　　　）的比例分配动力。（选填：50∶50、40∶60）

任务五　掌握万向传动装置的结构和维修

学生姓名		班　级		学　号	
实训场地		学　时		日　期	

➡ 实训内容及要求

熟悉万向传动装置的结构和原理。

➡ 实训器材及资料

万向传动装置台架，相关车辆维修手册，常规工具。

➡ 实训步骤

一、万向传动装置的认知

1. 实训用的万向传动装置是安装在（　　　　）和（　　　　）之间。
2. 标出十字轴式万向节各个部件的名称，小心拆卸注油嘴，观察润滑脂油道的方向。

3. 对照实训用的球笼万向节，标出球笼万向节各个部件的名称，认真观察每个元件的结构，需要注意其安装时的方向。

4. 举升车辆，在车辆从原地到车轮悬空的过程中，万向传动装置的传动角度在（　　　　）（变大/变小），驱动轮和发动机的距离（　　　　）（变长/变短）。

二、万向传动装置的拆装

1. 支撑好车辆，做好安全防护。拆卸前查找维修资料，查找车轮固定螺栓的拧紧力矩是（　　　　），轮毂紧固螺母的上紧力矩是（　　　　）。

2. 拆松轮毂紧固螺母，拆卸车轮，分离下摆臂，使用（　　　　）（工具名称）拆松内球笼，从实训车辆上拆下外球笼万向节。

3. 分解内、外球笼万向节，将装配记号记录在下面。

三、万向传动装置的检修

1. 传动轴的检修

检查传动轴或半轴，（　　　　）（有/没有）明显的损坏，使用（　　　　）和（　　　　）测量传动轴的径向圆跳动量，测量径向圆跳动量为（　　　　）mm。

2. 十字轴式万向节的检修

检查万向节叉、十字轴是否有裂纹，是否存在明显的磨损痕迹，滚子轴承油封是否失效、滚子是否断裂，该十字轴式万向节（　　　　）（可以/不可以）继续使用。

3. 球笼万向节的检修

检查球笼壳上的花键（　　　　）（有/没有）损坏，检查螺纹（　　　　）（有/没有）出现明显损坏。检查球笼外壳、钢球、行星壳的工作表面（　　　　）（有/没有）金属剥落。

任务六　掌握驱动桥的工作原理和维修

学生姓名		班　级		学　号	
实训场地		学　时		日　期	

➡ 实训内容及要求

熟悉驱动桥的工作原理，拆装过程及检修方法。

➡ 实训器材及资料

驱动桥台架，相关车辆维修手册，常规工具。

➡ 实训步骤

一、驱动桥的工作原理

1. 观察实训驱动桥台架是（　　　　）（整体式/断开式）车桥的驱动桥，它由（　　　）、（　　　）、（　　　）和（　　　）等组成。

2. 观察实训车辆，主减速器和差速器位于（　　　　）（前桥/后桥）。如果是采用发动机前置前桥驱动形式的汽车，一般将（　　　）和（　　　）合为一体，布置在一个壳体内，称之为变速驱动桥。（选填：变速器、减速器、驱动桥）。

3. 在右图上标注元件的名称，参考下图以及观察驱动桥实训驱动桥台架，转动驱动桥输入轴，左、右半轴或凸缘转速（　　　）（相同/不相同），如果转速不同，是因为转速慢的一边阻力（　　　）（大/小）。

4. 同时顺时针转动驱动轮或半轴凸缘，驱动桥输入轴（　　　）（顺时针/逆时针）转动，以相同转速，不同方向转动半轴凸缘，驱动桥输入轴（　　　）转动（顺时针/逆时针/不）。左半轴凸缘快速转动，分别让右半轴凸缘慢速顺时针和逆时针转动，观察输入轴转动方向。

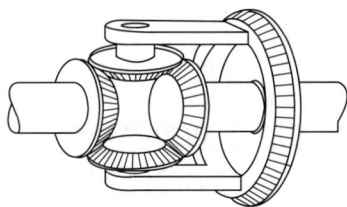

二、驱动桥的拆装

1. 驱动桥中主减速器主动齿轮的前后圆锥滚子轴承、差速器左右轴承盖、调整螺母等不得互换，拆卸前需要仔细检查装配记号，若无记号需要重新做上标记。可以使用记号笔或图示扎带扎住轴承等方式做标记，在下面方框内写出需要做标记的元件及做标记的方法。

2. 观察驱动桥注油螺栓的位置，查找维修资料，该驱动桥需要注油（　　　　）L，该驱动桥适合加（　　　　）（写出维修资料给出的齿轮油型号）润滑油。

3. 拆解驱动桥需要准备哪些工具和材料。

三、驱动桥的检修

1. 预紧度的调整

观察实训用的驱动桥主减速器主动齿轮支承轴承其预紧度是通过（　　　　）进行调整，实训用的驱动桥主减速器从动齿轮支承轴承是通过（　　　　）进行调整。有意将主减速器主动齿轮支承轴承预紧度调小一些，推拉主减速器主动轴，（　　　　）（可以 / 可以）感觉到间隙。

2. 啮合印痕的调整

检查实训用的驱动桥主减速器啮合印痕在齿高方向的（　　　　）（中间 / 偏上 / 偏下），在齿宽方向（　　　　）（偏大端 / 中间 / 偏小端），占齿宽的（　　　）（60% 以上或 60% 以下），（　　　　）（需要 / 不需要）进行调整。如果需要调整，写出实训用设备啮合印痕调整的方法。

3. 零部件的检修

（1）检查壳体（　　　　）（有 / 没有）漏油的地方，壳体轴承承孔有（　　　）处，（　　　）（有 / 没有）明显的磨损，轴承外壳（　　　）（有 / 没有）松旷。

（2）检查所以齿轮上的轮齿，接触表面（　　　　）（有 / 没有）明显的斑点、剥落缺损或阶梯形磨损。

（3）使用压缩空气和气枪检查通气螺塞，检查结果为（　　　）（正常 / 不正常）。

（4）驱动桥一共（　　　）个轴承，按如下步骤检查每一个轴承，转动轴承（　　　）（灵活 / 发卡），检查轴承外圈（　　　）（正常 / 不正常，下同），检查轴承内圈（　　　），检查所有的滚子（　　　），检查滚子保持架（　　　）。

（5）检查行星齿轮轴，通过目测和手感判断行星齿轮轴（　　　）（有 / 没有）明显的磨损，如果有，使用游标卡尺测量其磨损量为（　　　）。

（6）检查止推垫圈。检查止推垫圈的正面和背面，（　　　）（有 / 没有）明显的磨损。

（7）检查半轴不应有裂纹，检查半轴不应存在明显的扭曲及其他形式的变形，检查半轴上的花键，（　　　）（有 / 没有）磨损。

项目三　行驶系统的工作原理与维修

任务一　掌握车架的结构与维修

学生姓名		班　　级		学　　号	
实训场地		学　　时		日　　期	

➡ 实训内容及要求

熟悉车架的结构和检修。

➡ 实训器材及资料

车架台架，车架相关的维修手册，常规工具。

➡ 实训步骤

一、车架的功用和结构

1. 观察实训车辆，按照车架纵梁和横梁的结构特点，实训车辆的车架属于（　　　　）车架。（边梁式/中梁式/综合式/无梁式）

2. 观察普通常见的轿车，发动机有（　　　　）个支撑位置，分别支撑在（　　　　）。

3. 观察实训车辆散热器、转向器、制动主缸分别固定在车架哪个位置？

二、更换车架的注意事项

1. 拆卸保险杠前，检查前照灯远光（　　　　）（亮/不亮），前转向灯

（　　　　）（亮 / 不亮），前雾灯（　　　　　）（亮 / 不亮）。在安装保险杠后，重新对以上灯光进行检查。

2. 准备类似图所示的保险杠支架，以便拆卸保险杠后存放。准备维修手册，拆装保险杠观察前横梁等结构，写下需要准备的其他工具。

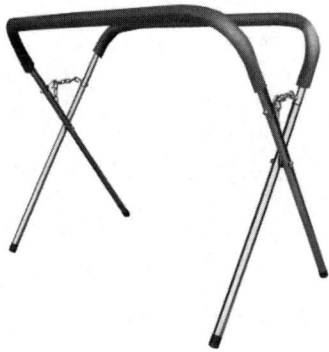

3. 观察前横梁与前纵梁采用（　　　　　）连接，拆装时需要（　　　　　）（工具名称），拧紧力矩为（　　　　　）。

4. 安装保险杠后，检查保险杠和前照灯、翼子板等处的缝隙大小（　　　　　）（不一致 / 一致）。

三、边梁式车架的维修

1. 焊修车架裂纹时，要在裂纹尽头钻直径 5mm 左右的（　　　　　），然后用电焊修复。（选填：观察孔、止裂孔）

2. 铆钉孔变形或错位，可扩孔修理。其孔径应为（　　　　　）铆钉孔的尺寸。（选填：大一级、小一级）。

3. 当铆钉孔磨损大于标准要求（　　　　　）时，应填焊旧铆钉孔，并重新钻铆钉孔。（选填：2 mm、4 mm）。

4. 铆接通常需要（　　　　）、（　　　　）、（　　　　）、断尾成型等过程。（选填：拉铆、对正、变形）。

任务二　掌握车桥的结构与维修

学生姓名		班　　级		学　　号	
实训场地		学　　时		日　　期	

➡ 实训内容及要求

熟悉车桥的结构和检修。

➡ 实训器材及资料

车桥的台架，车桥的相关维修手册，常规工具。

➡ 实训步骤

一、车桥的认知

1. 观察实训车辆的前后桥，前桥是（　　　　）（整体式/断开式）（　　　　）（转向桥/驱动桥/转向驱动桥/支持桥），后桥是（　　　　）（　　　　）。

2. 观察带有主销的实训车辆，其主销无法转动，因为（　　　　）对其的固定。

3. 断开式前桥中（　　　　）和（　　　　）的作用相当于整体式车桥中的前轴。

4. 支撑实训车辆的前轮，转动转向盘，观察前轮围绕（　　　　）和（　　　　）的连线转动。

5. 观察前置前驱的轿车，其后桥为支持桥，思考一下，汽车前行时，前轮驱动车辆的力是从（　　　　）（车身/后轮）经过车桥传到（　　　　）（车身/后轮）。

6. 观察实训车辆，可以从（　　　　）处调整前轮前束值。

二、车桥的拆装

1. 查找原厂维修资料，拆装前桥下摆臂需要准备（　　　　）等工具。

2. 实训车辆下摆臂球头的位置（　　　　）（可以调整/不可以调整）。

3.参考下图，写下更换下摆臂衬套的过程。

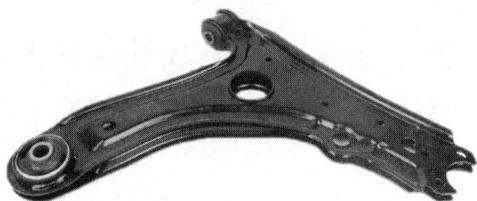

三、车轮定位的调整

1.定位前的检查。

（1）检查左前轮胎压（　　　　）bar[⊖]，检查右前轮胎压（　　　　）bar，前轮标准胎压（　　　　）bar，检查左后轮胎压（　　　　）bar，检查右后轮胎压（　　　　）bar，后轮标准胎压（　　　　）bar。检查轮胎的磨损（　　　　）。（正常磨损 / 不正常）

（2）转动车轮，目测检查轮胎径向圆跳动量，如果很明显，使用百分表检查轮毂的径向圆跳动量为（　　　　）。

（3）一手扳动左前轮上方，一手扳动左前轮下方，检查左前轮车轮轴承间隙（　　　　）（正常 / 过大）。

（4）检查左、右摆臂球节的磨损（　　　　）（正常 / 不正常），检查左、右拉杆球头的磨损（　　　　）（正常 / 不正常），检查转向横拉杆接头的磨损（　　　　）（正常 / 不正常），检查控制臂衬套（　　　　）（正常 / 不正常），检查稳定杆及拉杆的衬套（　　　　）（正常 / 不正常）。

（5）检查转向器的固定（　　　　）（正常 / 不正常）。

（6）检查减振器的杆部（　　　　）（有 / 没有）磨损，（　　　　）（有 / 没有）

⊖　1bar=100kPa

泄漏。

（7）检查转向盘回位（　　　　）（正常 / 拖滞）。

（8）检查燃油油位（　　　　）（满格 / 过低），查找燃油箱容量和燃油密度，计算需要配重（　　　　）kg，写下计算过程。

2. 安装时两卡爪位置处于（　　　　）（选填：基本水平、基本垂直）。

3. 四个目标全部得到补偿（　　　　），拉上驻车制动，将变速器置于（　　　　），手动变速器的车辆置于（　　　　）。（选填：前、后、空档、驻车档）

4. 一般车辆的前后轮（　　　　）和（　　　　）、后轮（　　　　）不可调整。（选填：后倾角、内倾角、外倾角、前束）

5. 最后调整的左前轮前束角（　　　　）°，其正常范围是（　　　　），是（　　　　）（符合 / 不符合）标准的，最后调整的右前轮前束角（　　　　）°，其正常范围是（　　　　），是（　　　　）（符合 / 不符合）标准的。

任务三　掌握车轮和轮胎的结构与维修

学生姓名		班　　级		学　　号	
实训场地		学　　时		日　　期	

➡ 实训内容及要求

熟悉车轮和轮胎的结构与维修。

➡ 实训器材及资料

车轮和轮胎的结构与维修台架，相关车辆维修手册，常规工具。

➡ 实训步骤

一、车轮和轮胎的认知

1. 观察实训车辆，汽车车轮总成是由（　　　　）和（　　　　）两大部分组成的。

2. 观察实训车辆，（　　　　）是介于轮胎和车桥之间承受负荷的旋转组件，其功用是安装轮胎。（选填：车轮、轮毂、轮辋）

3. 车轮一般是由（　　　）、（　　　）和（　　　）组成。（选填：轮胎、轮毂、轮辋、轮辐）

4. 按轮辐结构的不同，车轮可以分为（　　　　）车轮和（　　　　）（选填：辐板式、辐条式、铸造式）车轮，观察实训车辆，其车轮是（　　　　）。

5. 按轮辋结构不同，其常见结构形式有：（　　　　）轮辋，代号（　　　　），（　　　　）轮辋，代号（　　　　）和（　　　　）对开式轮辋，代号（　　　　）。（选填：深槽、对开式、平底、FB、DC、DT），实训车辆采用的是（　　　）式轮辋。

6. 汽车轮胎按胎体结构不同可分为（　　　　）轮胎和（　　　　）轮胎。（选填：实心、充气），实训车辆采用的是（　　　　）轮胎。

7. 胎面是轮胎的外表面，可分为（　　　　）、（　　　　）和（　　　　）三部分。（选填：胎冠、胎肩、胎体、胎侧）

8. 轮胎花纹主要有（　　　　　）花纹、（　　　　　）花纹和（　　　　　）花纹（选填：普通、混合、越野、横向），实训车辆上使用的是（　　　　　）花纹的轮胎。

9. 实训车辆上子午线轮胎的规格（　　　　　），表示轮胎断面宽度为（　　　　　）mm，扁平比为（　　　　　），轮胎直径为（　　　　　）英寸⊖（in）。

二、车轮和轮胎的拆装

1. 轮胎的更换

（1）打开危险警告灯开关，检查所有的危险警告灯灯光，（　　　　　）（正常／不正常）。

（2）从行李舱中取出三角警示牌，检查三角警示牌（　　　　　）（正常／不正常），将其放置在车后。

（3）检查备胎的胎压为（　　　　　）bar，该车备胎标准胎压为（　　　　　）bar。行李舱内随车工具包括（　　　　　）等。

（4）接着将备胎放置在（　　　　　），以防止车身倾斜。

（5）将轮胎螺栓拧松，面向轮胎，（　　　　　）（顺／逆）时针拧动螺栓。

（6）用（　　　　　）将汽车支离地面，车辆的顶起位置要正确，观察车身不要有倾斜。

（7）取下轮胎，并与车底的备胎互换位置，安装好轮胎，（　　　　　）（对角／逆时针）拧紧轮胎固定螺栓。取出千斤顶，再次拧紧轮胎固定螺栓。

2. 轮胎的拆装

（1）戴好护目镜，穿（　　　　　）（防电／包头／防滑）劳保鞋，给轮胎进行放气。

（2）分离轮胎时，分离铲避开（　　　　　）（气门嘴／平衡块）。

（3）将轮胎放置卡紧在工作盘，在轮胎外缘上涂抹（　　　　　）（清水／润滑剂），使用撬棒和工作盘将轮胎的下边缘拆出。

（4）将轮胎下边缘放到轮辋上，往轮胎边缘涂上润滑剂，放下拆装器，使轮胎下边缘与拆装器交叉。用手（　　　　　）（抬起／压下）轮胎，旋转工作盘，使轮胎下边缘脱离轮辋。

⊖ 1in=25.4mm

（5）用同样的方法安装轮胎，安装轮胎上边缘时可借助专用压具，边转边压。安装完成后，对轮胎进行充气及（　　　　）试验。

三、车轮和轮胎的维修

1. 轮胎压力的检查。轮胎气压可用气压表进行检查，轮胎的气压值一般在（　　　　）kPa。（200/220/250）

2. 检查轮胎的磨损。校正胎纹尺，使用胎纹尺检查3次轮胎胎冠上花纹深度分别为（　　）、（　　）和（　　），其中最小值为（　　），（　　）（符合/不符合）使用要求。

3. 选择（　　）（交叉换位法/平行换位法）轮胎换位法，将左前轮换位到（　　）。

4. 选择快速修补法修补轮胎，用简要的文字描述修补的过程。

5. 进行车轮动平衡试验前，要拆下车轮上的（　　），清理胎面杂物，确保（　　）在标准范围内。（选填：平衡块、气门嘴、轮胎气压、轮胎花纹深度）

6. 轮胎动平衡显示仪两边显示数值的误差值在（　　）g内，车轮即达到动平衡要求。（选填：5、10）

7. 车轮动平衡块的平衡块也称配重，通常有（　　）和（　　）两种类型。（选填：卡夹式、粘贴式、吸附式）

8. 车轮动平衡

（1）查找车轮上有（　　）个平衡块，将其拆下。清理胎面上的大石粒，测量胎压为（　　）bar，胎压（　　）（正常/需要调整）。

（2）将轮胎套装在动平衡仪主轴上，用（　　）将车轮固定在主轴上。

（3）用卡尺测量轮辋宽度（　　），轮辋直径是（　　），测量轮辋边缘至机箱距离（　　）。

（4）动平衡仪需要输入（　　　　）。

（5）放下车轮防护罩，按下启动键，车轮旋转，当车轮自动制动后，观察显示仪上的数据为（　　　　）。

（6）慢慢转动车轮，当显示仪的左侧红色方块变成（　　　　）色时。在轮辋内左侧指示位置贴上相应的数值平衡块。选择（　　　　）式和（　　　　）式平衡块。

（7）按下启动键，再次测量，显示仪两边显示数值的误差值在（　　　　）内，车轮即达到动平衡要求。

（8）完成试验后，取下轮胎，切断（　　　　）。

任务四 掌握悬架的结构与维修

学生姓名		班 级		学 号	
实训场地		学 时		日 期	

🔘 实训内容及要求

熟悉悬架的结构与维修。

🔘 实训器材及资料

悬架台架，相关车辆维修手册，常规工具。

🔘 实训步骤

一、悬架的认知

1. 观察实训台架或实训车辆，按照控制形式不同，该悬架属于（ ）（被动式 / 半主动式 / 主动式）悬架。

2. 观察被动悬架实训台架或实训车辆，该悬架属于（ ）（非独立 / 半独立式 / 独立）悬架。

3. 支起非独立悬架左侧车轮，右侧车轮的位置（ ）（发生 / 不发生）变化。

4. 常见的独立悬架有（ ）悬架、（ ）悬架、（ ）悬架、（ ）悬架等形式，观察实训设备，属于（ ）悬架，该悬架包括（ ）、（ ）、（ ）等元件。

5. 减振器吸收（ ）起落时的振动能量，使车辆迅速恢复平稳状态，改善汽车行驶的平顺性。减振器是利用（ ）流动来消耗振动能量的。（选填：弹性元件、导向机构、内部液体、内部气体）

6. 减振器可以分为（ ）和（ ）两种，筒式减振器又分为（ ）作用式和（ ）作用式。实训台架使用的是（ ）减振器。（选填：摇臂式、筒式、单向、双向）

7. 用力按压车身，车身起伏（ ）次，大概估计减振器（ ）（正

常 / 损坏)。

二、悬架的拆装

练习拆解带有螺旋弹簧的减振器总成，以下最合理的拆装步骤是（　　　　），拆装时最好准备好台虎钳。

a）拆卸前螺旋弹簧下隔振垫。

b）拆卸前弹簧缓冲块。

c）拆卸前螺旋弹簧。

d）拆卸前螺旋弹簧上隔振垫。

e）拆卸前螺旋弹簧上座。

f）拆卸前悬架支座防尘密封圈。

g）拆卸前悬架支座分总成。

h）将螺栓和螺母安装至减振器下支架，并用台虎钳固定带螺旋弹簧的前减振器。检查并确保前螺旋弹簧被完全压缩。注意不要使用冲击扳手。拆下前支架前减振器螺母。

i）用两个专用工具以一定角度压缩前螺旋弹簧。

三、悬架的检修

1. 检查减振器

（1）车辆行驶后，用手触摸减振器，（　　　　）（正常 / 不正常）的减振器会微热。

（2）将拆下的减振器进行压缩和拉伸，应感觉到阻力，（　　　　）（拉伸 / 压缩）的阻力要比（　　　　）（拉伸 / 压缩）时的阻力大很多。

（3）检查减振器（　　　　）（有 / 没有）漏油的痕迹。

（4）检查减振器杆部（　　　　）（有 / 没有）磨损。

（5）检查防尘套（　　　　）（有 / 没有）破损。

（6）检查缓冲胶垫（　　　　）（有 / 没有）损坏。

（7）检查减振器支承轴承（　　　　）（有 / 没有）发卡。

2. 检查螺旋弹簧

（1）目测检查螺旋弹簧（　　　　）（有 / 没有）明显损坏与变形。

（2）使用钢直尺测量左侧螺旋弹簧的自由长度为（　　　　），右侧螺旋弹簧的自由长度为（　　　　），其长度和标准件（　　　　）（是 / 不是）一致。

（3）检查螺旋弹簧上座（　　　　）（正常 / 不正常），下座（　　　　）（正常 / 不正常）。

3. 平衡杆的检查

（1）目测检查平衡杆（　　　　）（有 / 没有）明显的损坏。

（2）使用撬棒撬动平衡杆，检查平衡杆支撑座，左侧平衡杆支撑座胶套（　　　　）（正常 / 不正常），右侧平衡杆支撑座胶套（　　　　）（正常 / 不正常）。

（3）使用套筒及扭力扳手检查左侧平衡杆支撑座锁紧螺栓（　　　　）（正常 / 不正常），检查右侧平衡杆支撑座锁紧螺栓（　　　　）（正常 / 不正常）。

（4）检查平衡杆和左侧拉杆连接球头（　　　　）（有 / 没有）严重磨损，检查平衡杆和右侧拉杆连接球头（　　　　）（有 / 没有）严重磨损。检查球头锁紧螺母（　　　　）（松动 / 正常）。

（5）检查平衡杆拉杆和减振器塔柱连接球头（　　　　）（松动 / 正常），防尘套（　　　　）（损坏 / 正常）。

（6）检查后悬架锁闩连杆（　　　　）（有损坏 / 正常），检查相关胶套（　　　　）（有损坏 / 正常），检查连接螺栓（　　　　）（松动 / 正常），检查防尘套（　　　　）（有损坏 / 正常），检查连接球头（　　　　）（有损坏 / 正常）。

4. 主动悬架的检查

写出实训用主动悬架其元件所在位置，查找原厂维修手册，根据维修手册进行检查，简要的写出其中一个元件的检查方法。

项目四 转向系统的工作原理与维修

任务一 转向系统的认知

学生姓名		班　级		学　号	
实训场地		学　时		日　期	

➡ 实训内容及要求

熟悉转向系统的工作原理和检修。

➡ 实训器材及资料

转向系统台架或实训车辆，相关车辆维修手册，常规工具。

➡ 实训步骤

1. 汽车正常行驶时，（　　　　）、（　　　　）、（　　　　）（选填变道、回正、保持方向、爬坡）等需要用到转向系统。

2. 将转向盘顺时针转到底，做好一个标记后，再将转向盘逆时针转到底，观察转向盘的行程大约（　　　　）圈。

3. 将转向盘顺时针转到底，观察左前轮的转向角（　　　　）（＞、＝、＜）右前轮转向角。

4. 将转向盘顺时针转到底，松开手后，转向轮（　　　　）（可以／不可以）自动回正，思考一下为什么？

5. 测量或上网查询实训车辆的转弯半径约为（　　　　）m。

6. 通常车身越长，转弯半径越（　　　　）（大／小）。

7. 观察实训车辆转向力矩的传递方向，人为扳动左转向轮，力矩从转向轮到（　　　　）、（　　　　）、（　　　　）、（　　　　）、（选填横拉杆、转向柱、转向器、转向轴、转向节等）转向盘等。

任务二 掌握机械转向系统的原理与维修

学生姓名		班 级		学 号	
实训场地		学 时		日 期	

➲ 实训内容及要求

熟悉机械转向系统的功用和转向原理。

➲ 实训器材及资料

转向系统台架或实训车辆，相关车辆维修手册，常规工具。

➲ 实训步骤

一、机械转向系统的认知

1. 观察实训车辆的转向盘，是有（　　　　）条辐条，转向盘上有
（　　　）、（　　　）等开关，转向盘上（　　　）（有/无）安全气囊。

2. 观察转向柱（　　　）（有/无）上、下调节功能，（　　　）（有/无）
前、后调节功能，将转向柱调节到合适的位置。

3. 观察转向柱上（　　　）（有/无）万向节。

4. 实训车辆上使用的是（　　　）类型的转向器。

5. 观察左右转向横拉杆的螺纹，（　　　）（填左、右或无）横拉杆是反螺纹。
横拉杆一端连接转向器，另一端连接（　　　）。

6. 轿车转向系统（　　　）（有/无）梯形机构，用笔将其大概形状勾勒出
来，并进行简要的标注。

二、机械转向系统的拆装

1. 查找原厂维修手册或在教师的指导下，将转向轮位于直行位置，防止安全气囊系统意外工作，断开电源系统，使用（　　　　）（填工具名称）拆下转向盘盖板，使用（　　　　）（填工具名称）拆下转向盘固定螺栓，重新检查两转向轮位于直行位置，安装转向盘，检查驾驶时视线不受干扰。

2. 拆装转向横拉杆时，需要使用两把呆扳手，一把呆扳手为（　　　　）（填型号），另一把呆扳手（　　　　）（填型号）。

3. 拆装转向横拉杆球头时，需要使用横拉杆球头拆装专用工具，思考一下，不使用该专用工具拆装时会出现什么情况？

4. 拆下横拉杆球头后，上下拉到球头，感觉（　　　　）（不到 / 到）明显的间隙。

三、机械转向系统的检修

1. 让转向轮保持不动，转动转向盘，先将转向盘逆时针转到底，再将转向盘顺时针转到底，测量其自由行程约为（　　　　），根据原厂维修手册或教材提供的标准，该自由行程（　　　　）（正常 / 过大）。

2. 支起前轮，分别上、下扳动两前轮，（　　　　）（是 / 没）感觉到明显的间隙，此间隙为轮毂轴承的间隙。

3. 支起前轮，分别左、右扳动两前轮，（　　　　）（是 / 没）感觉到明显的间隙，此间隙为横拉杆或转向器的间隙。

4. 使用（　　　　）（填工具名称）拆下齿轮齿条转向器的紧固螺母和调节螺母，拆下压紧弹簧和压块，检查弹簧和压块的磨损及其他损坏情况，属于（　　　　）（正常 / 不正常）。

任务三　掌握液压助力转向系统的原理与维修

学生姓名		班　级		学　号	
实训场地		学　时		日　期	

➡ 实训内容及要求

熟悉液压转向系统的功用和转向原理。

➡ 实训器材及资料

液压转向系统台架或实训车辆，相关车辆维修手册，常规工具。

➡ 实训步骤

一、液压助力转向系统的认知

1. 观察实训台架，转向助力泵由（　　　　）（发动机／电力）驱动，助力泵上连接（　　　　）条油管，管径（　　　　）（粗、细）的为回油管。

2. 观察实训台架转向助力泵，检查转向助力泵外壳，壳体（　　　　）（干净／有油污），表明转向助力泵（　　　　）（漏油／不漏油）。

3. 观察实训用转向器，其类型为（　　　　）（齿轮齿条式／循环球式等），转向器上有（　　　　）条油管，检查每条油管首尾两端及中间位置（　　　　）（有油污／无油污）。

4. 简单描述每条油管分别连接的元件，及每条油管的作用。

5. 动力转向系统是在（　　　　　）（直行／转向／改变方向）时助力的，汽车在绕行交通环岛过程时，动力转向系统（　　　　　）（一直在助力／基本不助力）。

二、液压助力转向系统维护与调整

1. 检查转向助力油液的油位，油位（　　　　　）（正常／异常），拧开储油罐盖，观察油液的颜色及气味，大致判断（　　　　　）（正常／异常）。

2. 起动发动机，拧开储油罐盖观察，发现油液是（　　　　　）（流动的／固定的），转动转向盘，发现油液是（　　　　　）（流动的／固定的）。

3. 用手指下压转向泵传动带两传动带轮中间部分，检查传动带的松紧度，传动带大约能压下（　　　　　）mm，判断大致（　　　　　）（正常／不正常）。

任务四　掌握电控动力转向系统的原理与维修

学生姓名		班　级		学　号	
实训场地		学　时		日　期	

实训内容及要求

熟悉电控电动转向系统的功用和转向原理。

实训器材及资料

电控动力转向系统台架或实训车辆，相关车辆维修手册，常规工具。

实训步骤

一、电控动力转向系统的认知

1. 观察实训用的电控动力转向系统，其电动机安装在（　　　　）（转向小齿轮 / 转向齿轮）上。

2. 观察实训用的电控动力转向系统，该电控系统传感器包括（　　　　）、（　　　　）等等，该电控系统的执行器是（　　　　），该电控系统的电控单元位于（　　　　）。

3. 查找资料或根据教师的介绍，画出转向转矩传感器的电路图。

4.查找资料或根据教师的介绍，画出电动机的电路图。

二、电控动力转向系统的检修

（1）将点火开关置于（　　　　　）位置，关闭所有车辆系统，断开 EPS ECU 的 X1 线束插接器，所有车辆系统断电可能需要（　　　　　）min 时间。

（2）测试搭铁电路端子 1 和搭铁之间的电阻是否小于（　　　　　）Ω，否则进行搭铁端子修理。

（3）用测试灯检查 B+ 端子，确认 B+ 电路端子 2 和搭铁之间的测试灯点亮，改用万用表电压档检查电压，此处电压为（　　　　　）V。

（4）检查电动机连接线束应无断路，对导线端对端检查，两条导线电阻值分别为（　　　　　）和（　　　　　），两条导线对地电阻值分别为（　　　　　）和（　　　　　），检查插接器（　　　　　）（正常/异常）。

（5）更换转向器总成。更换转向器后进行相应的设置，检查应无相应的故障码，故障灯不再点亮，试车时，动力转向系统应恢复助力效果。

项目五　制动系统的工作原理与维修

任务一　制动系统的认知

学生姓名		班　级		学　号	
实训场地		学　时		日　期	

➡ 实训内容及要求

熟悉制动系统的功能和组成。

➡ 实训器材及资料

制动系统台架，相关制动系统的维修手册，常规工具。

➡ 实训步骤

1. 观察实训的车辆有（　　　　）个踏板，（　　　　）（中间/左边）是制动踏板。

2. 不起动发动机，踩下5次制动踏板后，完全消除真空，重新踩下制动踏板，然后松动。起动发动机，运行1min后，踩下制动踏板，感觉（　　　　）（费力/较轻松），这是因为（　　　　）。

3. 释放驻车制动手柄，重新拉起驻车制动手柄，实训车辆的驻车共（　　　　）响。

4. 观看一段上坡起步的视频，简单描述何时释放驻车手柄？

```
┌─────────────────────────────────────────────────┐
│                                                   │
│                                                   │
│                                                   │
│                                                   │
└─────────────────────────────────────────────────┘
```

5. 汽车制动系统按传动介质可以分为两种，一种是（　　　　）（气压制动系统/液压制动系统、行车制动系统），另外一种是（　　　　），观察实训车辆或台架，该制动系统属于（　　　　）。

任务二　掌握盘式制动器的结构与维修

学生姓名		班　　级		学　　号	
实训场地		学　　时		日　　期	

➡ **实训内容及要求**

熟悉盘式制动器的结构和维修。

➡ **实训器材及资料**

盘式制动器台架，相关盘式制动器的维修手册，常规工具。

➡ **实训步骤**

一、盘式制动器的认知

1. 观察实训车辆或台架，其前轮使用（　　　　）（盘式制动器 / 鼓式制动器），后轮使用（　　　）。

2. 盘式制动器根据其固定元件的结构形式可分为（　　　）和（　　　），（钳盘式制动器 / 全盘式制动器 / 半盘式制动器），观察实训车辆前轮使用的是（　　　）。

3. 钳盘式制动器按制动钳固定在支架上的结构形式可分为（　　　）和（　　　）。（浮钳盘式 / 定钳盘式 / 全盘式），观察实训车辆前轮使用的是（　　　）制动器。

4. 按制动盘的结构分为（　　　）、（　　　）和（　　　）（实心型 / 通风型 / 复合型 / 混合型），观察实训车辆前轮使用的是（　　　）制动盘。

5. 熟悉制动钳的结构，将图中元件名称填在空格上。

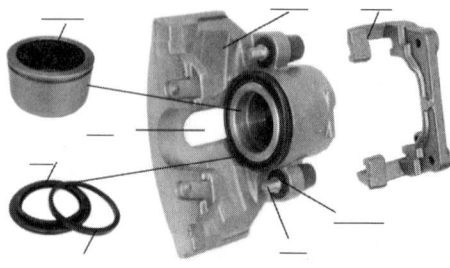

二、盘式制动器的拆装

1. 写出拆装盘式制动器需要使用到以下工具和设备，注意不包括排除空气所需的工具和设备。

2. 一般拆卸制动轮缸的步骤为：拆卸（　　　　）；吸出或排净（　　　　）；拆卸制动轮缸上（　　　　）；拆卸（　　　）和（　　　），取下（　　　）；拆卸制动衬块、消声片及支承板等。（选填：车轮、制动软管、制动轮缸、制动滑销、制动液、固定螺栓）

3. 安装制动衬块时，在（　　　　）、（　　　　）等有摩擦的部位涂上润滑脂。（选填：上下滑销、制动软管、制动盘、制动块）

4. 拆解制动轮缸最合适的步骤是（　　　　）。

   a）拆卸前盘式制动器放气螺塞。

   b）拆卸前盘式制动器放气螺塞盖。

   c）拆卸活塞密封。

   d）拆卸前盘式制动器活塞。

   e）拆卸制动缸防尘罩。

三、盘式制动器的检修

1. 检查制动盘的厚度和平行度的检查。距制动盘端面外边缘（　　　　）位置，沿圆周（　　　　）个等分点处，用千分尺测量制动盘厚度，卡罗拉轿车制动盘厚度标准值为（　　　　），极限值为（　　　　），最大值与最小值的差值即为平行度，8个测量值中厚度之差不能大于（　　　　），否则需要维修或更换制动盘。（选填：10mm、24.5mm、22.4mm、0.015mm、8mm）

2. 检查制动盘轴向圆跳动。使百分表的测量头放置在距制动盘边缘大约（　　　　）的位置。转动制动盘至少（　　　　），百分表指针的波动范围即是盘面的轴向跳动量读数，制动盘轴向跳动量应小于（　　　　）。（选填：10mm、20mm、一周、二周、0.05mm、0.03 mm）

3. 通常情况下，一副全新的摩擦块厚度在（　　　　）左右，如果摩擦块磨损到小于（　　　　）时，需要更换。（选填：10mm、15mm、5mm、8mm）

4. 制动盘的检修

（1）检查制动盘有无异常磨损或损坏，（　　　　）（有 / 没有）较深的伤痕，（　　　　）（有 / 没有）高温烧损，（　　　　）（有 / 没有）裂纹。

（2）检查制动盘的厚度和平行度的检查。查找原厂维修手册，实训车辆制动盘标准值是（　　　　），极限值是（　　　　）。距制动盘端面外边缘10mm 位置，沿圆周 8 个等分点处，用千分尺测量制动盘厚度，分别为（　　　　），其中最大值为（　　　　），最小值为（　　　　），平行度为（　　　　），制动盘（　　　　）（可以 / 不可以）继续使用。

（3）检查制动盘轴向圆跳动。测量时百分表最大读数为（　　　　），测量时百分表最小读数（　　　　），计算制动盘轴向圆跳动为（　　　　），属于（　　　　）（正常 / 不正常）。

5. 制动轮缸的检修

（1）检查制动轮缸中（　　　　）（有 / 没有）渗漏，检查防尘套（　　　　）（有 / 没有）损坏。

（2）检查活塞和制动轮缸座孔（　　　　）（有 / 没有）生锈或有划痕。

（3）检查浮钳式制动钳移动（　　　　）（发卡 / 灵活），检查导向销（　　　　）（正常 / 不正常），检查衬套（　　　　）（正常 / 不正常），在导向销及衬套上涂抹（　　　　）（固态 / 液态）润滑脂。

6. 制动衬块的检修

（1）目视检查，制动衬块（　　　　）（基本正常 / 已损坏）。

（2）使用游标卡尺测量制动衬块厚度为（　　　　），（　　　　）（可以 / 不可以）继续使用。

（3）检查同一车轮制动器的两个制动衬块，其结构（　　　　）（相同 / 不相同），（　　　）（可以 / 不可以）互换。

7. 检查制动管

（1）检查制动管固定（　　　）（良好 / 松动），卡子（　　　）（有 / 没有）缺失，检查制动管接头等部分（　　　）（有 / 没有）渗漏。

（2）检查制动硬管（　　　）（有 / 没有）凹痕或者其他损坏。

（3）检查制动软管（　　　）（有 / 没有）扭曲、磨损、开裂、隆起等。

（4）如果需更换前轮制动器软管，要注意不要弯曲或损坏制动管路，不要让任何异物进入制动管路，拆卸后，使用（　　　）包住油管接口。

任务三 掌握鼓式制动器的结构与维修

学生姓名		班　级		学　号	
实训场地		学　时		日　期	

➡ 实训内容及要求

熟悉鼓式制动器的结构和维修。

➡ 实训器材及资料

鼓式制动器台架，相关车辆维修手册，常规工具。

➡ 实训步骤

一、鼓式制动器的认知

1. 观察实训用的制动台架，鼓式制动器主要由（　　　　）、（　　　　）、（　　　　）、（　　　　）等组成。（选填：制动鼓、制动蹄片、制动盘、制动轮缸、复位弹簧）

2. 观察实训用的制动台架，鼓式制动轮缸是（　　　　）（单活塞/双活塞）制动轮缸。

3. 观察实训用的制动蹄片，制动摩擦片采用（　　　　）（粘接/铆接）的方式固定在制动蹄上。

4. 观察实训用的鼓式制动器，它是采用（　　　　）（手动调整/自动调整）的方式调整间隙的。

二、鼓式制动器的拆装

（1）观察实训用的鼓式制动器内（　　　　）（有/没有）驻车制动器，如果有，放松驻车制动器。同时，做好防护措施，防止车辆倒塌或移动。

（2）查找实训用的鼓式制动器（　　　　）（有/没有）检测衬片厚度的观察孔堵盖。

（3）使用螺钉旋具调（　　　　）（大/小）制动蹄片和制动鼓之间的间隙，

拆下制动鼓。

（4）拆下复位弹簧时，用（　　　　）（填写使用的工具名称）夹住复位弹簧向外拉，安装时使用螺钉旋具将复位弹簧挂入相应的孔中。

（5）依次拆下（　　　）、（　　　　）、（　　　　）、（　　　　）（定位销 / 制动蹄片 / 拉索 / 调整器）来拆下制动蹄片。

三、鼓式制动器的检修

1. 制动鼓的检修。

（1）实训时，用（　　　　）（砂布 / 砂纸 / 碎布 / 其他）彻底清洁制动鼓，除去灰尘和污物。

（2）检查制动鼓制动表面（　　　　）（有 / 没有）划痕、（　　　　）（有 / 没有）凹槽、（　　　）（有 / 没有）裂纹。

（3）用内径游标卡尺在制动鼓工作表面的周围上多处测量制动鼓的内径，测量值为（　　　　），查找维修资料，标准制动鼓内径为（　　　　），磨损量为（　　　），（　　　　）（符合 / 不符合）使用要求。

2. 制动轮缸的检修。

（1）检查防尘套（　　　　）（有 / 没有）损坏，拉开每个轮缸的防尘套，观察防尘罩后面（　　　　）（有 / 没有）较多的制动液，说明（　　　　）（有 / 没有）泄漏。

（2）左右推动轮缸活塞，发现活塞移动（　　　　）（灵活 / 发卡）；检查排气螺塞防尘帽（　　　）（有 / 没有）缺失，排气螺塞（　　　　）（有 / 没有）堵塞，固定螺栓（　　　　）（有 / 没有）松动。

3. 制动蹄片的检修。

（1）用粉笔涂制动鼓的内表面，然后用制动蹄片进行配合研磨，观察接触面（　　　　）（正常 / 正常）。使用砂纸清理制动蹄衬片上的灰尘和油污；检查摩擦片（　　　）（有 / 没有）裂纹、（　　　）（有 / 没有）松动和（　　　）（有 / 没有）其他形式的损坏。在磨损最严重的多个位置测量摩擦片的厚度，其最小厚度为（　　　），（　　　　）（可以 / 不可以）继续使用。

（2）检查制动蹄（　　　　）（有 / 没有）裂纹，（　　　）（有 / 没有）异常磨损或损坏。

4. 其他零部件检修

（1）检查全部复位弹簧和压紧弹簧有无以下现象：（　　　　　）（有/没有）伸长圈或收缩圈，（　　　　　）（有/没有）扭转弯曲变形，钩环（　　　　　）（有/没有）损坏，弹簧（　　　　　）（有/没有）变色，（　　　　　）（有/没有）需要更换的弹簧。

（2）检查制动鼓和制动蹄片间隙调整机构是否损坏。如图 5-43 所示，检查调整螺母及螺杆各螺纹牙（　　　　　）（有/没有）损坏，转动调整螺母（　　　　　）（灵活/发卡），对其进行润滑。

（3）制动器底板检查。目测检查制动底板（　　　　　）（有/没有）明显的损坏。

任务四　掌握制动传动装置的结构与维修

学生姓名		班　级		学　号	
实训场地		学　时		日　期	

➡ 实训内容及要求

熟悉制动传动装置的结构和维修。

➡ 实训器材及资料

制动传动装置台架，相关车辆维修手册，常规工具。

➡ 实训步骤

一、制动传动装置的认知

1. 常见的制动传动装置分为（　　　　）和（　　　　），观察实训用的制动传动装置是（　　　　）。（选填：液压式、气压式）

2. 观察实训用的制动台架，液压制动传动装置由（　　　　）、（　　　　）、（　　　　）、（　　　　）、（　　　　）等组成。

3. 观察实训用的液压式制动传动装置，它是采用（　　　　）（单管路 / 双管路）制动传动装置，用笔简单地将制动管路画出来。

4. 使用钢直尺，检查踏板的自由高度是（　　　　），行程余量是（　　　　），自由行程是（　　　　）。

5. 检查制动液的颜色为（　　　　）（琥珀色 / 黑色），检查制动液的量（　　　　）（正常 / 偏高 / 偏低）。

6. 观察实训用真空助力器，其真空助力器的真空管连接到（　　　　）（发动机进气歧管 / 真空泵）。

二、制动传动装置的拆装

从实训车辆或制动系统台架上，拆下制动主缸，并进行分解。

（1）如果使用的是实训车辆，在翼子板上铺上（　　　　）（翼子板布 / 毛巾）对漆面进行保护。

（2）使用（　　　　）（滴管 / 注射器），从储液罐中吸出制动液放在专用的容器。

（3）使用（　　　　）（工具名称）拆下制动管后，立即用（　　　　）（塞子 / 胶带）堵住各连接管的出口，以防止杂物或灰尘进入。

（4）使用（　　　　）（工具名称）拆下制动主缸的（　　　　）个固定螺栓。

（5）对制动主缸进行分解，分解时需注意元件的安装方向，按顺序将零部件摆放整齐，清点共有（　　　　）个橡胶密封圈，共有（　　　　）个复位弹簧。

（6）用（　　　　）来清洗制动主缸的组成元件，对所有元件进行检查。

（7）按相反顺序进行安装，安装完后，添加干净的制动液，排放空气。

三、制动传动装置的检修

1. 制动踏板的检修

（1）不起动发动机，多次踩下制动踏板，消耗真空助力器内的真空。轻踩制动踏板，检查制动踏板自由行程是（　　　　），（　　　　）（正常 / 不正常），试将相关的推杆调（　　　　）（长 / 短）自由行程，调整后自由行程为（　　　　）。

（2）用手拉动制动踏板，检查制动踏板和制动踏板支架之间的衬套（　　　　）（有 / 没有）严重磨损。

（3）检查制动灯开关性能，轻轻踩动踏板，制动灯（　　　　）（亮 / 不亮），试对制动灯开关进行调整及检查。

2. 制动液的检查和空气排除

（1）制动液的检查。查找维修资料，制动液的更换周期是（　　　　），使用（　　　　）检查制动液的含水率为（　　　　），（　　　　）（符合 / 不符合）

使用要求。

（2）制动液中空气的排除。

a）对制动系统进行排气前，将变速杆移（　　　　）档位置，（　　　　）（释放 / 实施）驻车制动，塞好车轮。

b）添加（　　　　）（DOT4/DOT5）制动液。

c）通常根据制动主缸的位置，由（　　　　）（远 / 近）到（　　　　）（远 / 近）排除各车轮的空气。

d）两人合作，排放制动液，需要（　　　　）（起动 / 关闭）发动机，一人连续施加制动，一人排放制动液。

3.制动主缸的检查。

检查制动系统应（　　　　）（有 / 没有）明显漏油。如果没有，起动发动机，踩下制动踏板，测量此时制动踏板行程余量为（　　　　），保持踏板 3min，测量此时制动踏板行程余量为（　　　　），制动踏板下降（　　　　）（大于 / 不大于）10mm，说明制动主缸（　　　　）（可以 / 不可以）继续使用。

4.真空助力器的检修。

（1）写出检查真空助力器助力性能的大概步骤。

（2）检查真空助力器气密性。

1）在有真空助力时和无真空助力时分别施加制动，熟悉两种制动时的阻力，建立"脚感"。

2）让发动机怠速运转（　　　　）（实际时间），关闭发动机并等待（　　　　）（实际时间），踩下制动踏板，在（　　　　）（0/1/2/3）个，踏板行程内有助力作用，属于（　　　　）（正常 / 不正常）。

（3）真空助力器的调整。

真空助力器推杆与制动主缸活塞之间间隙的调整。如果没有附属工具，可以通过以下方法进行调整。通过测量制动主缸伸出固定平面的距离，减去制动主缸活塞凹槽的深度来计算凹槽伸出制动主缸固定平面的距离 a（　　　　）（填写实际值，下同），再测量真空助力器推杆和固定平面距离 b（　　　　），b 减去 a 等于（　　　　），（　　　　）（在 / 不在）2~3mm 的自由间隙范围，（　　　　）（不需要 / 需要）调整。

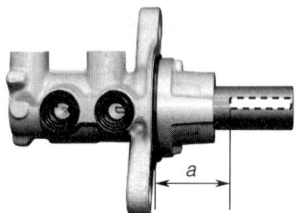

（4）真空助力器推杆 U 形夹长度的检查和调整。

真空助力器如果经过拆卸，需要检查其推杆 U 形夹的长度。查找维修资料 U 形夹的长度 L 应为（　　　　），测量 U 形夹的实际长度为（　　　　），（　　　　）（需要 / 不需要）调整。

任务五　掌握驻车制动系统的结构与维修

学生姓名		班　级		学　号	
实训场地		学　时		日　期	

⟫ 实训内容及要求

熟悉驻车制动系统的结构和维修。

⟫ 实训器材及资料

驻车制动系统台架，相关车辆维修手册，常规工具。

⟫ 实训步骤

一、驻车制动系统的认知

1. 按驻车制动器在汽车上安装位置的不同，驻车制动系统分为（　　　　　）和（　　　　），观察实训用的车辆或台架，使用的是（　　　　）驻车制动系统。（选填：中央制动式、车轮制动式）

2. 按照驻车制动器的结构，驻车制动系统可分为（　　　　）和（　　　　），观察实训用的车辆或台架，使用的是（　　　　）驻车制动系统。（选填：盘式驻车制动器、鼓式驻车制动器）

3. 驻车制动系统按照操纵方式的不同，可分为（　　　　）、（　　　　）及（　　　　），实训设备使用的是（　　　　）驻车制动器。（选填：手动式驻车制动器、脚动式驻车制动器、电动式驻车制动器）

4. 拉起驻车手柄时，棘轮和棘爪能清晰地听到哒哒的响声，通常（　　　　）响，实训设备是（　　　　）响，（　　　　）（需要/不需要）调整。

5. 电子驻车制动系统常用的自动控制功能包括（　　　　）和（　　　　）等功能。（选填：自动车辆固定、坡道制动、应急制动）

二、驻车制动系统的拆装

拆下驻车制动拉索，最合适的步骤是（　　　　　）。

a）重新检查驻车行程，不符合要求再进行调整。

b）清除拉索上的油污，对其进行润滑，然后进行安装。

c）在驻车制动器上脱开拉索。

d）支起车辆，在车身底板下，拆下拉索相关卡子。

e）在驾驶室拉索控制台，脱开驻车拉索。

f）拆下驾驶室内相关附件。

g）查找维修手册，查看驻车拉索的更换步骤。

三、驻车制动检查与调整

1. 驻车制动手柄检查和调整。

（1）检查驻车制动手柄前，行车制动系统应正常。真空助力器（　　　　）（正常/不正常），制动液（　　　　）（正常/不正常），制动踏板自由行程（　　　　）（正常/不正常），制动踏板的阻力（　　　　）（正常/不正常）。

（2）拉起时听棘轮发出的咔嗒声，听到的咔嗒声（　　　　），（　　　　）（在/不在）规定的范围。

（3）拆下相关盖板和附件，拧松固定螺母后对调整螺母进行调整，重新检查驻车手柄的行程为（　　　　）响。

（4）拉上驻车制动手柄时，咔嗒声应在规定范围内，车轮在双手尽力转动情况下（　　　　）（保持不动/可以转动）。

（5）释放驻车手柄后，车轮（　　　　）（转动发卡/自由转动）。

2. 挡块和操作杆之间间隙的检查。

松开驻车制动手柄，使用塞尺检查两后轮制动器上操作杆和挡块之间的间隙为（　　　　），（　　　　）（符合/不符合）要求，如果此间隙过大，应该更换制动钳总成。

3. 驻车制动开关的检查。

（1）检查 ABS ECU 和驻车制动开关之间导线的电阻值分别为（　　　　）。

（2）检查驻车制动开关与 ABS ECU 之间的线路对地电阻分别为（　　　　）。

（3）当驻车制动开关发出指令时，确认驻车制动电动机端子 1 和 2 之间的电压为（　　　　）。

（4）拆下驻车制动开关，检测驻车制动开关的性能，使用万用表检查开关接通时的阻值为（　　　　）。

4.驻车制动电动机的检查。

（1）点火开关置于（　　　　）位置，断开（　　　　）（左/右）侧驻车制动电动机的线束插接器。

（2）在（　　　　）（写电路图中导线标号）控制端子和 12 V 电压之间安装一条带 25 A 熔丝的跨接线。

（3）在（　　　　）（写电路图中导线标号）控制端子和搭铁之间暂时安装一条跨接线。

（4）反转跨接线至少两次，左侧驻车制动电动机应执行（　　　　）和分离功能。

（5）按同样的方法检测（　　　　）（左/右）侧驻车制动电动机。

任务六　掌握制动防抱死系统的结构与维修

学生姓名		班　级		学　号	
实训场地		学　时		日　期	

➡ 实训内容及要求

熟悉制动防抱死系统的结构和维修。

➡ 实训器材及资料

制动防抱死系统台架，相关车辆维修手册，常规工具。

➡ 实训步骤

一、制动防抱死系统的认知

1. 观察实训车辆或台架，有（　　　　）个轮速传感器。

2. 观察实训车辆或台架前轮轮速传感器有（　　　　）条接线，属于（　　　　）式轮速传感器。

3. 打开点火开关，检查 ABS 故障灯（　　　　）（亮 / 不亮），大约（　　　　）后，ABS 故障灯熄灭。

4. 观察实训车辆或查找维修资料，实训车辆或台架的车速传感器安装在（　　　　）。

5. 将车轮悬空，让车轮迅速旋转，施加制动，此时车辆（　　　　）（迅速抱死 / 慢慢抱死）。

二、制动防抱死系统的拆装

1. 防止制动液接触到眼睛和皮肤，一旦接触，用（　　　　）彻底清洗。（选填：清水、药水）

2. 拆装或更换过 ABS 泵，需要根据维修手册规定流程进行排除（　　　　）。（选填：制动液、空气）

3. ABS 绝大多数元件不能（　　　　），只能（　　　　）。（选填：更换、拆修）

4. 拆卸电气元件前，需要将点火开关置于（　　　　　　）位置。（选填：ON、ACC、OFF）

三、制动防抱死系统的检修

1. 检查轮速传感器内部是否短路，分别检查该传感器的两个端子与搭铁之间的阻值应大于（　　　　　　），否则更换。（选填：10Ω、10kΩ）

2. 断开 ABS 电控单元的插接器，分别检查轮速传感器和 ABS 电控单元之间的两条导线阻值应（　　　　　　），分别检查轮速传感器线束中两条导线和搭铁之间的阻值，应（　　　　　　），否则应该更换相应的线束。（选填：大于1Ω、小于1Ω、大于10kΩ、小于10kΩ）

3. 连接好 ABS 电控单元的线束，在轮速传感器端检查线束的供电情况，2016 款卡罗拉轿车轮速传感器的供电为（　　　　　　）。（选填：6~10V、8~12V）

4. 如果 ABS 电控单元未发现故障，ABS 故障灯会（　　　　　　），否则 ABS 故障灯。（选填：一直点亮、熄灭）